DE AVGÖRANDE SLAGEN

DEL III

J.F.C. FULLER

De avgörande slagen

DEL III

Från 1789 till 1870

Med sammanfattningar av redaktören
JOHN TERRAINE

Översättning
KJELL WALTMAN

HISTORISKA MEDIA

Historiska Media
Box 1206, 221 05 Lund
info@historiskamedia.se
www.historiskamedia.se

Originalets titel: *The Decisive Battles of the Western World and their influence upon history*, volume III

Översättning: Kjell Waltman
Faktagranskning av den svenska utgåvan:
Richard Areschoug
Kartor och diagram: Svante Ström
Omslag: Niclas Schüler, Curt Design©
Omslagsbild: © iStockphoto
Tryck: UAB PRINT-IT, Gargzdai, Litauen 2011
ISBN 978-91-86297-63-3

Innehåll

Förteckning över kartor och slagfältsuppställningar

FÖRORD DEL III

Det knappa seklet mellan den franska revolutionen 1789 och det fransk-tyska kriget 1870 sammanfaller med framväxten av värnpliktstanken. När den kungliga franska armén bröt samman under revolutionens tryck och många av dess adliga officerare antingen avrättades eller flydde utomlands, var den nya republiken tvingad att bygga upp sin armé på ett annat sätt. Den professionelle soldaten skulle ersättas av den frie medborgaren, som inte bara var *skyldig* utan också hade en *rättighet* att delta i försvaret av sitt land. Mängder med frivilliga sökte sig in under fanorna, men allteftersom började man också kalla in hela årskullar. Med den franska nationalförsamlingens beslut av den 23 augusti 1793, att kalla in alla ogifta män mellan 18 och 25 år, stampades den europeiska historiens första miljonarmé fram. Denna *levée en masse* ledde till att mängder av rekryter strömmade till, mer entusiastiska än utbildade och utrustade. Detta resulterade i härar och krigföring av en helt annan dimension än tidigare. Under åren 1792–1815 – det vill säga revolutions- och Napoleonkrigen – föll inte mindre än 1,2 miljoner fransmän i fält. Under och efter krigen spreds idén till en rad andra europeiska länder och redan på 1810-talet hade den slagit rot i bland annat Preussen och Sverige. Under de följande decennierna förvandlades en rad europeiska yrkesarméer till värnpliktshärar. För Sveriges del togs de avgörande stegen i denna omställning under 1880-talet.

Den franska revolutionsarmén kunde bara slåss någorlunda effektivt så länge den inte tvangs utföra alltför komplicerade manövrer. Det var en verklighet fjärran från de extremt drillade förband som hade opererat på Europas slagfält tidigare under 1700-talet. Genom att göra en dygd av nödvändigheten skapad man grunden för den nya franska infanteritaktiken: de tätt sammanpackade infanterikolonnerna som ryckte fram och bröt in i fiendens led, utan hänsyn till taktiska finesser eller förluster när de anföll. Den taktiken finslipades senare av Napoleon, och den franska armén blev alltmer professionell i sitt uppträdande. Vid Valmy 1792 fick den nya franska armén sitt elddop.

Napoleons militära tänkande handlade mycket om att med en stor operativ rörlighet och flera samverkande armékårer successivt tvinga in motståndaren i ett så fördelaktigt läge, att fransmännen kunde inleda ett slag från en taktisk styrkeposition. Slaget i sig var således inte det avgörande hos honom, men likväl har hans framgångar manifesterats i slag som de vid Jena och Austerlitz. Men det är operationerna innan som ofta varit väl så viktiga. Sedan kan naturligtvis ingen förneka att slag som de häri beskrivna Leipzig 1813 och Waterloo 1815 varit mycket avgörande för ett större skeende.

Efter 1815 inträdde en lång fred i Europas historia. Den garanterades delvis av stormakterna, som gemensamt slog ned på hot mot den inre freden, inklusive sociala oroligheter som skakade så många europeiska stater år 1848. Den fredliga epoken fick ett tvärt slut i och med Krimkriget mellan å ena sidan Ryssland och å andra sidan de allierade med England och Frankrike i spetsen. Under krigsåren 1853–1856 förlorade båda sidor uppskattningsvis runt en kvarts miljon man. Kriget har länge stått som symbol för logistiskt och medicinskt kaos där tusentals soldater helt i onödan dukade under av sina skador eller sjukdomar. Men kriget introducerade också en del viktiga nymodigheter som telegrafen eller pansarplåtar på många av de gamla träfartygen. Inte heller Fuller har här förmått uppskatta Krimkrigets framåtsiktande inslag. Detsamma gäller de italienska frihetskrigen mot Österrike åren runt 1860, då franska förband använde sig av järnvägstransporter för att utmanövrera sina österrikiska motståndare i Norditalien.

Däremot innehåller detta band inslag från det nordamerikanska inbördeskriget 1861–1865. Det var ett krig som föregrep mycket av det som skulle hända senare i 1910-talets Europa (förutom, självfallet, användningen av motorfordon och flygplan). Kulsprutor, taggtråd och moderna kanoner och gevär skördade enorma offer i de stora värnpliktshärar som drabbade samman på en relativt begränsad yta i östra USA. Telegrafen spelade för första gången den avgörande rollen att upprätthålla samband mellan trupper på långa avstånd, medan järnvägarna tillät omfattande transporter och

1864 förde unionstrupperna mot havet i deras berömda marsch genom sydstaterna. Här har Fuller en klar blick för allt det nya, en blick som många samtida europeiska militärer helt saknade, förledda som de var av sitt förakt för det oprofessionella kriget i Nordamerika.

Lars Ericson Wolke, huvudlärare i militärhistoria vid Försvarshögskolans Krigsvetenskapliga institution och docent i militärhistoria vid Åbo Akademi.

Redaktörens sammanfattning

Medan Fredrik den store höll på att lägga grunden för en ny maktstruktur i Europa var Storbritannien på god väg att bygga upp ett nytt transoceant imperium, och skulle inom kort också gå miste om ett. Tack vare sin sjömilitära överlägsenhet, som även om den ofta häftigt utmanades inte undgick att hävda sig på lång sikt, lyckades Storbritannien dra fördel av de europeiska krigen på ett sätt som andra inte förmådde. Sjuårskriget visade sig bli katalysatorn för såväl landets vinst som den påföljande förlusten.

Den brittiska närvaron i Indien gick tillbaka till 1600-talets första årtionde, men det välstånd som ensamt kunde vidmakthålla uppsvinget av ett handelskompani – Brittiska ostindiska kompaniet – börjar med förvärvandet av Bombay 1662. Detta var fortfarande Indien under mogulimperiet och det skulle vid den tidpunkten ha varit svårt att förutse att engelska köpmän skulle komma att bli arvtagare till Timur Lenks ättlingar. Ändå blev det resultatet på mindre än hundra år oundvikligt. Det avgörande ögonblicket blev när britterna från sina faktorier i södra Indien och den lilla enklaven Fort William (i Calcutta) gick in i Bengalen.

Den avgörande händelsen var slaget vid Plassey den 23 juni 1757. Det som utlöste fälttåget, som kulminerade med Clives berömda seger och Bengalens erövring, var att Calcutta året innan hade återtagits av Siraj-ud-daulah nawab och att flera ur den kapitulerade garnisonsstyrkan gick ett sorgligt öde till mötes i Black Hole (”Svarta hålet”). Detta försåg flera generationer brittiska historiker med en tillräckligt stark moralisk grund för att rättfärdiga allt det som sedan följde, och fraser som ”tarvligt svek” blev med åren väl utslitna. Men även om brutaliteten vid Black Hole blev den utlösande faktorn (liksom lönnmordet i Sarajevo blev för första världskriget), så stod den bakomliggande orsaken till den brittiska erövringen av Bengalen i själva verket att finna på annat håll: som vanligt i konflikten mellan brittiska och franska intressen i Indien. Och Frankrikes nederlag måste räknas som en minst lika viktig följd av segern som störtandet av Siraj-ud-daulah. All modern forskning verkar för övrigt genomgående rentvå nawaben (ståthållaren) från ansvaret för illdådet i Black Hole, som mer verkar ha varit en olyckshändelse än en avsiktlig handling.

Blotta den militära glansen av slaget vid Plassey, det häpnadsväckande osannolika i att en armé på bara 3 000 man (av vilka mindre än en tredjedel var européer) och tio kanoner lyckades besegra en armé med över 50 000 man och 53 kanoner, har haft en benägenhet att locka all uppmärksamhet till själva den händelsen, och låta det vara nog med det. Och Clives kraftfulla personlighet, mogularméns vilda prakt, dess förkrossande nederlag (till en kostnad för segrarna av bara arton döda), den stora rikedom som engelsmännen bemäktigade sig efter segern och den stora provins som de förvärvade, blir tillsammans verkligen till en väl så färgstark historia. Men Fuller nöjer sig inte med att stanna där:

> Vad åstadkom då denna drabbning, som var föga mer än en skärmytsling? En världsförändring som på sitt sätt saknade motstycke ända sedan Alexander den store den 31 oktober 331 f.Kr. tillintetgjorde Darius på slättlandet utanför Arabela. Överste Malleson, en sansad skribent, säger: ”Aldrig har det ägt rum ett slag där följderna blev så vidsträckta, så omedelbara och så beständiga.”[1] Och i *Lord Clive* skriver han: ”Clives verk var när allt kommer omkring lika storslaget som Alexanders.”[2] Detta är sant, eftersom Clive insåg att vägen till herraväldet låg öppen. ”Det är knappast någon överdrift”, skrev han, ”att säga att vi i morgon har hela mogulimperiet i vår makt.”[3]

Ändå ledde denna seger vid Bhagirathiflodens skiftande stränder till ännu mer djupgående förändringar. Västvärlden hade ända sedan början av 1700-talet varit full av idéer, och den mest världsomvälvande av dessa var bruket av ångkraft. Savery, Papin och Newcomen brottades alla med embryot till detta vidunder, som en dag skulle komma att andas ut makt över hela världen. Det enda som saknades var guld för att göra den fruktbar, och det blev Clive som lät den gyllene flodens fördämningar brista.

> ”Vad Clive beträffar”, skriver Macaulay, ”fanns det inga gränser för hans förvärvande utom hans egen måttlighet. Bengalens skattkammare slogs upp för honom. I högar låg där, enligt de indiska furstarnas sedvana, ofantliga mängder av mynt, bland vilka man inte sällan kunde upptäcka de floriner och bysantinska mynt med vilka venetianarna hade köpt österlandets produkter och kryddor långt innan något europeiskt skepp ännu hade rundat Godahoppsudden. Clive vandrade mellan högar av guld och silver, krönta av rubiner och diamanter, och hade fria händer att ta vad han ville.”[4]

Sålunda öppnades Indien, denna enorma reservoar och dypöl av ädelmetaller, och från och med 1757 skapades i Österlandet enorma förmögenheter, som fördes hem till England för att finansiera den framväxande industriella tidsåldern, förse den med dess livsblod och med dess hjälp skapa en ny och titanisk värld. Liksom Alexander hade släppt lös Persiens undangömda guld, liksom de romerska prokonsulerna hade kastat sig över bytet från Grekland och Pontos och liksom conquistadorerna hade bemäktigat sig Perus silver, så tinade nu Englands nabober, köpmannafurstar och äventyrare, den hinduiske bankiren Seths och den förrädiske handelsagenten Omichands epigoner, upp Hindustans frusna skatt och öste in den i England. ”Det är inte för mycket sagt”, skriver Brooks Adams, ”att Europas öde hängde på erövringen av Bengalen.”[5]

Resultatet blev omedelbart och mirakulöst. Före 1757 var maskinerna för bomullsspinneri[6] i England nästan lika primitiva som de i Indien, och järnindustrin var på nedgång. Plötsligt förändrades allt. År 1760 uppfanns den flygande skytteln, 1764 Hargreaves spinning jenny och 1768 Cartwrights maskinvävstol. ”Men även om dessa maskiner gav utlopp för tidens tilltagande tempo, var de inte dess orsak. Uppfinningar är i sig själva passiva och många av de viktigaste har i århundraden legat slumrande i väntan på att en tillräcklig kraftkälla ska ha ackumulerats för att kunna göra dem användbara. Den källan måste alltid ta sig formen av pengar, inte samlade på hög, utan i rörelse.”[7]

Vidare uppstod efter 1760 ”ett komplext kreditsystem, baserat på metalliska tillgångar”.[8] År 1750 upplyser oss Burke[9] om att det inte ens fanns ”tolv bankinrättningar” i landsorten, medan sådana 1796 stod att finna ”i nästan varje landsortsstad”. År 1756 uppgick nationalskulden till 74 575 000 pund, och 1816 till 861 000 000, och medan mellan 1710 och 1760 endast omkring 165 000 tunnland (ca 135 000 ha) allmänningar inhägnades som enskild mark, så inhägnades mellan 1760 och 1843 omkring 3 500 000 tunnland (ca 2 800 000 ha). Sålunda fortsätter historien, profit lades till profit. ”Ända sedan världens början”, skriver Brooks Adams, ”har kanske ingen investering någonsin givit en sådan avkastning som den som vanns genom plundringen av Indien, eftersom Storbritannien under nästan femtio år stod helt utan medtävlare.”[10]

Så kom det sig att 1800-talets makt spirade fram från Plasseyslätten och segrarens arton döda. Mammon intog nu sin ledarställning för att bli till västvärldens obestridde gud. En gång i tiden hade västerlänningarna sökt den heliga graven i den uppstigande solens länder. Den solen hade sedan länge gått ner, och i dessa andligen förtorkade trakter fann de nu den allsmäktige härskaren. Det kristendomen hade misslyckats med att uppnå lyckades pistongens, svärdets och myntets treenighet åstadkomma på bara några få år: österlandets underkuvande och Orientens ekonomiska livegenskap under en tidsrymd av nära 200 år.

Bara två år efter Plassey eggades det brittiska folket av ännu en stor triumf. I Nordamerika rådde liksom i Indien en mångårig rivalitet mellan Frankrike och England, som fick våldsamma utbrott när de europeiska krigen kastade sina långa skuggor över havet. Men till skillnad från i Indien frambringade kolonisationen i Nordamerika nya populationer av europeisk härstamning, som ärvde sina fädernesländers fejder. Men även om de franska och brittiska kolonierna liknade varandra i detta avseende, skilde de sig i praktiskt taget alla andra. Fransmännens kolonialsträvanden företogs av staten och kyrkan, och det kungliga och religiösa inflytandet förblev dominerande. De brittiska strävandena företogs av handeln och av de religiösa och politiska grupper som medvetet ”massutvandrade” för att undfly statens och kyrkans auktoritet hemmavid. Även om Frankrikes närvaro i Kanada och den brittiska närvaron längs den östra kustlinje som skulle komma att bli Förenta staterna började praktiskt taget samtidigt (under 1600-talets första årtionde) blev ändå följden att år 1748 ”uppgick fransmännen i Kanada till 80 000 och de vita invånarna i de engelska kolonierna till en miljon”.

Det är ett bevis på fransmännens framåtanda, anpassningsbarhet och allmänna påhittighet att de trots denna överväldigande skillnad i antal lyckades utgöra ett stadigvarande hot mot de brittiska kolonierna (åtminstone mot dem i norr). Det mest skrämmande utåtriktade uttrycket för detta hot var när fransmännen 1720 uppförde den stora fästningen Louisbourg på Kap Breton-ön, som flankerade inloppet till Nya England från havet. Men Louisbourg ingick bara som en del i en stort upplagd plan, som samma år tog sig vidare uttryck i och med grundandet av New Orleans vid Mississippiflodens mynning (i den franska provinsen Louisiana) och uppförandet av Fort Niagara, som vette mot Nya Englands inlandsflank. Under de följande tre årtiondena fullföljde fransmännen sin plan med häpnadsväckande envishet. Detta ledde till inget mindre än en inneslutning av de engelska kolonierna genom en kedja av fort, som från Kanada trängde nedför Ohiofloden och från New Orleans uppför Mississippifloden, ända tills hela inlandet som förenade Kanada och Louisiana blev till en fransk domän. Oavsett hur långsökt planen kan verka för oss så här i efterhand, genomdrevs den snabbt och ”besatte med lysande strategiskt skarpsinne de lägen som har visat sig bli platserna för Mellanvästerns städer”.[11]

Österrikiska tronföljdskriget (1740–1748) ledde till blandade framgångar för båda sidorna. År 1745 (samma år som slaget vid Fontenoy och jakobitupproret) led fransmännens stora plan för Amerika ett bakslag i och med förlusten av Louisbourg till en brittisk styrka vars landstyrka bestod av frivilliga från Nya England. Men själva kriget slutade till följd av utmattning och utan några särskilda fördelar för någondera sidan. I och med freden i Aachen 1748 återlämnades Louisbourg till Frankrike i utbyte mot Madras, som fransmännen hade erövrat 1746. Det här resultatet gjorde många i Nya England ursinniga och förskräckta, men framstår i historiens ögon ändå som mer statsmannamässigt än dess aktörer förmodligen förtjänade.

Freden i Europa utsträcktes inte till att omfatta de amerikanska gränsområdena. Den franska ambitionen återupplivades och nya fort uppfördes i inlandet. Kulmen nåddes i och med anläggandet av Fort Duquesne (Pittsburgh) vid Ohiofloden 1753. Ett brittisk försök att under ledning av general Braddock kasta ut fransmännen ur Fort Duquesne ledde till en fullständig katastrof vid Monongahelafloden, där på den brittiska sidan den enda förtjänsten går till en ung man från Virginia, major George Washington, som lyckades få loss och föra hem återstoden av den besegrade kolonnen. Detta innebar höjdpunkten på fransmännens övertag. Tre år senare följde sjuårskriget, som skulle komma att krossa alla deras förhoppningar.

Under William Pitts (d.ä.) fasta hand uppvisade den brittiska militärpolitiken en målmedvetenhet och effektivitet i verkställandet som var alltför sällsynt under 1700-talet – eller, om sanningen ska fram, under någon tidsepok. Beslutet att en gång för alla bryta Frankrikes makt i Kanada sattes i verket genom omsorgsfull planering: fälttåget 1758 var den första etappen att inta den franska maktens tre "bastioner", Louisbourg, Fort Ticonderoga ("Amerikas Gibraltar") och Fort Duquesne. Louisbourg, som blivit förstärkt och fått nya befästningsverk, höll ut i nästan två månader men tvingades i slutet av juli att kapitulera. En framträdande roll i dess erövring spelades av en ung brigadgeneral, James Wolfe. Fort Duquesne utrymdes och brändes självmant av fransmännen. Anfallet mot Ticonderoga var illa skött och slutade i katastrof. Inte desto mindre lyckades britterna genomföra tillräckligt mycket av sina strategiska avsikter för att motivera en fortsättning med nästa etapp 1759: anfallet mot Quebec.

Återigen har den rena militära glansen haft en benägenhet att försätta en händelse i felaktigt perspektiv. Quebec, som var den franska maktens centrum och citadell, grundades 1608 och var en naturlig, mycket stark fästning som förbättrats tack vare skickligt ingenjörsarbete. År 1759 åtnjöt den också fördelen av att ha en ytterst begåvad överbefälhavare, markisen de Montcalm. De franska styrkorna var däremot utan tvekan alltför svaga för uppgiften att försvara ett så vidsträckt område som östra Kanada mot upprepade anfall, och korruptionen inom den civila administrationen bidrog i hög grad till att omintetgöra Montcalms bästa ansträngningar. Inte desto mindre var vågstycket mot en sådan exercisplats nog för att sätta fantasin i rörelse.

Även andra faktorer strävade i samma riktning. Den brittiska styrkans befälhavare var Wolfe, som Fuller beskriver som "en nitisk och ytterst välutbildad soldat". Hans generalorder uppvisar "den omsorg och möda han lade ner på att forma sin lilla armé till ett så fulländat krigsinstrument som tid och omständigheter tillät". Wolfe själv var bara 32 år gammal och två av hans tre brigadchefer var ännu inte 30 fyllda: "Det var", som Julian Corbett skrev, "ett pojkfälttåg." Men det var också en kombinerad operation, som skulle stå eller falla med kvaliteten på samarbetet mellan flottan och armén. I detta avseende blev det en klassiker i sitt slag. Amiral Saunders, flottans befälhavare, var som Horace Walpole uttryckte det "ett föredöme med det mest rakryggade mod, förenat med den mest oförställda blygsamhet. Ingen man sade mindre, eller förtjänade mer. Hans okonstlade sätt, givmildhet och godsinthet var en prydnad för hans äkta fosterlandskärlek." För Wolfe visade han sig bli ett osvikligt och ovärderligt stöd; amiral och general, sjömän och soldater samarbetade i fullständig harmoni.

Men det romantiska skimmer som, åtminstone i brittiska ögon, alltid har omgivit Quebecs erövring står att finna i själva händelsen. Det saknades aldrig dramatik: den långdragna skarpsinnets tvekamp som utkämpades mellan Wolfe och Montcalm, vars enda mål var att vinna tid tills den kanadensiska vintern kom till hans räddning; Wolfes slutliga lyckade krigslist; de tysta båtarna som drev nedför Saint Lawrence-floden till Wolfes Cove, vaktpostens nattliga anrop och svaret på franska; klättringen uppför klipporna; den kortvariga brittisk muskötelden, som på mindre än femton minuter fällde avgörandet; Wolfes död i själva segerögonblicket, hans sista ord: "Gud vare lovad, nu kan jag dö i frid"; Montcalms dödliga sår och hädangång samma kväll; den mäktiga fästningens kapitulation. Det var en sådan där stund då historien verkar skriva in sig själv i litteraturen.

Som vanligt har vissa viktiga aspekter i sådana stunder en benägenhet att hamna i skymundan. Quebec var själva medelpunkten i de franska besittningarna, men Quebec var inte Kanada. Det dröjde ytterligare ett år innan Frankrikes nederlag i Nordamerika fullbordades, och detta var Amhersts verk. Det glöms ofta bort att Wolfes fälttåg bara ingick som ett led i en mer omfattande operationsplan under general Amhersts ledning, även om det utan tvekan var det viktigaste. År 1760 förverkligade Amherst slutligen denna operationsplan i och med en lysande samordnad serie truppрörelser som lät tre väl avskiljda kolonner förenas framför Montreals murar. Det var den stadens kapitulation två dagar senare (den 8 september) som gav Storbritannien Kanada. Om Amherst har sir John Fortescue följande att säga: "Han var den störste militäradministratör som England frambringat sedan Marlboroughs död fram till dess Wellington framträdde."

Fredsfördraget som avslutade sjuårskriget 1763 upprepade inte det gamla mönstret av att utbyta och återlämna erövringar. Den här gången blev resultatet slutgiltigt. Fuller skriver:

> Fördraget säkerställde inte bara Englands ledarställning till sjöss utan även Preussens prestige: ett större imperium föddes och ett större kungarike grundades, det förra för att ta herraväldet över haven och det senare för

att förbrylla fastlandet. Frankrike förlorade inte bara sitt kolonialimperium och sin flotta, utan hamnade i den ekonomiska ruin ur vilken franska revolutionen framträdde. ”Således har alltså Frankrike försvunnit från Nordamerika”, utbrister Chateaubriand, ”i likhet med de indianstammar med vilka hon sympatiserade.” Och ”allt, och mer än allt, som Frankrike hade förlorat”, skriver Parkman, ”hade England vunnit. Hon var nu, för första gången, odiskutabelt den främsta sjö- och kolonialmakten av alla.”

Inte desto mindre blev den viktigaste direkta följden av Wolfes seger att den undanröjde den skräck för Frankrike som tyngt kolonisterna i Nya England, Virginia och Pennsylvania och de övriga kolonierna. Det var en följd som många insåg redan då, däribland hertigen av Bedford, som till hertigen av Newcastle den 9 maj 1761 hade skrivit följande: ”I sanning, ers nåd, vet jag inte om fransmännens närhet till våra nordamerikanska kolonier kanske var den största garantin för dessas beroende av fäderneslandet, som jag har en känsla av kommer att försummas av dem när deras farhågor för fransmännen undanröjs.”[12]

Historisk efterklokhet bekräftar nu vad endast en handfull klarsynta människor insåg redan då – att erövringen av Kanada bara var en etapp i en större operation och att den till synes fullständiga segern i själva verket sådde fröet till ett ännu mer fullständigt nederlag, som inte lät vänta länge på sig. Fuller fortsätter:

Uteställandet av fransmännen från Nordamerika fick i och med att britternas koloniala förpliktelser fördubblades problemet med imperiets herravälde att träda i förgrunden. Imperiet hade dittills varit ett kommersiellt åtagande som bedrivits enligt merkantila principer, där kolonierna bidrog till Storbritanniens välstånd. Men de vidsträckta förvärv som erhölls under sjuårskriget medförde nu, vilket kungen och parlamentet inte hade förutsett, en övergång från kommersiell till territoriell imperialism. Och även om kolonierna enligt den förstnämnda var föga mer än hemlandets transmarina investeringar, blev de enligt den sistnämnda potentiella egna hemländer. Följden blev att medan kungen och parlamentet fortsatte att tänka ur handelssynpunkt började de amerikanska kolonisterna tänka ur frihetssynpunkt, och där den ene talade om skyldigheter talade den andre om rättigheter. Det moderlandet förväntade sig var inte sina koloniala ättlingars träldom utan deras lydnad, och vad ättlingarna eftersträvade var inte fullständig självständighet utan vad som i dag kallas ”dominionsstatus”. Följaktligen finner vi 1774, när denna nya tanke hade slagit rot, James Wilson från Pennsylvania konstatera: "Samtliga Brittiska imperiets medlemmar är skilda stater, självständiga från varandra, men lierade under samma härskare med rätt till samma krona."

Denna nya imperieuppfattning, som innebar att kolonierna, som en skribent har uttryckt det, "inte i evighet kunde förbli till hälften i, till hälften utanför imperiet, bekänna sin undersåtliga tro och lydnad men samtidigt visa ohörsamhet", var olyckligtvis lika obegriplig för hemregeringen som en regering utan kung hade varit under den puritanska revolutionens dagar. Men man insåg att även om kriget hade avlägsnat det franska hotet, så kvarstod ändå hotet från indianerna, och att detta var ett mycket påtagligt sådant gjordes tragiskt klart av "Pontiacs sammansvärjning", som följde omedelbart på ratificeringen av Parisfördraget. Med undantag av Detroit och Pittsburgh intogs alla fort västerut av indianerna, hundratals familjer blev brutalt massakrerade och gränsområdena från Niagara till Virginia härjades. Men det mest iögonenfallande i denna omstörtning var det faktum att det blev de brittiska rödrockarna och inte kolonisterna som kväste upproret. De senare, som saknade en central regering, var oförmögna att samverka till sitt eget försvar och deras beskydd föll därför på den brittiska regeringens lott, och ombesörjandet av detta förde därför med sig frågan om intäkter för att bekosta det.

Betydelsen av den diskussion som nu uppstod mellan den brittiska regeringen och de amerikanska kolonisterna kan bedömas utifrån det faktum att medan kostnaden för stående härstyrkor i Amerika 1748 hade varit 70 000 pund om året så hade siffran 1763 stigit till 350 000 pund – fem gånger så mycket. Med en statsskuld på 130 000 000 är det inte särskilt förvånande att regeringen försökte sig på att ta en del av utgifterna för kolonierna ur fickorna på de kolonister som den försvarade. Men vad som *är* förvånande är å ena sidan dess totala oförmåga att inse kolonisternas inställning och å den andra den snabbhet med vilket tvisten bröt ut i öppet våld och uppror.

Händelseutvecklingen var följande: endast två år efter sjuårskriget (1765) antog parlamentet stämpelakten – ett försök att höja statsinkomsterna från Amerika – men den amerikanska reaktionen blev så kraftig och omedelbar att stämpelakten upphävdes året därpå. Men knuten till upphävandet var Declaratory Act, som hävdade kungens och parlamentets rätt att anta lagar som skulle vara bindande för kolonierna. Svaret på detta blev en stadig ökning av våldsam agitation, som fyra år senare (1770) utlöste

”Bostonmassakern”, ett upplopp där fyra civila dödades och sju sårades av brittiska trupper. Detta underblåste våldet ytterligare, ända tills det tre år senare (1773) på nytt bröt ut i öppna oroligheter: ”Boston Tea Party” (”Tebjudningen i Boston”), då en skara män i protest mot tullavgifterna kastade kistor med te i Bostons hamn. Samma år bestämdes Kanadas gränser genom Quebecakten och bekräftade den franska befolkningens rätt till egen lagstiftning och religion. Båda dessa resultat förargade Nya Englands protestanter. Den ackumulerade effekten av alla dessa faktorer blev att man uppnådde vad som alltid hade verkat omöjligt, oavsett hur allvarliga de faror som hotat hade framstått: kolonial enhet. En ”kontinental kongress” samlades i Philadelphia 1774 och antog en associationsakt. För den brittiska regeringen betydde detta ett ”upprorstillstånd”, som bara kunde bemötas med vapenmakt.

Under loppet av endast tolv år försköts det brittiska imperiets ställning följaktligen från en fullständig seger över sin huvudrival i Nordamerika till ett frihetskrig mot sina egna kolonister. Skottlossningen inleddes vid Lexington 1775 och kriget fortsatte i åtta år, tills det slutade med ett fullkomligt nederlag för Storbritannien. En stor del av skulden för den utgången måste läggas på militär oduglighet. Den högre krigsledningen var svag och oduglig, vilket gällde såväl departementschefen i London, lord George Germaine, som överbefälhavaren i Amerika, sir William Howe. Själva den brittiska armén var svårt underbemannad och stridsdugligheten var svag. Trots detta var kolonisternas svaghet, oförmågan att effektivt samverka och motståndet mot att tjäna i reguljära styrkor, sådan att britterna under två år kunde hålla stånd utan allvarligare svårigheter. Det var ibland enbart Washingtons orubbliga beslutsamhet som höll upproret vid liv.

Vad som hade kunnat åstadkommas under bättre ledarskap får man en kortvarig och gäckande glimt av under fälttåget 1777. Året innan hade en amerikansk invasion av Kanada misslyckats katastrofalt. Britterna planerade nu en kniptångsmanöver mot Nya England (upprorets ”härd”), där kniptångens norra arm skulle komma ner från Montreal och dess södra komma upp från den lojala högborgen New York. Den norra styrkan stod under befäl av generallöjtnant sir John Burgoyne, en kunnig, aktiv och intelligent officer. Hans styrka var beundransvärt väldrillad och rustad för sin uppgift – vilket visar vad som kunde ha åstadkommits med de brittiska soldaterna av andra generaler, om dessa hade varit lagda åt det hållet. När fälttåget inleddes skrev en av officerarna: "Vad gäller vår armé kan jag bara säga att om god disciplin i förening med god hälsa och stämning bland männen över att ledas av general Burgoyne, som är allmänt aktad och respekterad, kan säkerställa framgång, då är sådan att förvänta."

Trots en lysande början krossades förväntningarna fullständigt till följd av Germaines i London och Howes i New York misslyckande med att samordna de brittiska kolonnernas operationer. I stället för att sätta in alla sina krafter på att understödja och förena sig med Burgoyne, lät sig Howe bli indragen i avvikande operationer söderut mot Pennsylvania. Burgoyne begick själv misstag, men dessa skulle inte ha behövt bli så ödesdigra om han hade fått det stöd som han hade räknat med. I stället lämnades han försvagad och isolerad gentemot en överväldigande numerär överlägsenhet och tvingades den 17 oktober kapitulera vid Saratoga. Denna katastrof blev krigets vändpunkt – inte på grund av att 3 500 brittiska soldater (alla som återstod av de 8 000 som i juni hade lämnat Montreal) gav sig i Amerika, en förlust som lätt hade kunnat repareras, utan på grund av händelsens konsekvenser i Europa. Saratoga förvandlade amerikanska frihetskriget till ett världskrig: år 1778 förklarade Frankrike Storbritannien krig, år 1779 följde Spanien dess exempel och 1780 mångfaldigade Storbritannien själv sina fiender genom att förklara Holland krig.

Efter Saratoga råder det en viss oundviklighet i de händelser som sedan följde, även om de fortsatte att bjuda på vissa överraskningar. En sak hade stått klar redan från upprorets början, och det var den oerhörda fördel som Storbritannien hade genom att behärska havet. Att samtidigt föra krig mot sina tre främsta sjömilitära rivaler och medtävlare satte naturligtvis denna på spel. Utanför Amerikas kuster, i Västindien och i de egna farvattnen ansträngdes brittiska flottan till sina yttersta gränser. Den stora belägringen av Gibraltar (1779–1782) ledde också den, även om den blev en triumf, till en kontinuerlig åderlåtning av sjömilitära resurser. Gott sjömanskap och hård kamp avvärjde de värsta följderna: ingen brittisk flotta mötte något avgörande svårt nederlag, inget omvänt Trafalgar, men det var ett borttynande av kapacitet, ett ökande misslyckande med att använda sjömakten som ett instrument för att framtvinga avgöranden. Det var just detta som visade sig i Chesapeake Bay den 5 september 1781.

Kriget på amerikanska fastlandet var i det här skedet i jämvikt. I Nya England hade britterna inte gjort några framsteg, men å andra sidan förmådde Washington inte driva ut dem från New York hur mycket han än önskade göra det och trots fransk hjälp. I de södra kolonierna hade en brittisk styrka under befäl av lord Cornwallis efter framgångsrika fälttåg i North Carolina och South Carolina invaderat Virginia och upprättat en stödjepunkt i Yorktown, nära Chesapeake Bays mynning. Men allt hängde på herraväldet över havet. Härigenom, och endast härigenom, kunde de brittiska operationerna samordnas och förstärkas. På samma sätt skulle fransmännen därigenom bli förmögna att sända ut tillräckligt med nya styrkor för att rubba jämvikten. Det var nu som den brittiska sjömilitära svagheten framträdde. De brittiska eskadrarna, som var svårt underlägsna i amerikanska farvatten, misslyckades med att förhindra en landsättning av franska förstärkningar som gjorde det möjligt för Washington att dra samman en avgörande styrka mot Cornwallis. Men vad som var ännu värre var att britterna, när de ertappade den franska huvudflottan i ett påtagligt ogynnsamt läge, underlät att utnyttja tillfället till att krossa den. Slaget den 5 september blev en utspridd, oavgjord tillställning med endast omkring 500 förluster på båda sidorna, men den ledde, som Fuller säger, "till Cornwallis undergång och måste följaktligen inta sin plats bland världens avgörande slag". Efter Chesapeake Bay var det inte längre möjligt att vare sig evakuera eller understödja Cornwallis från havet, och den 19 oktober tvingades hans armé i Yorktown att sträcka vapen. De brittiska trupperna marscherade ut till tonerna av "The World Turned Upside Down" – som var bra mycket mer passande än vad de insåg. Fuller skriver:

> Sålunda avslutades det fälttåg som blev höjdpunkten på det krig som efter utdragna förhandlingar avslutades i och med fredsfördraget i Versailles, vilket undertecknades den 3 november 1783. Enligt dess villkor fastslogs Amerikas förenta staters självständighet och de 13 kolonierna tillerkändes obegränsad befogenhet att utvidga västerut. Till västerlandet lades en ny nation med potential att rivalisera alla Europas länder tillsammans och ett stort imperium, fyllt av en ny imperialism, föddes. Inom ett knappt halvsekel skulle det komma att inta sin plats bland världens stormakter och inom ytterligare ett halvsekel skulle det komma att överträffa dem alla i välstånd och makt.
>
> Av mer omedelbar betydelse var att nordamerikanska frihetskriget avslutade reformationstiden. Det som Luther och Calvin hade skapat, och

det som trettioåriga kriget och puritanska revolutionen i England hade vidareutvecklat, fann sitt slutliga uttryck i oavhängighetsförklaringen, formulerad av Thomas Jefferson, en anhängare av John Locke. I detta epokomstörtande dokument står att läsa:

"Vi håller dessa sanningar för att vara självklara: att alla människor är skapade jämlika, att de av sin Skapare har förlänats vissa omistliga rättigheter, att bland dessa återfinns liv, frihet och strävandet efter lycka. Att för att säkerställa dessa rättigheter det bland människor tillsätts regeringar, som erhåller sin berättigade makt genom de styrdas samtycke. Att det är folkets rättighet, närhelst någon regeringsform blir fördärvlig för dessa syften, att förändra eller avskaffa denna och tillsätta en ny regering, vars grunder bygger på sådana principer och vars maktbefogenheter är organiserade på sådant sätt, som för dem kommer att förefalla det mest sannolika för att åstadkomma deras trygghet och lycka."

Detta var inte bara en utmaning av kungens av England regering, utan av envälden över hela västvärlden. Sålunda hände det sig att Ludvig XVI, när han den 6 december 1777 skrev "bifalles" på Vergennes förslag om en allians med Amerika, undertecknade sin egen dödsdom, och Spanien, när riket trädde in i kriget, avskaffade sitt kolonialimperium.

Det var inte i Frankrike utan i Amerika som den franska revolutionen fick liv. Det var ifrån Amerika som de franska soldaterna förde med sig hem fröet till frihet, jämlikhet och broderskap. När den unge Saint-Simon sammanfattande sina intryck av kriget utbrast han: "Jag hade en känsla av att den amerikanska revolutionen kännetecknade början till en ny politisk tidsålder; att denna revolution ovillkorligen skulle sätta i rörelse ett viktigt framåtskridande i den civiliserade världen i allmänhet och att den inom kort skulle ge upphov till stora förändringar i den samhällsordning som då rådde i Europa."[13]

Och Mathieu Dumas skrev:

"Vi lyssnade begeistrade till 'doktor Cooper', som, även om han gav sitt bifall till vår entusiasm för frihet, sade till oss: 'Tag er i akt, tag er i akt, unga män, på det att inte segeryran över saken på denna jungfruliga jord alltför mycket påverkar era förhoppningar. Ni kommer att bära med er fröet till dessa ädelmodiga grundtankar, men om ni efter så många århundradens fördärv försöker så det i er fosterjord, då kommer ni att tvingas övervinna många fler hinder. Det kostade oss mycket blod att erövra friheten, men ni kommer att utgjuta ert i störtfloder innan ni uppnår den i ert gamla Europa'."[14]

KRÖNIKA

Den franska revolutionens uppkomst

Även om det var den amerikanska revolutionen som satte den franska revolutionen i rörelse kunde två länder knappast ha varit mer olika än Förenta staterna och Frankrike 1789. Det ena var ett vidsträckt, oexploaterat land som erbjöd gränslösa möjligheter för ett fritt och demokratiskt sinnat folk; det andra var en gammal, monarkistisk stat fjättrad av traditioner och privilegier. I Amerika avgjordes beskattningen – orsaken till upproret 1775 – genom representation, i Frankrike beslutades den av kungen och betalades av tredje ståndet – det vill säga av alla utom adeln och prästerskapet. Det missnöje som denna brist på rättvisa gav upphov till snarare underblåstes än blidkades av Frankrikes växande välmåga, eftersom varje ökning av välståndet genast upphävdes av ökade skulder och ytterligare beskattning. Det var inte det utarmade proletariatet som drabbades hårdast, utan den välbärgade medelklassen – som frambringade välståndet – och det var deras krav på social rättvisa och en ställning i förvaltningen av statsangelägenheterna som ledde till revolutionen.

För att bekosta den roll som Frankrike hade spelat i nordamerikanska frihetskriget hade Ludvig XVI (1774–1792) utnämnt Genèvebankiren Jacques Necker till finansminister, och för att undvika skattehöjningar hade denne valt utvägen att bekosta kriget genom att ta lån, ända till dess räntan på dessa inte längre kunde betalas utan att skatterna höjdes. Det var skulderna som plötsligt framkallade den flodvåg som Ludvig XVI:s farfar, Ludvig XV, hade förutspått när han enligt ryktet utropade: ”Efter oss syndafloden!”

År 1781 entledigades Necker och ersattes inom kort av Charles Alexandre de Calonne, som för att hejda krisen övertygade Ludvig XVI om att sammankalla notabelförsamlingen (deputerade för adeln och prästerskapet). Den sammanträffade 1787, men när ledamöterna insåg att Calonnes ekonomiska reformer slog mot deras egna privilegier vägrade de att sanktionera dem. Därefter övertalades Ludvig XVI, med stor bestörtning, av Parisparlamentet[1] den 8 augusti 1788 om att följande år sammankalla generalständerna. De hade inte sammanträtt sedan 1614.

Det folket önskade sig var en konstitutionell monarki, under vilken deras representanter periodvis skulle sammanträda och bevilja anslag, och det var med dessa idéer i åtanke som generalständerna samlades i Versailles och höll sitt första sammanträde den 5 maj 1789.

Tredje ståndets representanter vägrade att sitta som särskilt stånd, och bjöd därför in adelns och prästerskapets deputerade att överlägga med dem, men eftersom få var beredda att göra detta förklarade sig representanterna den 10 juni utgöra nationalförsamlingen. Tio dagar senare svor de i det berömda bollhuset en ed att de inte skulle skiljas förrän de hade utarbetat en ny författning. För att blidka dem befallde Ludvig XVI att alla de privilegierade ståndens deputerade skulle förena sig med de ofrälse, men för att förekomma problem gav han samtidigt hertigen de Broglie order om att låta schweiziska och tyska trupper slå läger vid Versailles. Han entledigade också Necker, som han för en tid sedan hade återkallat.

Detta förtäckta men lättgenomskådliga hot gjorde Parispöbeln, kapitalisternas redskap, ursinnig eftersom den ansåg att Necker var den ende som kunde åstadkomma en återhämtning. Följden blev att pöbeln den 14 juli stormade Bastiljen och högg ner garnisonen. När nyheten framfördes till Ludvig XVI utbrast denne: ”Detta är en stor revolt.” Hertig de Liancourt svarade: ”Nej, sire, det är en stor revolution.”

Resningens omedelbara följder blev att Necker återkallades och att nationalgardet upprättades under ledning av markisen de La Fayette.

För att lugna folket utfärdade nationalförsamlingen den deklaration som kommit att gå under namnet ”de mänskliga rättigheterna”, som var mycket snarlik den amerikanska ”oavhängighetsförklaringen”. När Ludvig XVI tvekade att ratificera den förde La Fayette med ett detachement av nationalgardet, åtföljd av en ylande pöbel, den 5 oktober den kungliga familjen från Versailles till huvudstaden. Därefter flydde kungens yngste bror, greve d’Artois, från landet tillsammans med den första vågen av *les émigrés*, som genast började konspirera för att kväsa revolutionen. Deras intriger med utländska makter blev en av huvudorsakerna till det slutliga kriget.

Eftersom landet var bankrutt föresatte sig nationalförsamlingen, på förslag av biskopen av Autun (Talleyrand) – Neckers dotter madame de Staëls älskare – att reformera kyrkan för att kunna lägga beslag på dess omfattande gods. Den tillkännagav att biskoparna och prästerskapet i fortsättningen skulle väljas av folkets representanter. Härnäst krävde Mirabeau att penningmedel i form av assignater skulle emitteras i utbyte mot kyrkans konfiskerade besittningar. Men Necker utmanövrerade honom och erhöll vidsträckta områden av kyrkans lantegendomar som säkerhet för sina löften om att betala i guld och silver, men eftersom ingendera metallen existerade avvisades hans banksedlar och en valutakris följde. Necker flydde då landet, och genom Mirabeaus inflytande emitterades markpengarna.

Den antireligiösa lagstiftningen sårade Ludvig XVI djupt. "Jag skulle hellre vara kung av Metz", utbrast han, "än styra Frankrike på sådana villkor." Följden blev att han inte långt efter det att den hade trätt i kraft övervägde att fly, men inte till det lojala Normandie eller Bretagne, vilket Mirabeau hade föreslagit, utan till *les émigrés* vid Metz. I detta fick han varmt stöd av drottningen – Marie Antoinette – Maria Teresias dotter och syster till Österrikes kejsare Leopold II (1790–1792).

Natten till den 21 juni 1791 undkom Ludvig XVI och hans familj sina väktare och begav sig längs vägen till Montmédy, men blev i Varennes igenkända och gripna och skickades tillbaka till Paris. När nyheten nådde Leopold II tillkännagav denne att gripandet av kungen "direkt äventyrade alla monarkers värdighet och alla regeringars säkerhet". Den 27 augusti utfärdade han tillsammans med Fredrik Vilhelm II av Preussen (1786–1797) "Pillnitzdeklarationen", enligt vilken de båda monarkerna tillkännagav att de var beredda att ansluta sig till andra europeiska härskare om dessa skulle stödja Ludvig XVI. Leopold II:s syften var långt ifrån oegennyttiga, eftersom han kort innan deklarationen utfärdades tillsammans med Fredrik Vilhelm II hade gjort upp en plan om att dela Frankrike: Österrike skulle få Alsace (Elsass) och Lorraine (Lothringen) medan Preussen skulle få hertigdömena Jülich och Berg samt erhålla en del vid den tilltänkta delningen av Polen.

Den 14 september 1791 upplöstes nationalförsamlingen, som hade beslutat om en ny författning, och ersattes av den lagstiftande församling som författningen föreskrev. Denna sammanträdde första gången den 1 oktober 1791.

Dess ledarskap övergick i händerna på en grupp unga medelklassfantaster, som kommit att gå under namnet gironden eftersom många av girondisterna kom från Gironde. De var våldsamma motståndare till *les émigrés*, Leopold II och Marie Antoinette. Eftersom de fruktade och kände sig förolämpade av sammandragandet av små *émigré*-arméer vid Frankrikes östra gränsområden, hävdade de att ett krig mot Österrike skulle förena nationen och tvinga Ludvig XVI att bekänna färg.

I december ledde den här krigsivern till att förbanden längs Frankrikes östra gränstrakter organiserades i tre arméer: Nordarmén och Mittarmén under befäl av Rochambeau respektive La Fayette, som båda hade tjänat i Amerika, samt Rhenarmén under marskalk Nicolaus Luckner, en gammal tysk husar. Dessa var de första revolutionsarméerna.

De parisiska tidningarna eggade i allt högre grad upp folkets stridslystnad, och i Jakobinklubben[2] och den lagstiftande församlingen eldade Brissot upp en fientlig inställning mot hovet och en tro på nödvändigheten av ett krig. Krig krävdes inte bara för att förena folket och hålla det underordnat den lagstiftande församlingens vilja, utan också därför att det, som Hércule de Sechelles uttryckte det, "i krigstid kan vidtas åtgärder som i fredstid skulle framstå som alltför stränga" – ett varsel om den annalkande terrorn.

När Bastiljen stormades fanns det i Europa inte minsta tanke på ett korståg mot Frankrike. Det problem som då upptog hovens uppmärksamhet var Polen, inte franska revolutionen. I och med Leopold II:s död den 1 mars 1792 skedde en snabb förändring. Dennes son Frans – Frans II och den siste av de tysk–romerska kejsarna (1792–1835) – antog nämligen girondisternas utmaning och var ivrig att försvara sin faster Marie Antoinettes heder. Samtidigt betraktade Fredrik Vilhelm II Frankrike som ett lätt byte och såg revolutionen som en ursäkt för att kunna utvidga sitt rike, medan Katarina II av Ryssland (1762–1796) sökte trassla in såväl Wien som Berlin i Frankrikes angelägenheter för att därigenom få armbågsrum i Polen, som stod på randen till en ny delning. Till sist såg monarkistpartiet i Frankrike en österrikisk invasion och skingrandet av det uppbådade franska manskapet som det enda sättet att rädda Ludvig XVI. Sådan var alltså situationen när Ludvig XVI för girondisterna, vars fånge han var, den 20 april 1792 lade fram ett förslag om att förklara Österrike krig, för att därigenom kunna störta girondistregeringen och själv bli frisläppt.

Frankrike var fullständigt oförberett för krig: landets statskassa var tömd, dess armé kaotisk och folket hysteriskt. Den 11 juli utfärdades en allmän mobiliseringsappell och en pöbel av frivilliga tog värvning. Två veckor senare förklarade Preussen Frankrike krig, och hertigen av Braunschweig, som hade blivit utnämnd till befälhavare för den preussiska armén, gav ut ett mindre välbetänkt manifest, ett hopkok av *les émigrés*, som skapade ursinne i Paris. Den 10 augusti stormades Tuilerierna, och ett dekret utfärdades som upphävde konstitutionen av år 1791, berövade Ludvig XVI all makt och införde allmän rösträtt. Lagstiftande församlingen efterträddes av nationalkonventet.

Mitt uppe i detta kaos kom den allvarligaste faran från armén, som var 82 000 man stark, undantaget gränsgarnisonerna. Till vänster täckte Nordarmén, som nu stod under La Fayettes befäl, gränsen från Dunkerque till Malmédy, och delades upp i två grupper: den ena (24 000) förlagd i läger vid flamländska gränsen, och den andra (19 000), som gick under namnet Ardennerarmén, nära Sedan. Till höger om den sträckte sig Mittarmén – även kallad Metzarmén – (17 000) från Montmédy till Vogeserna och stod under befäl av marskalk Luckner. Och till höger om honom låg Rhenarmén (22 000) från Vogeserna till Basel under befäl av general Biron (före detta hertigen de Lauzun). Bakom dem, omkring Soissons, fanns också det patrask av oorganiserade och uppstudsiga frivilliga som gick under namnet Reservarmén.

När La Fayette, som då befann sig i Sedan, den 11 augusti fick reda på föregående dags dekret beordrade han genast general Arthur Dillon, vid Pont-sur-Sambre, och general Dumouriez, vid lägret i Maulde, att marschera mot Paris. Även om den förre – en rojalist – samtyckte, vägrade den senare – en vän av girondisterna – att göra det. Lagstiftande församlingen fick kännedom om myteriet och skickade kommissarier till Sedan, som greps och fängslades av La Fayette. Därefter skickades andra, och den 18 augusti fick Dumouriez av dem befälet över Nordarmén. Dagen därpå, när La Fayette fann att hans armé hade förlorat förtroendet för honom, överskred han och många av hans officerare gränsen till Luxemburg och överlämnade sig till österrikarna. Samtidigt vägrade Luckner, som befann sig vid Metz och var god vän med La Fayette, att godta dekretet. Han efterträddes därför av general François Christophe Kellermann och skickades till Châlons-sur-Marne för att föra befälet över förband i andra linjen. Nästan samtliga av Luckners främsta officerare entledigades, och i Rhenarmén var Biron den ende bland generalerna som helhjärtat godtog dekretet. Sådant var arméns tillstånd när Dumouriez efterträdde La Fayette.

Kanonaden vid Valmy 1792

Kanonaden vid Valmy var mer än bara en militär tilldragelse. Den drog en skarp linje mellan den form som kriget hade antagit sedan 1648 och den form som det skulle komma att anta efter 1792. Under den tidigare perioden blev kriget, vilket redan har skildrats, alltmer begränsat, såväl politiskt som militärt. Fälttågen var, med några enstaka anmärkningsvärda undantag, metodiska, makliga och interfolierade med en accepterad hederskodex. År 1677 skriver earlen av Orrery att ”vi för krig mer som rävar än som lejon, och man har tio belägringar mot en drabbning”.[1] Omkring tjugo år senare finner vi Daniel Defoe skriva: ”Det är nu vanligt att man låter arméer på femtiotusen man på vardera sidan göra stånd inom synhåll från varandra, och tillbringa ett helt fälttåg med att smyga sig efter, eller som det fashionabelt kallas observera varandra, för att sedan marschera iväg och gå i vinterkvarter.”[2] Hundra år senare är det i stort sett likadant. Lazare Carnot konstaterar: ”Det som lärdes ut i krigsskolorna var inte längre konsten att försvara starka platser, utan att hedervärt avträda dem, efter vissa konventionella formaliteter.”[3]

Vid belägringen av Pizzighetone 1733 erbjuds vi ett fulländat exempel på krigisk idyll. En vapenvila hade avtalats och vi får veta att:

> En brygga som slagits över graven tillät umgänge mellan belägrarna och de belägrade: bord dukades upp överallt och officerarna turades om med att förpläga varandra. Inomhus och utomhus, under tält och i bersåer, förekom inget annat än baler, underhållning och konserter. Allt folket i trakten strömmade dit till fots, på hästryggen och i vagnar. Matvaror anlände från alla håll, ett rent överflöd syntes inom bara ett

ögonblick och det saknades varken illusionister eller akrobater. Det var en bedårande marknad, ett förtjusande rendezvous.[4]

Hundra år efter Carnots iakttagelse, och när den nya formen av krig närmade sig sin höjdpunkt, kritiserade marskalk Foch dessa ”föråldrade metoder … i vilka det inte finns någon avgörande lösning, inget annat än ett begränsat syfte”, och utgöt sitt förakt för greve Moritz av Sachsen (”marskalken av Sachsen”, 1696–1750) för dennes yttrande ”Jag är ingen förespråkare av att leverera batalj, i synnerhet inte i början av ett krig. Jag är rent av övertygad om att en skicklig härförare kan föra krig under hela sitt liv utan att tvingas göra detta.”[5]

Inte desto mindre bortsåg Foch från skälen till dessa ”föråldrade metoder”. De var inte bara avskyn inför trettioåriga krigets obegränsade barbari och insikten om att krig mellan gentlemän är att föredra framför krig mellan lymlar, utan också de ökande kostnaderna för reguljära, stående arméer tillsammans med bristerna i deras intendentur och trögheten vid rekvirerandet av krigsförråd. Dessa begränsningar ledde till att man undvek fältslag, som under den här tidsperiodens nära musköthåll var ytterst kostsamma i liv, och även till de ofta förekommande belägringarna, vilka gjorde det möjligt att med regelbundna mellanrum upprätta depåer längs marschrutterna. Det som angav tempot var i grund och botten kostnaden – det vill säga pengar – och detta insåg Guibert så tidigt som 1770. Han ansåg att krig med etikettsbunden höviskhet, oblodiga manövrar och ärofulla kapitulationer endast var billiga på ytan, eftersom de inte ledde till några slutgiltiga politiska lösningar. I deras ställe föreslog han ett helt annat slags konflikt. Han skriver:

> Men låt oss anta att ett kraftfullt folk skulle framträda i Europa: ett folk med snille, tillgångar och god politisk omdömesförmåga; ett folk som med dessa gedigna egenskaper och inhemsk milis enades om en fast utvidgningsplan, och som aldrig förlorade den ur sikte; ett folk som vet hur man för krig billigt och försörjer sig på sina segrar. Ett sådant folk skulle inte tvingas begränsa sina strider till följd av ekonomiska beräkningar. Man skulle komma att få se detta folk underkuva sina grannar och kullkasta våra kraftlösa författningar, såsom nordanvinden böjer det veka röet.[6]

Valmy förebådade den typ av krig som Guibert hade i åtanke, och ett år efter det att kanonaden hade mullrat och två år efter Guiberts död antog nationalkonventet, för att försäkra sig om en "stående inkallelse av alla fransmän till landets försvar", den 23 augusti 1793 en lag enligt vilken oinskränkt krigföring fördes upp på dagordningen:

> De unga männen ska strida ... de gifta männen ska smida vapen och transportera krigsförråd; kvinnorna ska sy tält och kläder och ska tjänstgöra vid lasaretten; barnen ska rispa upp gammalt linnetyg till linneskav; de gamla männen ska låta sig bäras till torg och uppväcka de stridande männens mod, för att predika avsky mot kungar och förkunna republikens enhet.
>
> Offentliga byggnader ska byggas om till kaserner, offentliga torg till ammunitionsfabriker ... Alla skjutvapen av lämplig kaliber ska överlämnas till soldaterna; det inre av landet ska övervakas med skjutvapen och blanka vapen. Alla ridhästar ska konfiskeras för kavalleriets bruk; alla arbetshästar som inte brukas vid odling ska dra artilleriet och forvagnar.[7]

Sådant var det totala krigets födelseskrik.

Det var dessa båda krigsformer – den begränsade och obegränsade – som under franska revolutionen gick i clinch, och båda är väl exemplifierade av ledarna i den första sammandrabbningen – å ena sidan hertig Karl Vilhelm Ferdinand av Braunschweig, och Charles-François Dumouriez å den andra.

Braunschweig föddes 1735 och Dumouriez 1739, och de var därför ungefär lika gamla, vilket var deras enda gemensamma nämnare. Den ene var en grandseigneur och brorson till Fredrik den store, medan den andre, som var son till en fransk krigskommissarie, var en skarpsinnig politisk och militär lycksökare. År 1792 hölls Braunschweig för att vara Europas främste soldat, medan Dumouriez ansåg sig själv vara det. Han hade en gränslös tro på sig själv, såg i revolutionen möjligheten till en karriär som exakt motsvarade hans talanger och kände instinktivt att oförvägenhet var det mest välbetänkta för att kunna dra största möjliga fördel av dess fanatiska anda. Han saknade helt principer, med undantag av opportunism. Vid ett tillfälle lade han fram en plan för att rädda monarkin. Den var enkel och djärv. Det enda man behövde göra för att besegra jakobinerna, sade han, var att bli en av dem. ”Tänk som de gör, anamma deras anda och språk, och vänd er sedan mot dem.”[8] I fält var han helt utan fruktan, tog lätt på svårigheter, uppvisade oförtröttlig flit och ägde den mest dyrbara gåvan av alla – förmågan att entusiasmera sina män. Han var en lysande och begåvad militär hasardspelare, fantasifull, snabbtänkt, förutseende och lika optimistisk som Candide.

Braunschweig var en beläst, högst kultiverad pedant, försiktig, noggrann och med en benägenhet att undersöka varje problem så in i minsta detalj att själva problemet försvann ur sikte. Hans ryktbarhet var till stor del grundad på 1787 års fälttåg i Holland. Detta var så fullständigt oblodig att i det i samtidens ögon framstod som en förebild för fulländat fältherresnille. Och så var faktiskt fallet eftersom Braunschweig, likt en skicklig schackspelare, kunde förutse varje drag inom den metodiska krigföringens snäva gränser, så länge som hans motståndare iakttog alla regler. Han förstorade undantagslöst sina egna svårigheter och beaktade sällan motståndarens, och han var oftast lika ovillig att uttrycka en egen åsikt som han under påtryckningar var benägen att ge efter för andras åsikter. Olyckligtvis, för hans del, försökte Fredrik Vilhelm II – en impulsiv och enfaldig man – spela rollen av Fredrik den store, och Braunschweig, som ansåg att en preussisk fältmarskalks första plikt var att åtlyda sin furste, fogade sig mot sitt bättre vetande efter dennes önskemål. Braunschweig, som betraktade Frankrike som Preussens verkliga bundsförvant, ogillade dessutom österrikarna intensivt och avskydde *les émigrés*. Han var så högt aktad av såväl girondister som jakobiner att revolutionsregeringen i början av 1792 erbjöd honom överbefälet över den franska armén,[9] vilket om han hade accepterat det skulle ha gjort Dumouriez till hans medarbetare i stället för motståndare.

Härarna som dessa båda män förde befäl över var också de mycket olika. De preussiska och österrikiska var lydiga redskap för sina respektive monarker. Den franska var, även om den fortfarande till stor del utgjordes av soldater från den gamla kungliga armén, en folkhär uppfylld av nationalanda. Under en ledare som visste att utnyttja dess anda kunde den uppvisa underbar hänförelse, men under en som inte kunde det blev den lätt föremål för panik och myterier. Även om det inom den franska armén rådde en bedrövlig brist på officerare, i synnerhet inom infanteriet och kavalleriet, eftersom tusentals hade blivit *émigrés*, kunde officerare tack vare dess storartade underofficerskader med lång tjänstgöring raskt utnämnas.

Vid tidpunkten för slaget vid Valmy finner vi många av kejsardömets berömda namn, antingen som befäl eller meniga, såsom Jourdan, Lecourbe, Oudinot, Victor, MacDonald, Davout, Gouvion-Saint-Cyr, Mortier, Soult, Leclerc, Lannes, Masséna, Berthier, Bessières, Suchet, Laharpe, Friant, Lefebvre och Kellermann (d.ä.).

Det franska artilleriet var Europas främsta, för även om det moderna artilleriets fader var engelsman, Benjamin Robins, som i sin *New Principle of Gunnery* (1742) förespråkade den bakladdade räfflade kanonen och placerade artilleriet på vetenskaplig grund, gjordes de största framstegen inom artilleriet i Frankrike under ledning av Gribeauval. När denne 1776 utsågs till generalinspektör för artilleriet omorganiserade han det franska artilleriet från topp till tå. Han begränsade fältartilleriet till 4-pundiga regementesstycken, medan reserven (divisionsartilleriet) begränsades till 8- och 12-pundiga kanoner samt sex tums haubitser. För befästnings- och belägringsändamål anammade han 16- och 12-pundiga kanoner, åtta tums haubtiser samt tio tums mörsare. Han skilde lavetten från föreställaren och lät konstruera enhetligt utformade lavetter, vilkas delar var utbytbara, så långt detta var möjligt.

Dessa förbättringar,[10] som påverkade artilleriet lika radikalt som införandet av bajonetten ett århundrade tidigare hade påverkat infanteriet, ledde till kanonens ökade dominans över musköten. Två effekter är värda att lägga märke till. Den första är att den ökade artillerianvändningen innebar ett ökat antal hästar och vagnar och följaktligen en förlängning av kolonnerna längs marschrutten, vilket i sin tur ledde till nödvändigheten av att skydda dessa genom lätta förband – *chasseurs à pied* och *chasseurs à cheval* (jägare till fots och jägare till häst). Den andra var den ökade kostnaden för arméerna och de allt större krav som ställdes på industrin för att standardisera vapen och utrustning.

Även om den preussiska arméns infanteri och kavalleri var utmärkt, var artilleriet medelmåttigt och intendenturen föråldrad. Många av fältherrarna var gamla, och inte så få av de yngre officerarna var välvilligt inställda till franska revolutionen. Men den svagaste länken var dess befäl, för mellan Fredrik Vilhelm II och Braunschweig rådde ingen tankefrändskap. Den senare avskydde *les émigrés*, medan den förre var dem underdånig. *Les émigres* överdrev det franska folkets monarkistiska känslor och skröt om sitt vänskapliga förhållande till de franska officerarna. "'Jag', sade Bouillé,

’kan ansvara för att erövra fästningarna, för jag har nycklarna till dem alla i fickan.’”[11] Dessa anspråk invaggade Fredrik Vilhelm II i tron på att det enda han behövde göra var att marschera raka vägen till Paris, för att där ta emot de lojala medborgarnas bifall.

Det trodde inte Braunschweig, eftersom han inte bara misstrodde *les émigrés* utan också var emot kriget. Hans tanke var att begränsa det första fälttåget till att erövra fästningarna Longwy, Montmédy och Sedan för att sedan upprätta depåer vid dem, utmanövrera någon fransk armé som eventuellt skulle komma till deras undsättning och slutligen gå i vinterkvarter och förbereda nästa års fälttåg. Att riskera ett fälttåg i Frankrike på hösten, med ointagna franska fästningar i ryggen och i ett land som skulle kunna visa sig vara fientligt, fyllde honom med fasa. Han var dessutom medveten om att hans intendentur förhindrade en snabb framryckning, och i detta hade han rätt, för som Massenbach, en av hans stabsofficerare, senare sade: ”Frågan om förnödenheter hängde som en betungande börda runt våra ben.”[12]

Den plan som man slutligen bestämde sig för var att invadera Lorraine med tre arméer: 1. Braunschweig skulle med 42 000 preussare, 5 500 hessare och 4 500 *émigrés* tåga från Koblenz in i Lorraine mellan Kellermanns armé vid Metz och Dumouriez vid Sedan; 2. 15 000 österrikare under befäl av Clerfayt, baserade i Österrikiska Nederländerna, skulle marschera fram söderut mot den preussiska högra flanken; 3. ett lika stort antal under befäl av furst Hohenlohe-Kirchberg, som var baserad i Pfalz, skulle marschera i riktning mot preussarnas vänstra flank. När de tre arméerna förenades i Lorraine skulle man korsa Meuse (Maas) och tillvinna sig vägen till Paris.

Det tog preussarna tjugo dagar att marschera från Koblenz till franska gränsen och det dröjde ända till den 23 augusti innan de ankom till gränsfästningen i Longwy, som efter ett kortvarigt bombardemang tvingades kapitulera.

Dumouriez försökte då övertala Servan, den franske krigsministern, att invadera Nederländerna (Holland). Hans plan var att han, medan Dillon vid Sedan och Kellermann vid Metz hejdade preussarna, från Valenciennes skulle ta itu med österrikarna under befäl av Clerfayt. Detta var en fix idé hos Dumouriez, som jämförde sig med Agathokles och Scipio. ”Det var så”, skrev han i ett brev till lagstiftande församlingen, ”som det romerska folket förde sitt krig till Afrika när Hannibal stod utanför Roms portar.”[13]

Strategiskt sett kan han ha haft rätt, eftersom han hade gjort en tämligen korrekt bedömning av vad Braunschweig gick för. Men politiskt sett hade han fel, eftersom Paris invånare om han hade marscherat norrut skulle ha fått uppfattningen att de östra vägarna till huvudstaden låg öppna och genast skulle ha skrikit: ”Förräderi!” Servan, som var fullt medveten om detta, anmodade den 22 augusti Dumouriez att samarbeta med Kellermann och sedan rycka tillbaka inför Hohenlohe. Och när Paris den 24 augusti greps av panik vid underrättelserna om belägringen av Longwy, beordrade han Dumouriez att fortsätta till Sedan.

Dumouriez ankom den 28 augusti till Sedan där han, som han skriver, fann ”en armé utan generaler eller högre officerare, och uppdelad i fraktioner. Över hälften av soldaterna saknade en överbefälhavare [La Fayette] som de hade älskat och betraktade dennes efterträdare som hans personliga fiende och upphovsmannen till hans fördärv.”[14]

När han dagen därpå mönstrade sina män möttes han av tystnad och bistra blickar i stället för av de sedvanliga leveropen. Till sist utropade en grenadjär: ”Det är för t–n ni som förklarar krig!” ”Tror ni”, svarade Dumouriez, ”att frihet kan vinnas utan strid?” När en annan soldat skrek: ”Ner med generalen!” drog Dumouriez sin värja och utmanade denne på duell. När missdådaren smög sig undan insåg Dumouriez att han genom sitt okonventionella uppträdande hade vunnit över männen på sin sida.[15]

När han därefter fick veta att Verdun var hotat sände han överstelöjtnant Galbaud med två bataljoner för att förstärka garnisonen där. De lyckades inte nå fram till fästningen utan drog sig tillbaka mot Sainte-Ménehould. Den kvällen skrev han följande till Servan: ”Armén befinner sig i det mest bedrövliga tillstånd. Om vi drar oss tillbaka fruktar jag att den kommer att skingras, och om vi rycker fram, vilket den verkar vilja göra, kommer vi förvisso att bli slagna … den har varken kläder, skor eller hattar … och lider stor brist på musköter.”[16]

Den 30 augusti sammankallade han, fortfarande besatt av sin nederländska plan, ett krigsråd som, oaktat vad han skriver i sina memoarer,[17] godkände den. Men i Paris skrev Servan den 1 september till Dumouriez, som han trodde hade slagit sin nederländska plan ur hågen, och anmodade denne att rycka tillbaka mot Argonnerna och upplyste honom samtidigt om att Kellermann hade fått order om att marschera till hans stöd. Följande dag, medan stormklockan i Paris ringde in septembermassakern och Danton dundrade: ”det krävs djärvhet, djärvhet och åter djärvhet, och Frankrike är räddat”, skrev Servan åter till Dumouriez: ”I fäderneslandets namn … led din armé mellan Meuse och Marne. Marschera till Sainte-Ménehould eller dess omgivningar, eller rent av mot Châlons.”[18]

Under tiden hörde Dumouriez vid Bazeilles den 31 augusti – det vill säga innan något av dessa brev hade skrivits – artillerield komma i riktning från Verdun[19] och fick samtidigt veta att Clerfayt med 15 000 till 18 000 man var i färd med att gå över Meuse vid Stenay. Han insåg sent omsider att hans invasionsplan var omöjlig, eftersom hans högra flank hotades och Sedan därför inte längre kunde försvaras. ”Aldrig”, skrev han till Servan, ”har Frankrike befunnit sig i större fara i något krig … För att undgå värre olyckor nödgas jag kanske överlämna Montmédy och Verdun till deras garnisoner, överge Meuse i hela dess sträckning och via den kortaste vägen dra mig tillbaka … mot floden Aire och försvara Autrypasset.”[20]

Detta innebar att han var tvungen att dra sig tillbaka till Argonneskogen, som ligger utmed övre Aisnes högra strand. Den utgörs av låga, tätt skogbevuxna kullar och är genombruten av vattendrag och träsk. År 1792 var denna terräng betydligt svårare för trupper att operera i än vad den är i dag, eftersom vägarna då var illa underhållna och den mjuka lerjorden över vilken de löpte i regnväder snabbt trampades till lervälling. För en armé åtföljd av artilleri och tross kunde skogen endast genomkorsas via de fem vägar som löpte genom följande fem pass: 1. Les Islettes på vägen Verdun–Clermont–Sainte-Ménehould–Châlons-sur-Marne–Paris; 2. La Chalade på vägen Verdun–Reims; 3. Grandpré på vägen Varennes–Vouziers; 4. Croix-aux-Bois på vägen Stenay–Vouziers; 5. Chesne-Populeux på vägen Sedan–Rethel.

För Dumouriez var skyndsamhet av nöden, eftersom han vid Sedan befann sig längre bort från de båda huvudpassen Grandparé och Les Islettes än vad Clerfayt vid Stenay och Braunschweig vid Verdun gjorde. Han insåg att han inte hade tillräckligt med trupper för att hålla alla de fem passen med ett starkt försvar och beordrade därför Duval med 6 000 män[21] vid lägret Pont-sur-Sambre och Beurnonville med 10 000 vid lägret vid Maulde att med största hastighet marschera till Rethel, dit den förre skulle ankomma den 7 september och den senare den 13 september.

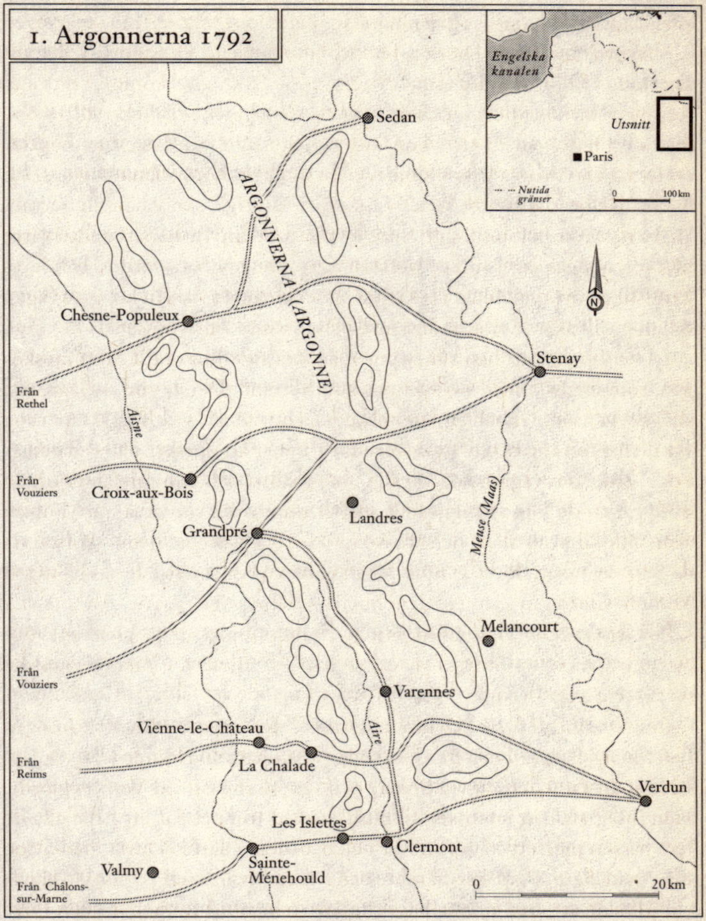
1. Argonnerna 1792
Engelska kanalen
Utsnitt
Paris
Nutida gränser
0
100 km
Sedan
ARGONNERNA (ARGONNE)
Chesne-Populeux
Stenay
Från Rethel
Aisne
Från Vouziers
Croix-aux-Bois
Meuse (Maas)
Landres
Grandpré
Melancourt
Från Vouziers
Varennes
Vienne-le-Château
Aire
Från Reims
La Chalade
Verdun
Les Islettes
Clermont
Sainte-Ménehould
Valmy
Från Châlons-sur-Marne
0
20 km

Dumouriez, som tills vidare lämnade Chesne-Populeux och Croix-aux-Bois obevakade, sände den 1 september fram Dillon med avantgardet (6 000) för att hålla Les Islettes och La Chalade, medan han själv med huvudstyrkan (13 000) tog den kortaste vägen och marscherade tvärsöver Clerfayts front för att den 4 september ankomma till Grandpré. Följande dag ankom Dillon till Les Islettes.

Från Grandpré sände Dumouriez den 5 september följande bombastiska depesch till Servan: "Verdun är erövrat, jag inväntar preussarna. Lägren vid Grandpré och les Islettes är som Thermopyle, men jag kommer att ha större lycka än Leonidas."[22]

Men hur var det då med Braunschweig? Den 2 september kapitulerade Verdun, men i stället för att tränga vidare stannade han kvar i lägret där fram till den 11 september. Vädret var, det måste erkännas, bedrövligt och det hade regnat häftigt ända sedan koalitionen hade överskridit gränsen. Den 28 augusti antecknade Goethe i sin dagbok: "fruktansvärt väder", den 6 september: "allt hade sjunkit ner till bottenlös gyttja" och den 12 september: "det regnade oupphörligt".[23] Dessutom låg hundratals män i det preussiska lägret döende i dysenteri.[24] Goethe påpekar den 4 september: "Ofta omnämndes Les Islettes, det viktiga passet mellan Verdun och Sainte-Ménehould. Ingen kunde förstå varför det inte togs i besittning, eller varför det inte redan hade erövrats."[25] Anledningen var att Braunschweig och Fredrik Vilhelm II inte kunde enas om vad som skulle göras härnäst.

När Verdun nu hade intagits gick Braunschweigs plan ut på att inta Sedan och gå i vinterkvarter i närheten av Montmédy, Mézières och Givet för att upprätta en gedigen bas inför följande års fälttåg. Men kungen vägrade lyssna till detta och fick inte bara stöd av *émigrés* utan även av flera av Braunschweigs officerare. Vad kungen och hans anhängare insåg var att kriget i grund och botten snarare var en politisk än en militär operation, och att de stod inför en revolutionshär, inte en normal armé. Tanken att upprätta magasin i Verdun och Longwy och gå i vinterkvarter var därför helt olämplig. I stället framhöll man att det som krävdes var att tränga in i Champagne som en störtflod och dränka fransmännen i ett enda stort fältslag, där en seger tack vare preussarnas större disciplin var säkerställd. Endast därigenom kunde en avgörande politisk seger vinnas i tid för att rädda Ludvig XVI och Marie Antoinette.

Även om ett så okonventionellt tillvägagångssätt upprörde Braunschweig, som insåg att en snabb frammarsch inte lät sig göras på grund av arméns, vägarnas och intendenturens tillstånd, övergav han inte desto mindre lydigt sina egna planer till förmån för kungens. Ändå beordrade han inte en omedelbar frammarsch, utan ödslade tid på omständliga förberedelser. Sent omsider red han och kungen den 7 september fram till Clermont och rekognoscerade Les Islettes. Braunschweig såg många fiendetrupper i skogarna, och när han av en bonde fick veta att fransmännen hade förskansat sig fruktade han att ett frontanfall skulle visa sig bli alltför dyrköpt och föreslog därför en kringgående rörelse. Till sist enades man om att storma ett av de fem passen, och för att göra det beslöt man sig för följande indelningar: Les Islettes skulle avskärmas av Hohenlohes österrikare och hessare, medan den preussiska armén marscherade mot Grandpré. Kavalleriet och *émigrés*-kåren skulle röra sig mot Chesne-Populeux, och Clerfayt skulle understödd av Kalkreuth ta passet Croix-aux-Bois i besittning.

Den 10 september utfärdade Braunschweig äntligen sina order om frammarsch och följande morgon marscherade preussarna i hällregnet ut ur sitt genomdränkta läger och tog vägen till Melancourt. Där gjorde de halt för natten och marscherade den 12 september vidare till Landres. Längs vägen blev de mycket oroade av att finna landsbygden övergiven, eftersom detta ytterligare försvårade försörjningen. Att bekämpa den franska armén var en sak, men att bekämpa den i en övergiven trakt var en helt annan. Detta gjorde koalitionen nedstämd, liksom det obeskrivliga tillståndet i lägret vid Landres, som blev känt som ”Lortlägret”. Till vänster skärmade Hohenlohes österrikare och hessare av Les Islettes östra sida, och till höger stod Clerfayts armé från Stenay inför passet Croix-aux-Bois.

Croix-aux-Bois hölls av två bataljoner, en skvadron och fyra pjäser under befäl av överste Colomb, en veteran från kriget i Amerika. Den 11 september upplyste denne Dumouriez om att ställningen var ogenomtränglig, och den senare, som trodde att fiendens huvudinsats skulle riktas mot Grandpré, beordrade honom följaktligen att lämna kvar 100 män under befäl av en kapten för att hålla passet och föra med sig de återstående till Grandpré.[26]

Olyckligtvis för Dumouriez fick Clerfayt av en bonde kännedom om tillbakadragningen och sände den 12 september ut ett detachement jägare och husarer som stormade och erövrade passet. Eftersom förlusten av passet hotade Chesne-Populeux södra flank drog dess befälhavare, överste

Dubouquet, tillbaka garnisonen. Klockan 05.00 gav ankomsten av flyktingar till Grandpré Dumouriez en första antydan om katastrofen, och eftersom han insåg hur allvarlig förlusten av Croix-aux-Bois var beordrade han general Chazot att med åtta bataljoner, fem skvadroner och fyra pjäser marschera från Grandpré via Vouziers och återta passet den 13 september. Vägen var i så dåligt skick att Chazot nådde fram till Vouziers först vid mörkrets inbrott. Han bröt upp igen följande morgon och återerövrade passet, men drevs efter ett österrikiskt motanfall kort därefter ut ur det igen och återvände till Vouziers. Det mest häpnadsväckande var att han inte förföljdes. Hade Clerfayt, som Jomini påpekar,[27] trängt vidare och hade Braunschweig samtidigt anfallit Grandpré skulle Dumouriez armé med all sannolikhet ha krossats.

När fransmännens belägenhet var som sämst visade sig Dumouriez från sin bästa sida. Han räknade med preussarnas långsamhet och även med att det usla vädret skulle bidra till deras försening,[28] och bestämde sig genast för att – samtidigt som han höll fast vid Les Islettes och La Chalade – dra sig tillbaka ut ur Grandpré, rycka tillbaka mot Sainte-Ménehould och låta sin armé gå i ställning med fronten mot fiendens rygg när denne väl hade trängt fram igenom de övergivna passen. Det var ett genialiskt drag, och för att kunna fånga den långsamma motståndaren i en fälla skickades ordonnanser och kurirer i galopp åt alla håll. Först sändes ett detachement ut för att skärma av Croix-aux-Bois, sedan beordrades Chazot att vid midnatt marschera från Vouziers och återförena sig med huvudstyrkan på Montcheutinslätten. Beurnonville och hans 10 000 män vid Rethel beordrades upp till Sainte-Ménehould, och en ordonnansofficer skickades till Kellermann, som då befann sig nära Bar-le-Duc, för att skynda på dennes marsch norrut. Till Dillon, som befann sig vid Les Islettes, sändes förhållningsorder om att stå emot österrikarna till sista man, och brådskande önskemål framfördes till general Sparre vid Châlons-sur-Marne om att skicka fram förstärkningar och till general d'Harville om att samla alla återstående trupper vid Reims, Epernay och Soissons.[29]

Braunschweig, som blev förbluffad över att finna att Argonnerna fortfarande var besatta, bestämde sig för att inleda underhandlingar med Dumouriez, och för att få sådana till stånd skickade han överste Massenbach för att anordna ett sammanträffande. Från de franska förposterna fördes Massenbach till general Duvals högkvarter, men Dumouriez vägrade att ta emot honom. Massenbach hade under sin tid tillsammans med Duval lagt märke till att det rådde stor aktivitet i dennes läger, och när han återvände upplyste han Braunschweig om att fransmännen enligt hans mening förberedde en reträtt. Braunschweig blev utom sig av glädje, eftersom det innebar att hans manöver hade lyckats, och enligt de krigföringens oskrivna regler som han följde var en framgångsrik manöver likvärdig med en seger. Omedelbart efteråt träffade Massenbach kungen, som när han fick veta att fransmännen stod i begrepp att retirera fick ett våldsamt raseriutbrott, eftersom han önskade sig en seger och inte en lyckad manöver. Svärande galopperade han iväg i riktning mot Grandpré.

Massenbach hade haft rätt, Dumouriez avsåg faktiskt att dra sig tillbaka, men inte till Marne, som Massenbach trodde, utan till Sainte-Ménehould, och detta grep sig Dumouriez an klockan 03.00 den 15 september. Klockan 08.00 nådde man fram till Autry vid Aisne, varifrån huvudstyrkan sedan marscherade vidare till Dommartin-sous-Hans vid Bionne.

Chazot skulle i enlighet med sina förhållningsorder ha lämnat Vouziers vid midnatt den 14 september för att hinna fram till Montcheutinslätten före huvudstyrkan och i skydd av dess arriärgarde. Men hans män var så utmattade av morgonens och eftermiddagens ansträngningar att han inte gav sig av förrän i gryningen den 15 september, så när hans kår några timmar senare ryckte fram ur passet ut på Montcheutinslätten angreps den av en styrka av 1 500 preussiska husarer. Trots att hans män till en början slog tillbaka fienden greps några av dem plötsligt av panik och skingrades åt alla håll medan de skrek: ”Rädde sig den som kan! Vi är förrådda! Vi är avskurna!” Därpå upplöstes Chazots hela kår – 10 000 man stark – och av den flydde, som Dumouriez upplyser oss om, över 2 000 man så långt som till Rethel, Reims, Châlons-sur-Marne och Vitry, där de tillkännagav att armén hade blivit tillintetgjord och att Dumouriez och alla hans generaler hade gått över till fienden.[30] Under sin besinningslösa flykt stötte de på förstärkningar som var på väg upp från Châlons-sur-Marne, vilka genast lade benen på ryggen och flydde tillbaka till staden.

När paniken utbröt var Dumouriez i färd med att staka ut sitt läger vid Dommartin-sous-Hans, när de första nyheterna om katastrofen, liksom vid missödet i Croix-aux-Bois, framfördes till honom av flyktingar som ropade: ”Allt är förlorat! Armén befinner sig i fullständig upplösning! Fienden är oss i hälarna!”[31] Han galopperade fram och stötte på general

Miranda,[32] som höll på att samla ihop infanteriet. När han några timmar senare hade återkommit till Dommartin-sous-Hans och just skulle sätta sig till bords för att äta middag utbröt av någon oförklarlig anledning plötsligt panik på nytt, den här gången i hans eget läger. Efter att ha förorsakat hopplös förvirring lyckades paniken till sist hejdas endast tack vare hans egna handlingskraftiga åtgärder.[33] En stor del av den följande dagen – den 16 september – ägnades åt att reda ut oredan.

Väster om Sainte-Ménehould och norr om Châlonsvägen höjer sig en platå som sträcker sig från den senare fram till byn Neuville-au-Pont vid Aisne. På denna platå lät Dumouriez sina trupper slå läger, med högra flygeln i närheten av Maffrecourt, centern väster om Chaude Fontaine och vänstra flygeln vid Châlonsvägen, delvis skyddad av ett träsk kallat L'Étang-le-Roi. Väster om lägret, vid Braux-Sainte-Cohière, posterade han förtrupper under befäl av general Stengel, med förposter vid Tourbe, som löper norr om och parallellt med Bionne. Framför lägret ställde han upp sina batterier för att kunna bestryka låglandet, och längs Aisnes högra strand ställde han upp en linje av starka strategiska ställningar för att vid La Chalade kunna förena sin högra flygel med Dillons vänstra flygel. Slutligen valde han att förlägga sitt högkvarter i Sainte-Ménehould, eftersom staden låg halvvägs mellan hans läger och Dillons.[34]

Att han var i stånd att göra det berodde helt och hållet på fiendens långsamhet, för om preussarna hade anfallit honom mellan den 16 och 18 september – det vill säga omedelbart efter paniken och innan han hade erhållit förstärkningar – skulle hans armé utan tvekan ha blivit slagen på flykten. Men även som det nu var befann han sig i en kritisk belägenhet, eftersom Beurnonville, som hade ankommit till Rethel den 13 september, fick höra talas om paniken när han den 16 september närmade sig byn Auve. Då han fruktade att han själv skulle hamna mitt ibland fienden drog han sig genast tillbaka till Châlons-sur-Marne. Han mottog där en brådskande kallelse från Dumouriez och gav sig den 18 september av igen, för att dagen därpå ankomma till Sainte-Ménehould.

En snarlik incident försenade Kellermanns ankomst. Den 12 september hade hans armé nått fram till Bar-le-Duc, men när han följande dag mottog en depesch från Dumouriez, som upplyste honom om förlusten av Croix-aux-Bois, ville han inte bli inblandad i ett nederlag, så i stället för att skynda vidare för att understödja Dumouriez ändrade han sin marschrutt västerut mot Vitry-le-François. Först den 15 september, då han erhöll en bestämd order från marskalk Luckner[35] om att i ilmarscher fortsätta till Sainte-Ménehould, gav han sig av igen. Den 18 september nådde han fram till Dampierre-sur-Auve och följande dag gick han över floden Auve och slog läger i Dommartin-la-Planchette vid Châlonsvägen. Han förde med sig 17 bataljoner och 30 skvadroner, allt som allt 16 000 man.

Braunschweig hade försummat två chanser att tillintetgöra fienden: den första vid Choix-aux-Bois och den andra den 15 september, då han endast skickade fram 1 500 husarer i stället för hela sitt avantgarde. Nu gick han miste om en tredje, eftersom han trots att han hade intagit Grandpré den 16 september lät huvudstyrkan, som fortfarande befann sig i lägret vid Landres, ligga kvar där fram till den 18 september i stället för att låta den rycka fram. Anledningen var att han inte kunde förflytta den förrän trossen hade fört med sig bröd från Verdun. ”De undermåliga förberedelser som hade gjorts för försörjningen”, säger Nassau-Siegen, ”tvingade oss att göra halt och förlora tid vid Grandpré liksom vid Verdun.”[36]

Sent omsider, den 18 september, hade brödet kommit fram och Braunschweig började överväga en handlingsplan. På nytt handlade det om en omfattningsmanöver för att driva ut fienden ur dess ställning och tvinga den att dra sig tillbaka. Sent samma dag red han och Massenbach fram för att rekognoscera, och efteråt beslutade sig Braunschweig för att låta preussarna marschera via Grandpré mot den västra sidan av ställningen vid La Chalade och Les Islettes, medan österrikarna ansatte dess östra sida. Detta, ansåg han, skulle tvinga Dumouriez att överge sitt läger. ”Vår vänstra flygel”, sade han till Massenbach, ”ska rycka fram, vi måste jaga ut fienden ur Argonnerna. Vi kommer att ta Les Islettes och det utan mycken blodspillan. Som ni vet måste vi hushålla med våra män, för vi är inte överdrivet manstarka.”[37]

Den preussiska armén gav sig av följande dag, men vid middagstid, just som Fredrik Vilhelm II hade satt sig till bords för att äta, ankom en kurir med nyheten om att fransmännen höll på att utrymma Sainte-Ménehould. Kungen, som antog att Dumouriez höll på att retirera, vände sig i ursinne till Massenbach och gav utan att ens rådfråga Braunschweig, trots att denne var närvarande, armén order om att marschera direkt i riktning mot Châlonsvägen för att skära av fransmännens reträttlinje och därigenom tvinga fienden i strid. Trots att detta fullständigt kullkastade Braunschweigs lysande manöver gjorde denne inga invändningar. Strax efteråt kom ett nytt meddelande som upphävde det föregående, men kungen vidhöll inte desto mindre sin order och måste därför ta fullt ansvar för det slutgiltiga fiaskot.

”Således”, skriver Chuquet, ”tågade preussarna, molokna, rakt fram mot fransmännen, utan att utföra minsta rekognoscering, utan att sända fram en enda officer för att sondera terrängen och utan stridsplan.”[38]

Den natten bivackerade preussarna längs vägen som ledde från Suippes till Valmy, med huvudstyrkan i närheten av Tourbe, norr om Bionne, vid vägen Somme–Tourbe.

Söder om Bionne låg slagfältet Valmy, vars östra flank gränsade till Aisnefloden och vars södra flank gränsade till Auvefloden. Norr om den senare löpte landsvägen Sainte-Ménehould–Châlons-sur-Marne, som passerade genom Dumouriez vänstra flank vid L'Étang-le-Roi och även genom Dommartin-la-Planchette, där Kellermann nu hade slagit läger. Omkring två och en halv kilometer väster om Dommartin låg skjutshållet Orbeval, varifrån landsvägen västerut steg upp till ett värdshus med namnet La Lune, där den förenade sig med en vägförgrening från Somme-Bionne. Öster om vägförgreningen höjde sig en bergskam, vars norra del gick under namnet Mont Yron (eller Hyron) och vars södra del kallades *la butte* eller *le tertre de Valmy* (Valmys kulle eller jordhög). På kullen stod en väderkvarn – där monumentet numera står – och strax norr om denna låg byn Valmy. Från La Lune kunde man tydligt se Orbeval, Dommartin och Valmykullen, och öster om dessa syntes i fjärran högplatån Argonnerna.

Kellermann hade inte mer än hunnit slå läger vid Dommartin-la-Planchette förrän han red bort till Sainte-Ménehould och berättade för Dumouriez att han ansåg sin ställning osäker på grund av den sumpiga Auve, som flöt omedelbart bakom den, och att han därför nästa morgon avsåg att på nytt gå över Auve och inta byarna Dampierre och Voilement. Dumouriez föreslog att det vore bättre att inta La Lune och det högländta området kring Valmy, men Kellermann var inte av samma åsikt och man enades om en tillbakaryckning. För att skydda sitt läger under natten gav Kellermann sitt avantgarde, under befäl av general Deprez-Crassier, order om att marschera fram i riktning mot Bionne och att på vägen dit sätta sig i förbindelse med Dumouriez förtrupper, under befäl av Stengel, vars förposter hade retirerat inför preussiskt kavalleri och dragit sig tillbaka från Tourbe till Mont Yron och Valmy.

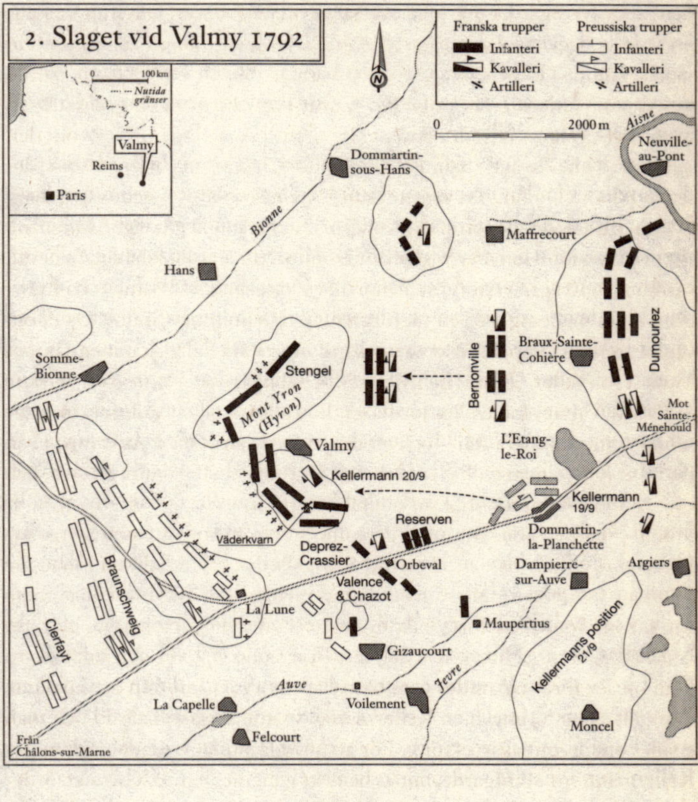
2. Slaget vid Valmy 1792
Franska trupper
Infanteri
Kavalleri
Artilleri
Preussiska trupper
Infanteri
Kavalleri
Artilleri
0
100 km
Nutida gränser
Valmy
Reims
Paris
0
2000 m
Aisne
Neuville-au-Pont
Dommartin-sous-Hans
Maffrecourt
Bionne
Hans
Somme-Bionne
Stengel
Mont Yron (Hyron)
Bernonville
Braux-Sainte-Cohière
Dumouriez
Mot Sainte-Ménehould
Valmy
Kellermann 20/9
L'Etang-le-Roi
Kellermann 19/9
Väderkvarn
Reserven
Deprez-Crassier
Orbeval
Dommartin-la-Planchette
Dampierre-sur-Auve
Argiers
Braunschweig
Valence & Chazot
La Lune
Clerfayt
Maupertius
Gizaucourt
Kellermanns position 21/9
Auve
Jevre
La Capelle
Voilement
Moncel
Felcourt
Från Châlons-sur-Marne

Mellan klockan sex och sju på morgonen den 20 september, just som Kellermann på nytt skulle gå över Auve, lämnade det preussiska avantgardet under befäl av furst Hohenlohe Somme-Bionne för att skära av Châlonsvägen. Ett kyligt duggregn[39] föll och en tät dimma låg över landskapet. Täten hade inte hunnit marschera långt innan artillerield hördes från Mont Yron – det var Deprez-Crassiers pjäser. Ingen tog någon notis om den, utan avantgardet marscherade sakta vidare söderut. Därefter missade en skur av druvhagel dess vänstra flank. Den kom från ett franskt batteri vid La Lune. Tidigt samma morgon hade nämligen Kellermann, för att kunna understödja Deprez-Crassier, sänt fram sin reservkår under befäl av general Valence till värdshuset.

Detta hade han gjort därför att han klockan 07.00 hade erhållit underrättelser om den preussiska framryckningen, och eftersom han insåg att han inte skulle ha tillräckligt med tid för att hinna gå över Auve innan preussarna anföll honom återkallade han ordern om tillbakadragandet och ersatte den med Dumouriez förslag från föregående kväll. Han lät skyndsamt sina män formera led och beordrade andra linjen och arton pjäser under befäl av Muratel att i skydd av dimman och Deprez-Crassiers och Valences artilleri rycka fram och besätta Valmykullen och överta försvaret av den från Stengel. Eftersom han på grund av dimman inte kunde bedöma omfattningen av det högländta området, som var begränsat, beordrade han därefter första linjen att följa efter den andra med ytterligare arton pjäser och gav sedan av någon okänd anledning sitt kavalleri order om att följa efter första linjen i stället för att behålla det på det lågländta området kring Orbeval. Följden blev att infanteriet, kavalleriet och artilleriet i den täta dimman trängdes samman runt väderkvarnen i en förvirrad hop. Som tur var för Kellermann skymde dimman oredan för preussarna, och lika lyckosamt var att Valences artilleri vid La Lune just vid den tidpunkten drev tre preussiska skvadroner som hade ridit på dem i dimman på flykten. Efter denna motgång lät Hohenlohe sina förtrupper göra halt till dess man lyckades få fram några batterier som kunde beskjuta La Lune, vilket gav Kellermann tid att få ordning på sin armé.

När Hohenlohes pjäser öppnade eld ryckte Deprez-Crassier och Valence tillbaka och gick i ställning nära Orbeval för att kunna beskydda Valmyställningens vänstra flank och fylla luckan mellan den och de starka detachement som Kellermann hade låtit besätta Château de Maupertius och byn Gizaucourt vid Auve.

Därmed kom fransmännens främsta linje, som sträckte sig från Mont Yron till Maupertius, att anta en halvcirkelform. Till höger befann sig Stengels förposter på Mont Yron, i mitten huvuddelen av Kellermanns armé på Valmykullen och till vänster, nedifrån väderkvarnen till Orbeval, Deprez-Crassiers och Valences trupper, med detachementen vid Maupertius och Gizaucourt till vänster om sig och söder om Châlonsvägen.

Av detta följde också att Kellermanns armé i stället för att förlänga Dumouriez vänster och skydda hans förbindelselinjer med Vitry-le-François kom att isoleras framför dess vänstra center, vilket innebar att den om den blev anfallen skulle få ta emot hela chocken från fiendens anfall. För att mildra detta beordrade Dumouriez Stengel att rycka fram till Mont Yrons västra krön, och för att understödja honom förde han fram sexton bataljoner under befäl av Beurnonville i ryggen på honom. För att stärka Kellermanns vänstra flygel skickade han fram nio bataljoner och även flera skvadroner för att förstärka Valence samt ställde som reserv upp tolv bataljoner och sex skvadroner på Châlonsvägen öster om Orbeval.

Trots att fransmännen hade överrumplats och tvingats på defensiven hade Dumouriez inte minsta avsikt att helt överge sin offensiv. Han bestämde sig för två djärva manövrer. För det första instruerade han general le Veneur att med tolv bataljoner och åtta skvadroner gå över Aisne ovanför Neuville-au-Pont, rycka fram mot Berzieux och Virginy och sedan anfalla preussarna och österrikarna i ryggen. För det andra gav han även Duval, som befann sig vid Vienne-le-Château, order om att gå över Aisne och angripa preussarnas tross, som för tillfället stod uppställd i en vagnborg[40] vid Maison-de-Champagne.

När Valence ryckte tillbaka och dimman på sina ställen började lätta red Massenbach, åtföljd av Braunschweigs oäkte son greve von Forstenburg, fram från förtrupperna till La Lune. De insåg genast dess taktiska betydelse, eftersom man därifrån kunde bestryka landsvägen till Orbeval med artillerield och ta Valmykullen i flanken, och galopperade tillbaka och informerade Braunschweig, som beordrade fram ett batteri till La Lune. Ungefär samtidigt beordrade Dumouriez, som även han hade insett värdshusets betydelse, general Chazot att besätta detta. Men när denne närmade sig värdshuset fann han det vara alltför starkt försvarat för att kunna anfallas och drog sig därför tillbaka.

Under tiden som La Lune hade intagits av Hohenlohe närmade sig den preussiska huvudstyrkan i två kolonner, som långsamt formerade sig med front mot Mont Yron och Valmy, med högra flygeln stödd mot La Lune och den vänstra mot Bionne. Vid middagstid, under tiden som grupperingen slutfördes, började dimman skingras, och framför sig såg Fredrik Vilhelm II, Braunschweig och Goethe, som befann sig vid La Lune, till sin stora överraskning en armé uppställd i slagordning och inte som de hade förväntat sig en fiende i brådstörtad reträtt. Inte heller blev de på bättre humör när Kellermann, som befann sig vid väderkvarnen, fick syn på dem och lyfte upp hatten, som var prydd med en trikolorplym, på sin värja och utropade: ”Leve nationen!” varvid ett rungande ”Leve nationen! Leve Frankrike! Leve vår general!” svepte längs de franska leden.[41]

När den här incidenten inträffade hade det preussiska artilleriet – 58 pjäser – under befäl av general Tempelhoff ställts upp i batterier från La Lune norrut och stod nu inför Kellermanns 40 pjäser under befäl av general d'Aboville på Valmys krön. Avståndet var omkring 1 200 meter.

Plötsligt blåste en kraftig vind upp, dimman skingrades och solskenet trängde fram. ”Nu”, skriver Goethe, ”inleddes kanonaden som har blivit så omtalad, men som vid tillfället ifråga var så häftig att den omöjligen går att beskriva.”[42] Money säger att den ”var starkare än jag någonsin hört”.[43] Den nådde sin höjdpunkt klockan 13.00 och enligt Goethe skälvde hela slagfältet.[44] Men trots den häftiga eldgivningen – Dumouriez säger att vardera sidan förbrukade mer än 20 000 projektiler[45] – var förlusterna ändå ringa. Inte bara var 1 200 meter väl långt skotthåll för den tidens artilleripjäser, utan den leriga jorden var så genomblöt att de flesta projektilerna begravdes i den i stället för att rikoschettera.

Även om kanonaden inte hade haft den verkan som Braunschweigs stab hade förväntat sig, enades man om att det nu bara fanns en sak att göra: att anfalla Valmyställningen.

Under tiden som frågan avhandlades granskade Braunschweig omsorgsfullt fienden i sin kikare. Han hade marscherat nära fem mil för att undvika att behöva anfalla Les Islettes och stod ironiskt nog nu i stället inför ett anfall mot Valmy. Detta överensstämde givetvis inte med hans strategi, men han gav inte desto mindre en anfallsorder.

I skydd av röken från batterierna började det preussiska infanteriet genast formera sig till anfall på två linjer. Men de hade inte mer än hunnit påbörja framryckningen förrän hela Kellermanns artilleri riktades mot dem och några av bataljonerna började ge vika och förlorade rättningen. Braunschweig, som trots att han hade beordrat anfallet i själ och hjärta var motståndare till det, fann tillräcklig ursäkt i detta för att kommendera halt innan styrkan hade tillryggalagt mer än 200 steg. Samtidigt som denna order gavs red Dumouriez upp till Kellermann vid väderkvarnen, och fiendens plötsliga halt övertygade honom om att Braunschweig inte skulle försöka sig på en stormning.

Vid omkring klockan två sprängde en preussisk granat tre ammunitionsvagnar i luften bakom Kellermanns linje och dånet från explosionen ekade över slagfältet. Ett tjockt rökmoln lade sig över de franska kanonserviserna som avbröt sin eldgivning, liksom även de preussiska kanonserviserna, vilkas mål var skymt. Två franska regementen upplöstes, för att genast på nytt samlas ihop av Kellermann, men artillerikuskarna, som var odisciplinerade civilister, flydde bakåt i strömmar: det var ett kritiskt ögonblick.

Massenbach, som då befann sig vid La Lune och såg uppståndelsen kring väderkvarnen, trodde att slaget var så gott som vunnet och red till kungen och Braunschweig för att be dem förstärka det avbrutna anfallets högra flygel och erövra Valmykullen genom stormning.

Han hann inte mer än öppna munnen förrän kanonaden återupptogs, och det syntes att fransmännen hade återställt sina led. Braunschweig, som var imponerad av det franska infanteriets stadighet och lade märke till att de franska kavalleristerna på slätten mellan Orbeval och Auve höll sig intill sina hästar, vände sig till dem som stod omkring honom och sade: ”Mina herrar, ni ser vilken sorts trupper vi står inför. De där fransmännen väntar bara på att vi ska rycka fram innan de stiger till häst och anfaller oss.”[46] Sedan hejdade han sig, som om han i huvudet övervägde om han skulle förnya anfallet eller invänta Clerfayt, som han hade beordrat att med högsta skyndsamhet förena sig med honom. Han kastade på nytt en blick på fransmännen och sammankallade sedan ett krigsråd, vid vilket kungen och några högre officerare var närvarande. För första gången under hela fälttåget åtog han sig överbefälhavarens fulla auktoritet, och medan kanonerna mullrade tillkännagav han sitt beslut: ”Här strider vi inte.” Hohenlohe, Manstein (kungens adjutant) och general Grawert instämde med honom, och när Braunschweig förklarade att ett anfall skulle misslyckas och att inget gott skulle komma av det även om det lyckades gav kungen med sig.[47]

Under tiden, till vänster, bombarderade Kalkreuth Mont Yron, där Stengels motstånd, som förhindrade Kellermanns högra flank från att rullas upp, inte var den minsta av de faktorer som ledde till fransmännens framgång, vilket Chuquet också påpekar.[48]

Anfallet avblåstes och klockan 16.00 marscherade preussarna tvärs över landsvägen för att skära av fienden från Châlons-sur-Marne och Paris. Kanonaden upphörde, och efter hand som kvällningen närmade sig drog ett hällregn fram över slagfältet. Några timmar senare drog Kellermann, i skydd av mörkret, tillbaka sin armé till Dampierre och Voilement, för att kunna skydda vägen till Vitry-le-François.

Därmed avslutades slaget vid Valmy, vid vilket 34 000 preussare mötte 52 000 fransmän, av vilka 36 000 av de senare tog del i striderna. Förlusterna var obetydliga: fransmännen förlorade omkring 300 officerare och manskap och preussarna 184. Många av de sårade dog på slagfältet.

Även om Braunschweigs överbefäl var under all kritik, snöpt som det var till följd av Fredrik Vilhelm II:s inblandning, så råder det knappast något tvivel om att hans beslut att inte ta strid var klokt. Hans armé var försvagad på grund av dysenteri, vintern närmade sig och vägarna skulle komma att bli allt sämre. Hans förbindelselinjer var osäkra och hans intendentur så ineffektiv att en snabb marsch mot Paris var utesluten. Även om hans armé hade lyckats nå fram till staden skulle den vid det laget ha varit så svag och medtagen att den skulle riskera att bli tillintetgjord. Fälttågets syfte gick inte längre att uppnå och fälttåget hade i sig självt förvandlats till en orimlighet, en omständighet som Braunschweig redan från början hade förutsett. Men den övergripande anledningen som fick honom att fatta sitt beslut var att han – även om han aldrig skulle ha erkänt det – insåg att de franska härförarna och deras män, trots sin panik och sina myterier, var överlägsna honom och hans tröga, enfaldiga trupper. Lombard, kungens privatsekreterare, skrev:

> Fienden hade gäckat våra förhoppningar. Dumouriez och Kellermann hade visat sig vara härförare som inte var att ringakta. De hade valt ypperliga ställningar, de hade under sitt befäl det enda som återstod av de gamla franska reguljära linjetrupperna och de frivilliga bidrog tack vare sitt stora antal och var i stånd till att göra verklig nytta när de kommenderades till veterantrupperna; deras lätta kavalleri var ypperligt och mycket spänstigt. Deras armé saknade inget, men vi – vi saknade allt. De var väl befästa i sina ställningar, såväl i stridslinjen som i ryggen, och

deras artilleri var åtminstone jämbördigt med vårt eget. Detta är vad som förhindrade att ett avgörande slag utdelades.[49]

Författaren till denna upplysande översikt spelade en viktig roll för att fälttåget skulle föras till sitt slut. Den 30 september togs han under sin vågade räd mot den preussiska arméns rygg tillfånga av general la Veneur, men blev på Fredrik Vilhelm II:s speciella begäran frigiven av Dumouriez, som tog tillfället i akt och lät honom överbringa ett memorandum[50] till kungen i vilket han lade fram sina skäl till att kriget borde avslutas. Eftersom han hade fått veta att kungen saknade kaffe och socker sände han också denne som gåva tolv skålpund av dessa varor.[51]

Braunschweig nappade ivrigt på idén och fick stöd av kungen, som just hade erhållit oroande underrättelser från Polen. En veckas underhandlingar följde och den 27 september skickade Dumouriez ett nytt memorandum i vilket hans enda tema utgjordes av skiljandet av Preussen från Österrike. Kungen blev förnärmad och vägrade att ens överväga det, men även om detta gjorde slut på vapenvilan framhöll Dumouriez den 29 september för Lebrun, utrikesministern i Paris, nödvändigheten av att visa återhållsamhet eftersom, som han skrev: ”en allmän fred, som vi kan erhålla på utomordentliga villkor, vore bättre för oss än risken av ett långdraget krig”.[52] Men revolutionsregeringen vägrade lyssna till detta och förklarade trotsigt: ”Republiken diskuterar inte villkor förrän dess territorium är utrymt.”

Natten till den 1 oktober slog Braunschweig läger vid La Lune och drog skickligt tillbaka sin armé till Meuses högra strand. Dumouriez, som den 27 september hade utnämnts till överbefälhavare för den franska hären, återgick då till sin plan att invadera Nederländerna. Han övertog befälet över Nordarmén vid Valenciennes, marscherade in i Österrikiska Nederländerna och besegrade den 6 november, till Europas stora bestörtning, hertig Albert av Sachsen-Teschen och Clerfayt vid Jemappes.

Valmy var de franska revolutions- och Napoleonkrigens Marathon. Ställda inför Europas mest respektingivande arméer under befäl av samtidens mest bemärkte fältherre hade fransmännen under ledning av Dumouriez och Kellermann kastat tillbaka de förra och rubbat tron på den senare. ”Efter Valmy”, skriver Chuquet, ”betraktade varje fransman som höll en värja eller musköt i sin hand sig själv som en förkämpe för en sak som var ödesbestämd att triumfera.”[53] Valmy blev *l'ancien régimes* dödsbädd och den andliga vaggan till den nya republik som i Camille Desmoulins och andras fåfänga drömmar skulle bringa frihet, jämlikhet och broderskap till de förslavade länderna så att deras kungar skulle gå under och paradiset förverkligas på jorden.

Även om denna förföriska dröm snart skulle ge efter för en mardröm, insåg somliga vid tidpunkten för själva händelsen att kanonadens dunder var ett olycksbådande förebud. Massenbach skrev: ”Ni ska få se hur dessa små tuppar kommer att resa sig på sina sporrar. De har fått sitt elddop … Vi har förlorat mer än bara ett slag. Den 20 september har ändrat historiens lopp. Det är århundradets viktigaste dag.”[54] Och när Goethes modfällda följeslagare på kvällen samma dag samlades runt honom och frågade vad han ansåg, svarade han: ”På denna plats och i denna stund tar en ny tidsålder i världshistorien sin början, och ni kan alla säga att ni var närvarande vid dess tillblivelse.”[55]

KRÖNIKA

Frankrikes och Englands kamp om haven

Efter slaget vid Valmy styrdes franska revolutionens utrikespolitik av två grundtankar: visionärernas och realisternas. De förra hade en alexandersk åskådning och erbjöd världen en ny ordning grundad på människans broderskap. De senares åskådning var cesarisk, och de ville genom att erövra angränsande länder inte bara försöka konsolidera Frankrike utan också reparera dess raserade ekonomi. Båda dessa föreställningar drev revolutionen till att bli utåtriktad, den ena för att låta andra folk ta del av den frihet som Frankrike hade vunnit och den andra för att plundra dem och göra dem skattskyldiga.

Oavsett om Dumouriez var medveten om det eller inte stod båda dessa expansionsorsaker bakom det som för honom hade blivit till en fix idé, eftersom Österrikiska Nederländerna inte bara var ett rikt land utan också ivrigt att bli kvitt det österrikiska styret. Kunde Scheldes mynning dessutom läggas under franskt herravälde skulle Antwerpen med tiden kunna tävla med, om inte rent av konkurrera ut, London som centrum för världshandeln. Att detta var något som man åtminstone delvis hade insett stöds av det faktum att nationalkonventet omedelbart efter Dumouriez seger vid Jemappes förklarade att Schelde nu låg öppen för handel, och även att alla folk som strävade efter frihet skulle beviljas militärt bistånd. Detta hot mot Nederländerna (Holland), som hade fört England i krig under de föregående hundra åren, i förening med den tunt maskerade krigsförklaringen mot samtliga monarkier beseglades den 21 januari 1793 i och med Ludvig XVI:s avrättning. Denna gjorde franska revolutionens innebörd otvetydig och gjorde Englands regering så upprörd att markisen de Chauvelin, det franska sändebudet till England, två dagar senare uppmanades lämna kungadömet med åtta dagars varsel. Detta överlägsna avvisande av honom gjorde nationalkonventet så rasande att man dagen efter hans avfärd förklarade Storbritannien och Holland krig och en månad senare gav Spanien ett ultimatum. Därmed inleddes ett krig som med undantag för ett kortvarigt avbrott skulle komma att pågå i 22 år.

Även om konflikten antog vittomfattande dimensioner – den skulle till sist komma att omfatta större delen av Europa – blev Frankrikes huvudproblem hur man skulle kunna tvinga England att gå med på en uppgörelse, antingen direkt genom att skaffa sig herraväldet över Engelska kanalen eller indirekt genom att strypa Englands kontinental- och kolonialhandel. Men det skulle dröja ända till dess att den första koalitionen mot Frankrike kollapsade 1795 och nationalkonventet följande år gav vika för direktoriet innan händelseutvecklingen började avslöja det problemet.

De fem direktorerna beslutade sig för att ett fortsatt krig skulle befästa deras makt och de lät det därför fortsätta. Under deras lotsning bevittnade året 1796 en rad franska triumfer, som år 1797 kulminerade i och med Bonapartes erövring av norra Italien och fördraget i Campo Formio, enligt vilket Österrike gick med på att avträda Lombardiet och Österrikiska Nederländerna till Frankrike. Under tiden hade direktorerna i juni 1796 vänt sin uppmärksamhet mot ett anfall på Storbritannien och Irland från havet, vilket i december samma år ledde till en misslyckad invasion av Irland och i februari 1797 till överste Tates farsartade landstigning i Wales.

Därefter följde ett av de mest kritiska ögonblicken i Storbritanniens historia. Den 15 april gjorde kanalflottan vid Spithead myteri och den 2 maj följde amiral Duncans Nordsjöflotta vid Nore deras exempel. Vid den här tidpunkten förväntade sig den holländska flottan, som stod under fransk kontroll, att finna den brittiska flottan sammandragen mot Irland och förberedde sig för att avsegla med 42 trupptransportfartyg för att invadera England. Duncan, som då låg utanför Yarmouth, beordrades att blockera holländarna eller tvinga dem i strid. På grund av myteriet lyckades han endast förmå två av sina skepp att gå till sjöss. Trots det lyckades han med dessa båda skepp försätta Texel i blockad och så förblev läget fram till den 21 juni, då direktoriet anmodade holländarna att transportera 20 000 man till Irland, medan en annan flotta transporterade ytterligare 6 000 från Brest.

Inget hände förrän den 9 oktober, då Duncan, som fått veta att holländarna hade avseglat i avsikt att landsätta en styrka i Firth of Clyde för att kunna avleda brittiska trupper från Irland, den 11 oktober anföll sexton holländska skepp utanför Camperdown och erövrade nio av dem. Omedelbart efter detta nederlag utnämnde direktoriet general Bonaparte till befälhavare över den armé som var avsedd att invadera England.

Bonaparte, som nådde fram till Dunkerque den 11 februari 1798, inspekterade genast de marina installationerna, utfärdade en order om att en flottilj av flatbottnade båtar skulle byggas och rapporterade den 23 februari till direktorerna: "Hur mycket vi än anstränger oss, så kommer vi inte under många år att få herravälde till sjöss. Att invadera England utan att vara herre över havet är den djärvaste och svåraste uppgift som tänkas kan." Alltid beredd att komma med ett alternativ föreslog han att det korrekta handlingssättet, till dess de sjömilitära förberedelserna väl var tillräckliga, vore att rikta ett slag mot Englands orienthandel genom att besätta Malta, erövra Egypten och invadera Indien. Detta förslag antogs.

Upptänd av Alexander den stores hjältedåd lämnade Bonaparte den 19 maj Toulon med 13 linjeskepp, 300 transportfartyg med uppåt 35 000 soldater samt 15 000 sjömän och civilister. Flottans befälhavare var amiral Brueys, som åtföljdes av amiralerna Ganteaume, Villeneuve och Decrès. Den 12 juni besattes Malta, den 2 juli landsteg armén vid Alexandria och den 21 juli vanns slaget vid pyramiderna. När Bonaparte sedan höll på att organisera sina erövringar fick han plötsligt veta att Nelson den 1 till 2 augusti hade tillintetgjort hans flotta i Nildeltat och segrat i slaget vid Abukir.

Nyheten om denna avgörande seger ledde till skapandet av den andra koalitionen, en kombination av England, kungariket Neapel, Österrike, Ryssland och Turkiet, och medan Bonaparte förde krig i Syrien tog andra koalitionens medlemmar till offensiven. De franskkontrollerade italienska republikerna invaderades av Suvorov, Holland anfölls av en förenad brittisk-rysk armé och en förenad rysk-österrikisk armé trängde in i Schweiz. Frankrikes situation var så kritisk att direktoriet kallade hem Bonaparte. Han överlämnade sin armé till Kléber och avseglade på natten till den 23 augusti från Alexandria, lyckades undfly de engelska skeppen och landsteg den 9 oktober vid Fréjus i Frankrike. Under tiden hade Suvorov drivits ut ur Schweiz och britterna och ryssarna ur Holland.

När Bonaparte ankom till Paris fick han genast befälet över dess garnison, och eftersom han kände på sig att han hade armén och folket bakom sig genomförde han den 18 brumaire (9 november) en statskupp med hjälp av sin bror Lucien, som då presiderade för de femhundrades råd, och en av direktorerna, abbé Sieyès. Direktoriet avskaffades och en ny författning proklamerades som gjorde honom till förste konsul av de tre konsuler som utnämndes för att styra Frankrike under tio år. Den nya författningen kungjordes den 15 december och godkändes kort därefter genom en folkomröstning med 3 011 007 röster mot 1 562. Därmed var den demokratiska revolutionen till ända, och hädanefter skulle den "korsikanske korpralen" styra Frankrike.

Bonaparte hade gjort sig själv till så gott som diktator och var redo att möta andra koalitionens styrkor. För att kunna rättfärdiga sina avsikter i folkets ögon vädjade han knipslugt till Georg III av Storbritannien och den tysk–romerske kejsaren Frans II att avsluta kriget. Inget blev av detta och den 6 maj 1800 lämnade han Paris och begav sig till Genève, korsade Alperna via Stora Sankt Bernhardpasset och anföll den 14 juni österrikarna, som stod under befäl av Mélas, i ryggen och tillfogade dem ett förkrossande nederlag vid Marengo i Piemonte. När Moreau den 2 december tillfogade dem ännu ett avgörande nederlag vid Hohenlinden i Bayern, kollapsade andra koalitionens krig och den 9 februari 1801 godtog österrikarna freden i Lunéville.

När Bonaparte nu inte längre var upptagen av Österrike återupptog han genast sitt projekt att slå till mot England. Redan den 12 december 1800 hade han övertalat Ryssland, Preussen, Danmark och Sverige att bilda det väpnade neutralitetsförbundet mot England, enligt de linjer som 1780 hade anammats av Katarina den stora, men som inte långt därefter omintetgjordes i och med mordet på Paul I av Ryssland och Nelsons avgörande seger över den danska flottan på Köpenhamns redd den 2 april 1801.

Det var när den ovannämnda maritima alliansen bildades som Bonaparte på allvar grep sig an problemet med att underkuva England. I februari skrev han ett brev till Talleyrand, i vilket han drog upp riktlinjerna för en omfattande serie örlogsexpeditioner som skulle företas av Frankrikes, Spaniens och Hollands flottor, understödda av Ryssland och Danmark. Avsikten var främst att locka den brittiska huvudflottan till Egypten, eftersom den franska flottan var alltför svag för att bestrida Englands herravälde över haven. Han återgick därför till tanken att i smyg transportera en styrka över Engelska kanalen så snart den engelska flottan hade lockats bort. För att detta skulle kunna genomföras utnämndes amiral Decrès till marinminister, och invasionsarmén skulle enligt planerna räkna 114 554 officerare och manskap, som skulle transporteras i över 2 000 småfarkoster.

Men i oktober ledde det väpnade neutralitetsförbundets sammanbrott tillsammans med bildandet av Addingtonministären i England till de inledande fredsförhandlingar som kulminerade med undertecknandet av Amiensfördraget den 27 mars 1802. Fred proklamerades mellan å ena sidan Frankrike, Spanien och Bataviska republiken (Holland) och å den andra Storbritannien och Irland. Huvudvillkoret var att England skulle få behålla Ceylon och Trinidad men återlämna alla andra kolonier som erövrats från Frankrike och dess allierade samt att engelsmännen skulle utrymma Malta och Frankrike skulle dra tillbaka sina trupper från Taranto och Kyrkostaten.

Freden i Amiens gjorde Frankrike till Europas envåldshärskare, och folkets tacksamhet mot Bonaparte visade sig när konsulatet den 10 maj ställde nationen följande fråga: ”Skall Napoléon Bonaparte utnämnas till konsul på livstid?” Den besvarades genom en folkomröstning som gav 3 568 885 ”ja” mot 8374 ”nej”. Bonaparte blev ”Napoleon” för Frankrike och för historien.

Freden blev inte mer än ett vapenstillestånd som ingendera sidan strikt iakttog. Det uppstod genast motsättningar och de främsta gällde Napoleons protektionistiska politik som förlamade den engelska handeln, Englands vägran att utrymma Malta och Napoleons vägran att dra tillbaka sin garnison från Bataviska republiken (Holland). Efter ett års käbbel om olika tvistefrågor skickade lord Whitworth, den brittiske ambassadören i Paris, den 2 maj 1803 efter sina pass och seglade den 17 maj över sundet mellan Calais och Dover. Följande dag förklarade England Frankrike krig.

Den franska flottan, som aldrig riktigt hade återhämtat sig från chocken efter revolutionen, bestod då av 23 linjeskepp, 25 fregatter och 107 korvetter etc. som var tjänstedugliga samt även 167 mindre farkoster som tillhörde invasionsflottan av år 1800. 45 linjeskepp höll på att byggas och Frankrike hade dessutom till sitt förfogande Bataviska republikens flotta om 15 linjeskepp, av vilka endast 5 var tjänstdugliga.

Mot dessa båda flottor stod den engelska, under befäl av män som hade skördat seger efter seger. I januari 1803 bestod den av 34 linjeskepp i aktiv tjänst understödda av 86 50-kanonersskepp och fregatter, och i reserv fanns 77 linjeskepp och 49 50-kanonersskepp och fregatter. Vid krigsförklaringen beordrade earlen av Saint Vincent, marinministern, genast en blockad av de viktigaste franska örlogshamnarna. Nelson valdes ut som befälhavare i Medelhavet, lord Keith sattes att bevaka Nordsjön samt sundet mellan Calais och Dover, och Cornwallis fick i uppdrag att blockera Brest.

På grund av den stora skillnaden mellan de franska och engelska örlogsstyrkorna och i och med att större delen av den franska flottan var innestängd kvarstod flottiljprojektet som Napoleons enda hopp. Han gjorde den korrekta bedömningen att den strategiska tyngdpunkten i varje kontinentalt krig som England deltog i låg i Engelska kanalen (*la Manche*), och det dröjde inte länge förrän han insåg att den flottilj av pråmar, slupar och kanonslupar som redan hade tillförskaffat honom öknamnet ”Don Quixote de la Manche” i sig själv inte var tillräcklig för att klara det. Men att projektet från början till slut, vilket somliga menar, bara skulle ha varit en bluff för att dölja uppbådandet av arméer mot Österrike och Ryssland har föga stöd.[1] Att Englands armé till sist användes mot Österrike stöder på intet sätt bluffteorin, eftersom Napoleon aldrig arbetade efter en fastlagd plan utan alltid hade ett eller flera alternativ kvar i sin strategiska rockärm.

Att invasionshotet fick England att vakna bevisas av de oerhörda ansträngningar som gjordes för att uppbåda reguljära trupper och frivilliga. De officiella uppgifterna av den 9 december 1803 visar att 463 000 män vid det laget hade blivit inskrivna i rullorna, och de av den 1 januari 1805 att den siffran hade stigit till 590 000, en enorm ansträngning för ett land med omkring tio miljoner invånare.

På hösten 1803 hade den ryska regeringen skickat ut trevare till Storbritannien och Österrike med hänvisning till fransmännens anslag mot Turkiet, och efter det att William Pitt d.y. i maj 1804 hade återvänt till posten som premiärminister togs detta förslag under allvarligt övervägande. Pitt insåg att det var omöjligt för Storbritannien att ensamt föra ett framgångsrikt anfallskrig mot Napoleon och han såg i ryssarnas trevare ett sätt att skapa en ny koalition mot Frankrike, men eftersom Ryssland ville stycka Turkiets besittningar i Europa, såväl för att kunna annektera Moldavien och Konstantinopel och dela upp de övriga staterna under ryskt protektorat som för att erhålla Malta, blev resultatet ett utdraget diplomatiskt munhuggande som den 11 april 1805 slutade med ett fördrag mellan Storbritannien och Ryssland. Enligt detta enades man om att bilda ett europeiskt förbund för att återställa freden och maktbalansen. En kort tid innan fördraget undertecknades beslöt sig Pitt för att sända en garnisonsstyrka under befäl av sir James Craig till Malta för att därigenom frigöra omkring 8 000 stridsvana trupper, som kunde besätta Sicilien och med Nelsons bistånd förhindra att ön föll i fransmännens händer.

Inga strider ägde rum 1803 och inte heller under de första månaderna 1804. Såväl England som Frankrike förberedde sig inför en strid till döds, och för att öka Frankrikes prestige utropades Napoleon av senaten och tribunatet den 28 floréal år XII (18 maj 1804), exakt ett år efter krigsförklaringen, till fransmännens kejsare. I Notre Dame vinkade han den 2 december milt påven Pius VII åt sidan och krönte sig egenhändigt till tonerna av ”Vivat in aeternum semper Augustus”.

Sjöslaget vid Trafalgar 1805

När kriget återupptogs befann sig England i den svagaste ställning som landet haft sedan 1781. Inte bara stod det nu inför Frankrikes och Hollands (Bataviska republikens) förenade flottor, utan Frankrike var genom ett fördrag garanterat ett förbund med Spanien. Detta innebar att samtliga hamnar från Texel till Genua stod till Napoleons förfogande för skeppsbyggnad och som nödhamnar. Det var vidare helt uppenbart att han hade för avsikt att invadera England, eftersom de franska hamnarna ekade av skeppsbyggarnas hammarslag.[1] Inte heller var hans påstående om att han med tiden avsåg att skapa en fransk flotta om 130 linjeskepp, understödd av 60 spanska, 20 holländska och 15 genuesiska skepp, helt och hållet grundlöst. Den franska flottan hade nämligen 1815, trots hans oräkneliga fälttåg från 1805 och framåt, växt till 103 linjeskepp och 55 fregatter.[2]

Englands sjömilitära problem handlade därför inte bara om att möta den allierade flottan i Engelska kanalen, utan också om att förhindra att de allierade skeppen – såväl de befintliga som de som efter hand byggdes – från att lämna sina hamnar och löpa ut. Det innebar en blockad utförd på ett sådant sätt att en inspärrad eskader som lyckades undkomma inte ledde till en kedjereaktion – det vill säga till att andra eskadrar frigjordes – ett problem som blev ännu svårare att lösa när Spanien den 12 december 1804 förklarade England krig.

De allierade linjeskeppen var då fördelade som följer: 11 i Toulon, 5 i Cartagena, 10 i Cádiz, 9 i Ferrol, 5 i Rochefort, 21 i Brest samt 6 i Texel. De båda förstnämnda hamnarna var försatta i blockad av Nelson med 12 linjeskepp; den tredje av sir John Orde med 5; den fjärde, femte och sjätte av Cornwallis och hans underordnade med 37 utanför Île d'Ouessant och i Biscayabukten; den sjunde av lord Keith med 9 utanför The Downs och i Nordsjön. Förutom dessa skepp låg det 5 linjeskepp i brittiska hamnar medan 12 befann sig i Indien och Västindien. I europeiska farvatten var Storbritanniens numerära överlägsenhet över de allierade därför obetydlig.

Denna brist på styrka uppvägdes mer än väl av amiralitetets trohet till Englands traditionella sjömilitära politik att med kraft hålla Engelska kanalens västra mynning. Så länge en stark flotta seglade utanför Île d'Ouessant var en invasionsflotta otänkbar, eftersom Keith befann sig vid The Downs. Amiralitetet fastslog därför som en orubblig princip att om en instängd eskader skulle undkomma och blockadflottan var oförmögen att föra den i strid, då skulle den senare genast samlas utanför Île d'Ouessant och därigenom öka slagkraften hos den flotta som låg stationerad där.[3] Île d'Ouessant var därför det brittiska sjöförsvarets tyngdpunkt och följaktligen var Cornwallis flotta mer betydelsefull än alla de övriga. Om han blev besegrad skulle Keith sakna skydd, och skulle Keith bli besegrad fanns det näst intill ingenting utom vädret som kunde hindra Boulogneflottiljen från att fullborda sin uppgift. Napoleon insåg detta till fullo, och även om han hade föga begrepp om sjöstridstaktik och visade minimal respekt för vind och tidvatten hade han som sjöstridsstrateg ändå inget att lära eftersom strategins principer är universella.

Även om kampanjen som nådde sin höjdpunkt i och med slaget vid Trafalgar utgick från Napoleons anvisningar av den 2 mars 1805[4] till viceamiral Ganteaume i Brest och viceamiral Villeneuve i Toulon, är det för att klargöra händelseförloppet klokt att gå tillbaka till den 12 december 1804, samma dag som Spanien förklarade England krig.

Den dagen beordrade Napoleon Villeneuve att bryta sig ut ur Toulon och segla mot Västindien, där han vid Martinique skulle förena sig med amiral Missiessy, som i samma syfte skulle bryta sig ut från Rochefort. Villeneuve skulle sedan åstadkomma så stora skador som möjligt på de brittiska besittningarna där under 60 dagar, varefter han skulle segla till Ferrol för att befria kommendör Gourdons (eller Gordons) eskader om fem linjeskepp och två fregatter som var försatta i blockad där och sedan fortsätta till Rochefort.[5]

Den 11 januari undkom Missiessy från Rochefort med fem linjeskepp och fyra fregatter och seglade till Martinique. En vecka senare, då Nelson hade fört sin eskader till Maddalenaöarna i Bonifaciosundet, lämnade Villeneuve Toulon med elva linjeskepp och nio fregatter. När Nelson fick kännedom om utbrytningen drog han, ”utan hänsyn till eventualiteterna”,[6] slutsatsen att Villeneuve var på väg till Malta eller Egypten, och avseglade genast östvart för att den 7 februari ankomma till Alexandria. När han inte fann något där satte han segel mot Malta, där han fick veta att en storm hade tvingat tillbaka Villeneuve till Toulon. Nelson, som fortfarande var övertygad om att Villeneuves mål var Egypten, lät sin eskader kasta ankar utanför södra Sardinien för att kunna hejda Villeneuve nästa gång denne gjorde ett utbrytningsförsök. Fyra dagar senare erhöll Nelson, som inte kände till Napoleons anvisningar till Villeneuve av den 2 mars, underrättelser om att Villeneuve hade löpt ut på nytt.

Syftet med Napoleons anvisningar var att samla en flotta på över fyrtio linjeskepp vid Martinique, där huvudkontingenterna skulle utgöras av Ganteaumes Bresteskader om tjugoen linjeskepp och sex fregatter respektive Villeneuves Touloneskader om elva linjeskepp och sex fregatter. På vägen ut skulle den förre befria Gourdons eskader om fyra linjeskepp och två fregatter vid Ferrol, medan den senare skulle befria eskadern i Cádiz, som bestod av omkring sju linjeskepp under befäl av den spanske amiralen Gravina. Vid Martinique skulle Missiessys fem linjeskepp och fyra fregatter ansluta sig till dem, och när den här samlingen väl var verkställd skulle Ganteaume överta överbefälet över den förenade flottan, segla mot Île d'Ouessant, angripa den engelska flottan där och sedan bege sig mot Boulogne. Om Villeneuve skulle nå fram till Martinique före Ganteaume hade han fått anvisningar om att vänta på denne i fyrtio dagar och att, om Ganteaume inte hade ankommit inom dess, segla till Cádiz, där order skulle vänta honom.

Innan vi går in på de sammandrabbningar som ledde fram till Trafalgar kan det här vara lämpligt att kortfattat syna karaktärsdragen hos de båda män som skulle komma att spela huvudrollerna i dem: Villeneuve och Nelson.

Villeneuve, som var fem år yngre än Nelson – den ene var född 1763 och den andre 1758 – kom från den franska adeln och var en av de få välborna franska sjöofficerare som överlevde revolutionen, vilket förklarar hans snabba befordran. Han var en utbildad och noggrann sjöman som hade kunnat utföra ett bra arbete vid franska amiralitetet, men han var olämplig att föra befäl. Även om han på intet sätt saknade personlig tapperhet hade han ett defaitistiskt sinnelag. Han trodde inte på Napoleons plan att invadera England och han saknade också förtroende för såväl sina underordnade som sina allierade, men värst av allt var att han också led av bristande självförtroende. Under sjöslaget vid Abukir i Nildeltat hade han fört befäl över *Guillaume Tell*, ett av de två franska linjeskepp som hade undkommit, och minnet av Abukir gjorde honom i fortsättningen handlingsförlamad; han hemsöktes för all framtid av Nelsons spöke.

Nelson var Villeneuves raka motsats. Han var en modig och fantasifull taktiker, självständig i sin inställning, äregirig, mån om sitt rykte, var ibland inbilsk och gav ofta våldsamt uttryck för sitt ogillande. Hans moraliska mod var enastående, vilket visas av hans handlande under slaget vid Kap Sankt Vincent då han bröt linjen och ensam angrep den spanska täten. Kommendörkapten Grenfell säger att detta var "ett stycke enskilt initiativ ... som saknar motstycke i sjökrigshistorien ... en oförlikneligt tapper handling".[7] Den stridslystnad han visade vid Nilen, Köpenhamn och Trafalgar har sällan överträffats, men han var inte desto mindre en klen strateg eftersom han aldrig förmådde inse att strategi är en vetenskap och att den, även om den inte är en exakt sådan, åtminstone är grundad på fakta och inte på intuition. Under 1804–1805 utgjorde Napoleons marina hot mot England den dominerande strategiska omständigheten. Ändå förekommer ordet "invasion" endast en enda gång i Nelsons depescher och brev från de åren, och då bara i förbigående och först efter det att Napoleon hade övergivit sina planer.[8] Anledningen var att Nelson alltid höll blicken fäst på Medelhavet, och därför lyckades Villeneuve oavsiktligt överlista honom. Det Nelson aldrig insåg var att den strategiska tyngdpunkten under 1804–1805 låg i Engelska kanalen och inte utanför Sardiniens kust eller vid Nilens mynning. Men trots denna brist var han den främste stridande amiral som England någonsin haft.

Den 10 mars befann sig Nelson med sin eskader i Palmabukten vid Palma de Mallorca sydväst om Sardinien, och när han fick kännedom om att Villeneuve höll på att låta sina trupper embarkera satte han segel mot Toulon. Han fann där alla tecken på att Villeneuve höll på att löpa ut och drog den förhastade slutsatsen att dennes destination sannolikt var Egypten. Följaktligen återvände han till Palma de Mallorca, varifrån han kunde täcka Neapel och Sicilien, spärra den viktigaste farleden till Egypten och samtidigt befinna sig i ett bra läge för att kunna slå till västerut om

Villeneuves mål var att ta sig till Atlanten. Där befann sig alltså Nelson då Villeneuve den 30 mars i enlighet med Napoleons anvisningar lämnade Toulon och begav sig mot Cádiz för att hämta upp Gravinas eskader innan han seglade vidare till Västindien.

De första underrättelser som Nelson erhöll om hans avfärd anlände den 4 april, då han från en av sina fregatter fick veta att Villeneuves eskader den 31 mars hade siktats omkring 50 distansminuter syd till väst om Toulon – det vill säga omkring 260 distansminuter väst om Palma de Mallorca. Dessa underrättelser sände Nelson i en depesch till amiralitetet och tillade: "Jag ska segla till Egypten."[9] Eftersom han fortfarande hade Egypten i åtanke lät han därefter sin eskader inta en position mellan Sardinien och ön Jalitah, i tron att Villeneuve skulle försöka bege sig till Jalitah – utanför Bizerte (Banzart) – och sedan nå Alexandria genom att segla tätt utefter Nordafrikas kust. Men Nelson hade inte mer än hunnit göra detta förrän han, eftersom han fruktade att Villeneuve skulle runda norra Sardinien, ändrade position till ön Ustica, 45 distansminuter norr om Palermo, dit han ankom den 7 april.

Samma dag befann sig Villeneuve utanför Cartagena, och sir Richard Strachan, som Nelson hade sänt för att eskortera en hemvändande konvoj förbi Algeciras, förvarnade sir John Orde, som upprätthöll blockaden av Gravina i Cádiz, om att han den 8 april hade han sett Villeneuve löpa ut genom Gibraltar sund. Eftersom Orde endast hade fyra linjeskepp med sig hamnade han i ett högst besvärligt dilemma. Skulle han stanna där han var och invänta Nelson, eller skulle han närma sig Île d'Ouessant? Frågan avgjordes när Strachan upplyste honom om att Nelson var upptagen med Egypten. Orde lämnade kvar sina fregatter för att bibehålla känningen med Villeneuve och satte efter att ha sänt en depesch till amiralitetet kurs nordvart.

Hans depesch är belysande, eftersom den visar att Orde – mannen som Nelson utsatte för så våldsamma smädelser[10] – hade en betydligt klarare uppfattning om den strategiska situationen än Nelson. Depeschen lyder: "Jag är övertygad om att fienden inte kommer att stanna länge i Cádiz, och jag tror att chanserna är mycket gynnsamma för att dess destination är västvart, där Bonaparte genom en plötslig sammandragning av flera detachement kan hoppas vinna tillfällig överlägsenhet i Engelska kanalen och utnyttja denna för att tillfoga sin fiende ett dödligt slag."[11] Detta var exakt vad Napoleon hade för avsikt, och när Orde genomskådade fiendens plan begav han sig iväg för att förstärka den strategiska tyngdpunkten – Île d'Ouessant.

Den 9 april kastade Villeneuve ankar utanför Cádiz och signalerade åt Gravina att lämna hamnen. Men han var så rädd för att Nelson var honom på spåren att han klockan 13.00 inte längre väntade på Gravina, utan lättade ankar och lät spanjorerna sacka efter.

Eftersom Villeneuve inte dök upp i Tyrrenska havet ändrade Nelson kort därefter position från Ustica till Toro, en liten ö nära Palmabukten. Och när han den 18 april fick veta att Villeneuves eskader den 8 april hade siktats utanför Gibraltar, informerade han amiralitetet om att fienden tack vare hans "vaksamhet" hade funnit det "omöjligt att företa någon expedition i Medelhavet".[12] Dagen därpå sände han ytterligare en depesch i vilken han uppgav att han tänkte fortsätta till kusten utanför Scillyöarna,[13] eftersom han var förvissad om att Villeneuve inte var på väg till Västindien utan med större sannolikhet mot Irland och Brest. Även om det var sent påtänkt så var det ändå i strikt överensstämmelse med amiralitetets redan fastställda princip.

Nelson försenades av dåligt väder och nådde inte fram till Gibraltar förrän den 6 maj. Han råkade där stöta på konteramiral Donald Campbell, som då var i portugisisk tjänst. Denne upplyste honom om att Villeneuve var på väg till Västindien. Nelson, som alltid var impulsiv och stridslysten, fattade sitt beslut och gav sig den 10 maj av med sina tio linjeskepp och tre fregatter för att korsa Atlanten.

När kommendörkapten Russell Grenfell kommenterar detta gör han följande anmärkning:

> Det är omstritt huruvida Nelsons beslut att bege sig till Västindien var klokt eller inte. Eftersom "Englandsarmén" höll på med sina bullersamma förberedelser i Boulogne fanns det ofrånkomligen en möjlighet att Villeneuves manöver var förknippad med transporterandet av den armén över Engelska kanalen. Vart Villeneuve än hade begivit sig så hade han en månads försprång framför Nelson, och om den fransk-spanska flottan höll på att utföra en skenmanöver för att locka bort engelska eskadrar från Engelska kanalen, vilket var ett både rimligt och välbetänkt antagande, kunde man mycket väl tänka sig att en flotta som

> agerade lockbete och som för så länge sedan hade försvunnit västvart eller sydvästvart nu sannolikt skulle kunna vara på väg tillbaka mot sin slutgiltiga och avgörande destination. Det fanns därför en avsevärd risk för att Nelson genom att bege sig till Västindien så lång tid efter det att Villeneuve hade försvunnit spelade fienden i händerna. Vid en bred överblick av hela det strategiska området kan man därför anföra bestickande skäl för att Nelson, för att vara på den säkra sidan i en oviss och riskabel situation, borde ha satt kurs på Brest.[14]

Det fanns, som kommendör Grenfell påpekar, ett annat skäl till att Nelson borde ha förenat sig med Cornwallis. Det var att amiralitetet den 10 maj med all säkerhet skulle ha mottagit hans depesch av den 19 april, i vilken han tillkännagav sin avsikt att segla till Scillyöarna, och då, om det skulle ha fått kännedom om Villeneuves verkliga manöver, hade kunnat följa upp hans åtgärder genom att vidta egna. Om Nelson avseglade till Västindien skulle under sådana omständigheter två eskadrar ha kunnat delta i förföljelsen i stället för endast en. Och det var nästan vad som skedde, för när amiralitetet av såväl Orde (den 30 april) som spioner fick veta att Villeneuve var på väg till Västindien beordrade lord Barham, marinministern, elva linjeskepp under viceamiral Collingwood att be sig dit, och fick sedan av en ren tillfällighet,[15] när denne redan var på väg, veta att Nelson redan höll på att förfölja Villeneuves flotta. Hade denna tillfällighet inte inträffat skulle tjugoen örlogsfartyg ha begivit sig ut på ett lönlöst företag.

Efter en snabb resa ankom Nelson den 4 juni till Barbados, där konteramiral Cochrane och två linjeskepp förenade sig med honom. Han blev på Barbados felaktigt upplyst om att den franska flottan hade siktats i lovart om Saint Lucia, vilket fick till följd att han missade fienden. Villeneuve hade den 14 maj nått fram till Martinique, där han fann att Missiessy hade återvänt till Rochefort och att Ganteaume ännu inte hade ankommit. Den senare var fortfarande försatt i blockad vid Brest, och Napoleon, som inte kunde tåla några vidare förseningar, hade den 29 april sänt iväg konteramiral Magnon och två linjeskepp till Villeneuve med order om att denne skulle stanna kvar i Västindien i 35 dagar efter att ha mottagit sina order. Om Ganteaume vid det laget ännu inte hade förenat sig med honom skulle han sedan avsegla mot Ferrol, hämta upp de 15 skepp som var försatta i blockad där och därefter befria de 21 skeppen i Brest samt slutligen ”med denna flotta” segla in i Engelska kanalen och dyka upp utanför Boulogne.[16]

Magnon ankom den 4 juni, och den 7 juni fick man underrättelser om att Nelson befann sig i Västindien. Detta gjorde Villeneuve så orolig att han trots sina nya order hastigt avseglade mot Europa den 10 juni.[17] Två dagar senare nådde Nelson fram till Antigua och gissade korrekt att Villeneuve var på väg tillbaka till Europa – antingen till Cádiz eller till Toulon, förmodligen den senare staden eftersom ”de”, som han skrev vid den tidpunkten, ”kanske inbillar sig att de kan nå Egypten utan avbrott”[18] – och han bestämde sig för att återvända till Gibraltar.

Innan Nelson gav sig av skickade han för att varsko amiralitetet om sin återkomst hem Bettesworth, fartygschefen på briggen *Curieux*, som under hemresan till England den 19 juni siktade den franska flottan på en kurs som gick ett gott stycke norr om Medelhavet. Detta kunde endast betyda att Villeneuve styrde mot Biscayabukten och inte, som Nelson hade antagit, mot Gibraltar sund. Den 7 juli anlöpte *Curieux* Plymouth, och den 19 juli kastade Nelson ankar vid Gibraltar.

Den 18 juli, då Nelson befann sig utanför Kap Spartel, hade han satt sig i förbindelse med Collingwood, som vid den tidpunkten upprätthöll blockaden av Cádiz, och hade av honom erhållit ett svar som borde ha upplyst honom om det strategiska läget. Vad Collingwood sade var att han misstänkte att Napoleons mål var Irland, och att Villeneuves flotta nu skulle ”befria eskadern i Ferrol ... segla runt Biscayabukten, och med Rochefortföljet med sig dyka upp utanför Île d’Ouessant med kanske 34 linjeskepp, för att där få följe av ytterligare 20 ... Den franska regeringen”, tillade han, ”syftar aldrig till småsaker när stora mål är i sikte ... Flykten till Västindien var avsedd att avleda den sjöstyrka som utgjorde det stora hindret för företaget. Detta är en händelserik sommar.”[19]

Den 20 juli steg Nelson iland (vid Gibraltar) ”för första gången sedan den 16 juni 1803”,[20] och i ett brev till lord Barham daterat samma dag säger han att om inte ryska fregatter ersätter Collingwoods, som nu dragit sig tillbaka ”från övre delen av Medelhavet ... kommer fransmännen, så snart de behagar, att transportera en armé till Sardinien, Sicilien, Morea [Peloponnesos] eller Egypten ... för vilket ändamål jag upprepade gånger har ansökt om många, många fler fregatter och kanonslupar”.[21] Omnämnandet av dessa platser visar att inte ens Collingwoods upplysande brev av den 18 juli hade fått Nelson på andra tankar. Den 3 augusti fick han order om att sätta segel mot Île d'Ouessant för att förena sig med Cornwallis.[22]

Under tiden hade viktiga politiska händelser utspelat sig som skulle komma att få en djupgående inverkan på Napoleons planer. Den 12 maj 1804 hade Pitt d.y. åter blivit premiärminister och hans huvudtanke var att bygga upp en ny koalition. Hans planer grundade sig delvis på Dumouriez *General Reflections of the Defence of England*, som publicerades 1804.[23] Koalitionsmedlemmarna skulle bli England, Ryssland, Österrike, Sverige och kungariket Neapel, och efter ett års underhandlingar undertecknades den 11 april 1805 ett fördrag mellan England och Ryssland, som den 9 augusti skulle följas av ett annat mellan Ryssland och Österrike. Underhandlingar inleddes även med Preussen, som dock vägrade att bli medlem i koalitionen. Enligt dessa fördrag skulle Ryssland föra 180 000 man i fält, Österrike 315 000 och Sverige 12 000, medan England för de soldater som dess allierade ställde upp mot Frankrike och Spanien förband sig att betala årliga subsidier om 1 250 000 pund per 100 000 man, upp till totalt 400 000 man.

När *Curieux* väl hade anlöpt Plymouth skyndade Bettesworth till London och avlade den 9 juli rapport för lord Barham. Denne insåg genast vikten av Bettesworths upplysningar och sände omgående en depesch till Cornwallis med anvisningar om att beordra konteramiral Stirling att häva blockaden av Rochefort och förstärka sir Robert Calder utanför Ferrol. När detta väl var gjort skulle Cornwallis också ge Calder anvisningar om att "att utan minsta tidsspillan bege sig till kusten utanför Kap Finisterre, varifrån han med kurs på fienden bör kryssa en sträcka av 90 till 120 distansminuter västvart under en tidsrymd av sex eller sju dagar".[24] I mitten av juli 1805 hade Napoleon följaktligen uppnått mer än hälften av sina strategiska mål. Med undantag av Brest och Cádiz var samtliga blockader av franska och spanska hamnar hävda.

Villeneuve hade den 2 juli passerat Azorerna och närmade sig i tjocka den 22 juli Kap Finisterre. Hade tjockan hållit i sig skulle han ha kunnat segla förbi Calders femton skepp utan att upptäckas och därigenom kunnat förena sig med Ganteaume vid Brest. Men vid middagstid skingrades tjockan och en av Calders fregatter rapporterade att den franska flottan var i sikte. Klockan 17.00 utkämpades en oavgjord drabbning under vilken två av Villeneuves skepp strök flagg. Även om de båda flottorna den 23 juli höll sig inom synhåll från varandra inleddes inga nya drabbningar, och när Calder följande dag stävade nordvart för att ansluta sig till Cornwallis, satte Villeneuve till alla segel och skyndade till Vigo Bay, dit han ankom den 28 juli. Därifrån seglade han till Ferrol, som han nådde den 1 augusti.

Den moraliska effekten av den handlingen blev avgörande, för nu sipprade även den lilla tilltro som Villeneuve dittills hade haft till sin flotta ut genom skosulorna på honom. Den 6 augusti skrev han: "I tjockan kom våra fartygschefer, som saknade erfarenhet av såväl strid som flottaktik, inte på något bättre än att följa den som befann sig för över, och här står vi nu till åtlöje inför hela Europa."[25] Drabbningen förlamade honom.

I Ferrol mottog Villeneuve Napoleons depesch av den 16 juli, som beordrade honom att häva blockaden av Ferrol och "manövrera på sådant sätt att vi erhåller herraväldet över Pas de Calais, antingen genom en förening med eskadrarna i Rochefort och Brest eller genom en förening med enbart eskadern i Brest, eller enbart eskadern i Rochefort, och sedan med denna flotta runda Irland och Skottland för att kunna ansluta till den holländska eskadern vid Texel". Villeneuve skulle vidare, om han till följd av en drabbning eller av någon annan orsak inte lyckades genomföra denna uppgift, under inga omständigheter anlöpa Ferrols hamn, utan i stället fortsätta till Cádiz.[26]

För en man med Villeneuves läggning innebar denna sista befallning ett ödesdigert misstag från Napoleons sida: att ta sig till Cádiz – så långt bort som möjligt från Brest – var nämligen den ledande tanken i Villeneuves huvud. Eftersom han förbjudits att löpa in i Ferrol lämnade han kvar tre skadade skepp där och anlöpte sedan Coruña, där han fick förstärkning med fjorton linjeskepp.

När amiral Stirling drog sig tillbaka från Rochefort för att kunna förstärka Calder, slank konteramiral Allemand, som hade ersatt Missiessy, den 17 juli ut ur Rochefort med order om att förena sig med Villeneuve den 13 augusti. Men på grund av att Decrès underlät att meddela Villeneuve om detta,[27] följde en extraordinär rad missöden som den 13 augusti kulminerade i ett fiasko.

Den dagen löpte Villeneuve ut, och när han siktade några fregatter antog han att de var engelska och satte kurs sydvart för att undvika dem. De tillhörde Allemands eskader, som sökte efter honom. Hade Villeneuve förenat sig med Allemand skulle han ha ökat sin flotta till 34 linjeskepp, och hade han då stävat nordvart i stället för sydvart skulle kanske lyckan ha stått honom bi. Cornwallis hade nämligen den 16 augusti delat upp sin flotta om 35 linjeskepp i två flottor, av vilka han hade sänt den ena (18 linjeskepp) under Calder till Ferrol. Hade Villeneuve därför i enlighet med sina order seglat nordvart och haft turen att undkomma Calder skulle han ha kunnat häva blockaden av Brest.

”Vilket tillfälle har inte Villeneuve försuttit!” skrev Napoleon. ”Genom att slå ner på Brest från öppna havet skulle han ha kunnat leka tafatt med Calders eskader och anfallit Cornwallis, eller också ha besegrat engelsmännens tjugo linjeskepp med sina trettio och uppnått en avgörande överlägsenhet.”[28] Även om detta teoretiskt sett kan ha varit korrekt[29] var det i själva verket ytterst tvivelaktigt, eftersom Cornwallis hade behållit tio tredäckare, och en tredäckares slagkraft enligt den tidens beräkningar var likvärdig med två tvådäckares.

Villeneuve fortsatte sydvart och anlöpte den 20 augusti Cádiz, där han försattes i blockad av Collingwoods tre linjeskepp. Den 22 augusti fick Collingwood förstärkning av sir Richard Bickertons fyra linjeskepp, och den 30 augusti av Calder och hans arton.

Den 3 augusti anlände Napoleon till Boulogne. Det var nu bråttom, eftersom det redan fanns tecken som tydde på att en koalition höll på att bildas i ryggen på honom: Österrike drog samman trupper i Venetien och i Tyrolen, och Saint-Cyr rapporterade ett massuppbåd av den neapolitanska milisen. Den 13 augusti gav Napoleon, som vid det laget hade hört talas om Villeneuves drabbning med Calder, till vilken han också gratulerade honom, denne anvisningar om att förena sig med Allemand, svepa allting framför sig, blanda sina franska och spanska skepp och bege sig till Engelska kanalen.[30] Han skrev även till Decrès och beklagade sig över Villeneuves långsamhet,[31] och den 22 augusti till Ganteaume och tillkännagav att Villeneuve var på väg för att förena sig med honom, och att han vid dennes ankomst genast skulle avsegla uppför Engelska kanalen utan att låta en enda dag gå till spillo, så att sex seklers engelska förolämpningar skulle kunna hämnas.[32] Samma dag skrev han på nytt till Villeneuve och adresserade denna gång brevet till Brest: ”Jag litar nu på att ni befinner er i Brest. Avsegla, förspill inte ett ögonblick, och träng med mina återförenade eskadrar in i la Manche. England är vårt. Vi är redo och har embarkerat. Dyk upp inom fyrtioåtta timmar, så kommer allt att vara över.”[33]

Dagen därpå skrev Napoleon, som fortfarande var omedveten om att Villeneuve befann sig i Cádiz, till Talleyrand: ”Ju mer jag begrundar situationen i Europa, desto mer inser jag hur brådskande det är att vidta en avgörande åtgärd.” Om Villeneuve med sina 34 skepp ”följer mina anvisningar och förenar sig med eskadern i Brest och tränger in i la Manche är det ännu inte för sent: Jag är herre över England. Annars ska jag slå läger vid Boulogne och tåga mot Wien.”[34] Till sist bestämde han sig och gav den 26 augusti Berthier order om att vidta förberedelser för att låta armén vid Boulogne tåga mot Österrike.[35] Den 31 augusti skrev han till Duroc: ”Hären är i full rörelse ... Jag kommer att vara redo den 27 september. Jag har överlämnat italienska armén till Masséna. Österrike är högst förmätet och intensifierar sina förberedelser. Min eskader har anlöpt Cádiz. Håll detta hemligt, det är avsett för er ensam. Samla in alla kartor ni kan uppbringa över Donau, Main och Böhmen, och låt mig få den österrikiska respektive ryska härens organisation.”[36] Den 3 september lämnade han Boulogne. Därmed förvandlades Englandsarmén till *la grande armée*, och i stället för att korsa Engelska kanalen begav den sig av för att gå över Rhen.

Det har tidigare nämnts att Nelson den 3 augusti seglade nordvart mot Île d'Ouessant, utanför vars kust han den 15 augusti, efter att ha saluterat Cornwallis flagg, fick signal om att fortsätta med *Victory* till Portsmouth, där han den 18 augusti kastade ankar. I England fördelade han sin tid mellan London och Merton, och den 2 september förde kommendörkapten Blackwood, fartygschefen för fregatten *Euryalus*, med sig underrättelser om att Villeneuve hade anlöpt Cádiz och Nelsons korta ledighet avbröts i förtid. Den 5 september sände han sitt tunga bagage till Portsmouth, dit han själv ankom den 14 september. Följande dag avseglade *Victory* åtföljd av *Euryalus*, och när Nelson den 28 september anslöt sig till Collingwood återtog han befälet över sin flotta.

Dagen därpå var hans fyrtiosjunde födelsedag, och i ett brev till en okänd vän skrev han: ”Det mottagande som mötte mig när jag anslöt mig till flottan gav mig mitt livs ljuvaste upplevelse. Officerarna som kom ombord för att hälsa min återkomst glömde i den entusiasm med vilken de välkomnade mig bort min rang som överbefälhavare.”[37] Nelson sammankallade sina eskaderchefer och lade för dem fram den krigsplan som han hade utarbetat under sin tid i Merton,[38] och som återfinns i vad som brukar kallas hans ”hemliga promemoria”.

Innan vi övergår till denna kan det vara lämpligt att kasta en blick på en tidigare plan som han hade tänkt ut på vägen till Västindien, eftersom det är den av de båda planerna som tydligast avslöjar den faktor som skiljer Nelson som stridande amiral från andra samtida amiraler.

Det väsentliga i den tidigare promemorian är att de underordnade i en ”avgörande närstrid” – vilket alltid var Nelsons mål – inte får invänta signaler utan måste handla på eget initiativ, och att de för att kunna göra detta utan att riskera att bringa oordning i drabbningen måste vara fullt förtrogna med befälhavarens ”anfallsmetod”.[39] Nelson sökte inte strid för att genomföra en plan, utan planerade i stället för att genomföra en strid, och det är en kolossal skillnad mellan dessa båda förhållningssätt.

Det nymodiga i promemorian ligger inte i ”anfallsmetoderna”, av vilka två omnämns, eftersom dessa av nödvändighet varierar beroende på omständigheterna, utan i den handlingsfrihet som delegeras till de underordnade vid utförandet av dem. Nelson hade som underordnad själv uppvisat den största initiativförmåga vid sjöslaget vid Kap Saint Vincent, och han förväntade sig att hans eskaderchefer skulle ha honom som förebild. Till skillnad från Napoleon, som sällan tolererade initiativ från sina marskalkars sida, ville Nelson att hans eskaderchefer skulle vara ”Nelsonsinnade”. Det som gjorde Nelson till Englands främste stridande amiral var inte bara hans initiativförmåga i kombination med hans stridslystnad, utan också hans underordnades förmåga till egna initiativ, även om detta senare förhållandet gick stick i stäv med den tidens rigida sjömilitära disciplin.

Den hemliga promemorian, som Nelson först diskuterade med amiral sir Richard Keats medan han befann sig i Merton,[40] var grundad på antagandet att Nelsons flotta räknade 40 linjeskepp och Villeneuves 46, och att det nästan var omöjligt att formera 40 skepp i slagordning utan stor tidsförlust. För att spara tid skulle flottan därför organiseras i två linjer om 16 linjeskepp vardera samt i en ”förposteskader”, eller reservlinje, om 8 skepp. Avseglingsordningen skulle vara densamma som slagordningen, även detta för att spara tid, och för att kunna ta vara på de möjligheter som yppade sig skulle de båda linjerna handla självständigt från varandra. Den ena skulle stå under befäl av Nelson och den andra under Collingwood, som skulle ”inneha hela ledningen för sin linje”.

”Anfallsmetoden” innebar att Nelson, under tiden som Collingwood angrep de 12 linjeskeppen i fiendens kö, skulle anfalla fiendens center för att förhindra att denna angrep Collingwood, och samtidigt låta sina skepp komma in mellan fiendens center och tät innan den senare kunde gå över stag och undsätta kön. Under tiden skulle ”förposteskadern” bryta sig in två, tre eller fyra skepp för om fiendens center ”för att säkerställa att den når fram till dess överbefälhavare, som varje ansträngning måste göras för att infånga”, förmodligen därför att denne var fiendeflottans ledande organ och moraliska centrum. ”Något måste lämnas åt slumpen”, skriver Nelson, ”inget är säkert i en sjödrabbning framför alla andra. Skott kommer att knäcka master och rår hos såväl fiender som vänner, men jag ser med förtröstan fram mot en seger innan fiendens tät hinner undsätta dess kö, och då kommer större delen av den brittiska flottan att vara redo att möta de tjugo linjeskeppen, eller förfölja dem, om de skulle försöka ge sig av.”[41]

Nelsons tanke påminner om Epaminondas vid Leuktra. Vid det slaget höll thebanernas högra flygel spartanernas vänstra flygel och center i schack genom att hota dessa under tiden som thebanernas vänstra flygel krossade spartanernas högra. Vid Trafalgar hejdade Nelson den fransk-spanska flottans center och tät, men inte genom att hota den utan genom att anfalla den, under tiden som Collingwood krossade fiendens ”vänstra flygel” – dess kö. Att den taktiska idén i själva verket var en antik sådan förringar på intet sätt den ära som tillkommer Fredrik den store vid Leuthen eller Nelson vid Trafalgar. I krig föds alltid fundamentala idéer på nytt – de övergår från generation till generation.

Om den överläggning som Nelson hade med sina eskaderchefer skrev han till lady Hamilton: ”När jag småningom förklarade ’*The Nelson Touch*’ för dem, blev det som en elektrisk stöt. Några fick tårar i ögonen, alla uttryckte sitt gillande – ’Den var ny – den var enastående – den var enkel!’; och från amiraler och nedåt upprepades det – ’Den måste lyckas, om de någonsin låter oss komma dem nära! Ers nåd är omgiven av vänner i vilka ni ingjuter förtröstan’.”[42] Den 9 eller 10 oktober delades den hemliga promemorian ut i skriven form.

I Cádiz befann sig Villeneuve i värre trångmål än någonsin. Hans kassa var tom och han hade svårt att få tag på proviant, förnödenheter och till och med handspakar, och förutom att det fattades 2 000 besättningsmän var 1731 sjuka. Lika illa var de gräl som ständigt utbröt mellan hans franska och spanska officerare och manskap. Den 2 september beklagade han sig för Decrès, men kunde inte desto mindre den 24 september rapportera att han hade fört ombord sex månaders förråd och var redo att avsegla.

Napoleon, som hade övergivit varje tanke på att invadera England, hade för Villeneuve – "en ynklig person", som han kallade honom[43] – utarbetat en ny och ödesdiger plan. Från Saint-Cloud skickade han honom den 14 september följande anvisningar:

> Efter att ha beslutat att utföra en kraftfull skenmanöver genom att beordra de av våra sjöstyrkor som är samlade i Cádiz hamn att bege sig till Medelhavet ... vill vi underrätta er om att det är vår avsikt att ... ni bör begagna er av första lämpliga tillfälle för att med den förenade flottan avsegla och bege er till ovannämnda hav.
>
> Ni bör först bege er till Cartagena och vid någon punkt längs kusten låta de trupper ni har ombord debarkera så att de kan förena sig med armén som står under general Saint-Cyrs befäl ...
>
> Flottan under ert befäl bör, så länge som ni bedömer det nödvändigt, dröja kvar utanför neapolitanska kusten för att såväl åsamka fienden största möjliga skada som för att hejda en konvoj som man avser att skicka till Malta.
>
> Efter denna expedition bör flottan avsegla till Toulon för att komplettera förråden och för reparationer.
>
> Det är vår avsikt att ni, varhelst ni möter fienden i underlägsen styrka, utan tvekan bör angripa den och uppnå ett avgörande mot den.
>
> Det torde inte undgå er uppmärksamhet att dessa operationers framgång i allt väsentligt är beroende av den skyndsamhet med vilken ni lämnar Cádiz.[44]

Två dagar senare skickade Napoleon anvisningar till Decrès om att ersätta Villeneuve med amiral Rosily,[45] men av hänsyn till Villeneuves känslor underlät Decrès att underrätta honom om detta. Rosily ankom till Madrid den 10 oktober.

Den 1 oktober vidtog Villeneuve, som hade för avsikt att löpa ut den 7 oktober, sina sista förberedelser, men vinden slog om och han hölls kvar i hamn under tio dagar. Den 8 oktober höll han ett krigsråd där han för sina eskaderchefer förklarade hur han ämnade utkämpa den förestående drabbningen. Han ämnade, sade han, dela upp sin flotta om 33 linjeskepp i två divisioner: en *corps de bataille* (slagstyrka) om 21 linjeskepp under hans personliga befäl samt en *corps de réserve* (reservstyrka) om 12 linjeskepp under befäl av amiral Gravina som skulle stationeras i lovart om den förra.[46] ”Den brittiska flottan”, sade han med enastående träffsäkerhet, ”torde inte formeras i en slagordning som löper parallellt med den förenade flottan ... Nelson ... torde försöka bryta vår linje, kringränna vår kö och med sina grupper av skepp övermanna så många av våra som han lyckas isolera och skära av.”[47] Han nämnde ingenting om hur detta anfall bäst borde bemötas, av allt att döma därför att han insåg att hans eskaderchefer endast var förmögna att formera kölvattenskolonn. Det enda han tillade var att den förenade flottan, om den låg i lovart, skulle styra mot fienden och engagera den i strid skepp mot skepp, medan den om den låg i lä skulle formera en sluten kölvattenskolonn och invänta anfallet, för att sedan låta varje fartygschef klara sig själv.

De franska och spanska skeppen skulle blandas, så som Napoleon hade beordrat Villeneuve att göra. Flottan utgjordes av en fyrdäckare, *Santissima Trinidada* (som var bestyckad med 131 kanoner och som vid denna tidpunkt var det största örlogsfartyget i tjänst), tre tredäckare (av vilka två hade 112 kanoner och ett hade 100), sex 80-kanonersskepp, tjugotvå 74:or, en 64:a samt sju fregatter och korvetter. Arton av linjeskeppen var franska och femton spanska. Bredsidornas bestyckning utgjordes av sammanlagt 2 626 kanoner, exklusive karronader, och besättningen bestod av 21580 officerare och manskap. Inskeppningsregementena var hämtade ur Cádiz garnison och inbegrep såväl Regimiento de Africa (tidigare Tercio de Sicilia) som Regimiento de Soria (tidigare Tercio de Soria), vilka båda hade kämpat i den spanska armadan.

Den brittiska flottan skulle också den ha uppgått till 33 linjeskepp, men inte långt efter det att Nelson övertog befälet hade konteramiral Thomas Louis och hans eskader om sex linjeskepp blivit bortbeordrade tillsammans med en konvoj på väg till Malta. Nelson hade följaktligen endast tjugosju linjeskepp till sitt förfogande. Av dessa var sju tredäckare (tre med 100 kanoner och fyra med 98) och tjugo tvådäckare (en med 80 kanoner, sexton 74:or och tre 64:or). Han hade även fyra fregatter, en skonare och en kutter. Flottan var bemannad med 16 820 officerare och manskap, och bredsidornas bestyckning utgjordes av 2 148 kanoner, exklusive karronader.

På grund av att Louis eskader var frånvarande övergav Nelson sin ursprungliga tanke att låta flottan bilda tre linjer och formerade den i stället i två: en tät- eller lovartkolonn om tolv linjeskepp under hans personliga befäl från *Victory* samt en kö- eller läkolonn om femton linjeskepp under befäl av Collingwood från *Royal Sovereign*. Detta var den första avvikelsen från den hemliga promemorian, men eftersom det efter denna även följde andra, som senare har givit upphov till många pedantiska förklaringar, kan det vara lämpligt att lägga fram vad vi tror att Nelson hade i åtanke när sjöslaget vid Trafalgar utkämpades.

Hans syfte var att vinna en avgörande seger och erövra eller sänka tjugo av fiendeskeppen; när han låg döende sade han nämligen: "Jag räknade med tjugo."[48] Han insåg, vilket den hemliga promemorian visar, att de gamla drabbningarna med parallella kölvattenskolonner som regel slutade oavgjorda på grund av att de var så långsamma och förhindrade styrkekoncentration mot svaga punkter. Vi kan förmoda att han betraktade dem som en boxningsmatch mellan två enarmade boxare och att han för sin del avsåg att slåss med två armar. Hans flotta skulle klippa till med både vänstern och högern. Lovartkolonnen skulle skydda den högra, och läkolonnen skulle slå ut fiendens kö. Han valde kön framför täten, eftersom fiendens tät då skulle tvingas gå över stag för att kunna undsätta kön, vilket skulle ta lång tid. Hade han valt täten skulle fiendens kö för att kunna undsätta den bara ha behövt behålla kursen.

För att ge sina båda slag maximal slagkraft höll han varken fast vid en formell linjeformering eller kölvattenskolonn. Han ersatte i stället dessa med två avdelningar skepp i seglingsordning – det vill säga grupper av skepp, inte linjer. Om detta råder det inget tvivel, eftersom han när han förklarade sin taktik för amiral Keats vid Merton sade: "Det kommer att få till stånd en oordnad drabbning, och det är vad jag önskar."[49] Detta finner också stöd i ett brev som Collingwood skrev två månader efter Trafalgar: "Lord Nelson hade föresatt sig att ersätta en exakt ordning med ett impulsivt anfall i två skilda divisioner ... Detta genomfördes utmärkt, och slog förträffligt väl ut; dess nymodighet var förmodligen till vår fördel, eftersom fienden väntade på det tillfälle då vi skulle bilda någonting som liknade en linje."[50] Detta var vad Nelson hade förutsett, för medan han befann sig i Merton hade han plötsligt vänt sig till Keats och sagt: "Men jag ska säga dig vad *jag* anser om det. Jag tror att det kommer att överraska och förbrylla fienden. Man kommer inte att ha en aning om vad jag har i åtanke."[51] Överraskningsmomentet skulle tillföra kraftsamlingen lika mycket som artilleriets överlägsna skjutskicklighet.

Skillnaderna mellan den hemliga promemorian och vad som faktiskt skedde är desamma som dem mellan tanken så som den tänks och tanken så som den utförs. Det taktiska målet förblev detsamma, men medlet för att uppnå detta mål varierade beroende på ögonblicket. Inget pedanteri kan förklara detta.

Den 15 oktober mottog Villeneuve underrättelser från Bayonne om att amiral Rosily var på väg till Cádiz, och eftersom han visste att Rosily inte hade varit till sjöss på över tolv år drog han slutsatsen att denne hade ett administrativt uppdrag. Härnäst fick Villeneuve underrättelser från Madrid om att Rosily skulle avlösa honom, och eftersom han kände att hans ära hade blivit kränkt bestämde han sig för att slinka ut ur Cádiz före dennes ankomst. Den 17 oktober stärktes han i sin avsikt när han – senkommet – fick veta att amiral Louis eskader hade detacherats från Nelsons flotta. Vinden var förmånlig, och efter en överläggning med Gravina beordrade han fartygschefen för sitt flaggskepp att hissa signalen "förbered avsegling". Han hade inte mer än hunnit göra detta förrän vinden avtog och snart dog bort helt.

Följande dag skrev Nelson i sin dagbok: "Vackert väder, vinden östlig; den förenade flottan skulle inte kunna ha bättre väder för att löpa ut."[52] Inte desto mindre tvekade Villeneuve och det dröjde till klockan 06.00 den 19 oktober innan han signalerade till sin flotta: "Hissa segel och fortskrid."

Två och en halv timme senare mottog Nelson, som då befann sig 45 distansminuter västsydväst om Cádiz, en signal från en av sina fregatter nära kusten om att fienden löpte ut ur hamnen. Eftersom hans syfte var att skära av den förenade flottan från Medelhavet signalerade han genast: "Allmän jakt."[53] Därefter följde signalen: "Fiendeflottan har löpt ut." Denna var felaktig, eftersom endast amiral Magnons division hade löpt ut ur Cádiz den 19 oktober och det skulle dröja ända till middagstid den 20 oktober innan hela Villeneuves flotta hade avseglat.

I dagbräckningen den 20 oktober hade Nelson, som då befann sig nära Gibraltar sund, inte sett någonting av fienden utan lät sin flotta gå över stag och bege sig nordvästvart. Klockan 07.00 siktades Villeneuves flotta, som vid middagstid rapporterades segla västvart. En timme senare drejade *Victory* bi och Collingwood kom ombord för att ta emot sina sista anvisningar. Senare fick Nelson veta att Villeneuve hade ändrat kurs mot sydost och beordrade före solnedgången sina fregatter att hålla fienden under uppsikt under natten.[54]

I gryningen på måndagen den 21 oktober, då den brittiska flottan ännu inte befann sig i någon exakt ordning eller formering, siktades fienden ligga ost till syd i sluten slagordning, 8 till 10 distansminuter bort. Eftersom det fortfarande var för mörkt för att man skulle kunna urskilja flaggorna dröjde det till klockan 06.10 innan Nelson gav den allmänna signalen: ”Formera seglingsordning i två kolonner”, varvid Collingwoods kolonn hamnade styrbord om täten. Omedelbart efteråt hissades signalen ”Fall av och slöra för ONO kurs”, som klockan 06.22 följdes av ”Klart för drabbning.”[55]

Villeneuve, som var på väg mot Gibraltar sund, insåg att det på grund av den svaga vinden skulle bli omöjligt att undvika en drabbning och signalerade klockan 08.00 till hela sin flotta att gå över stag, så att han skulle ha Cádiz hamn i lä, som tillflykt för de skepp som försatts ur stridbart skick. Det var en olycklig ändring av planen i sista minuten, inte bara därför att det framstod som en reträtt och därför hade en avskräckande inverkan på hans besättningar, utan också därför att stagvändningen tog över två timmar i anspråk och ledde till en förvirrad formering av slagordningen. Den var hopträngd på vissa ställen och hade luckor på andra, centern bågnade ner i lä och hela linjen bildade en oregelbunden, nästan fem kilometer lång halvmåne. Stagvändningen placerade Gravinas eskader bakom linjen i stället för i lovart om den, och Dumanoirs eskader tog täten. När kursändringen väl var slutförd stävade den förenade flottan sakta framåt på nordlig kurs med en hastighet av en knop eller lite mer.

När den förenade flottan gick över stag styrde den brittiska i två kolonner eller snarare skeppsgrupper – lovartlinjen under Nelson och lälinjen under Collingwood – för fulla segel sakta mot fienden. Vinden, som var nordvästlig, var mycket svag och det var också starka dyningar så farten, som till en början uppskattades till tre knop, sjönk snart till en och en halv. Eftersom Nelson inte minskade segel fanns det ingen möjlighet för de båda kolonnerna att formera en regelrätt linje. Dessutom inledde han och Collingwood, som två skolpojkar, en kapplöpning, där den förre satte kurs på fiendetätens center i stället för på fiendecenterns tät, så som man ursprungligen hade beslutat, medan Collingwood satte kurs på fiendetätens kö.

Anledningen till Nelsons kursändring var av allt att döma att han, när han såg fienden gå över stag, drog slutsatsen att Villeneuve försökte undkomma till Cádiz. Detta styrks av det faktum att han strax före 11.40 – den tidpunkt vid vilken meddelandet mottogs – signalerade till Collingwood:

"Jag avser att passera [tränga] eller gå igenom [slutet av] fiendens linje för att förhindra den att komma in i Cádiz."[56] Med andra ord att genskjuta och hejda fiendens tät. Därefter lät han klockan 11.48 hissa sin berömda allmänna signal: "England förväntar sig att varje man gör sin plikt."[57]

När den här signalen hissades närmade sig Collingwood fiendens kö, för Villeneuve hade redan klockan 11.30 låtit hissa signalen "Ge eld!" som 12.15 följdes av en annan: "Varje kapten som inte befinner sig i elden befinner sig inte heller på sin post."[58] Klockan 11.45 avfyrades det första skottet från *Fougueux*, som låg omedelbart akter om *Santa Ana*, och riktades mot *Royal Sovereign*, som då befann sig mindre än en distansminut bort. Därpå hissade de båda flottornas skepp samtidigt sina flaggor och "trummorna och flöjterna spelade och soldaterna skyldrade" ombord på de franska och spanska skeppen.[59]

Sedan inleddes sjöslaget, som kan delas in i tre tydliga drabbningar: Collingwoods anfall, Nelsons anfall och Dumanoirs fruktlösa motanfall. Vi ska följa dessa i tur och ordning.

När *Fougueux* öppnade eld mot *Royal Sovereign* seglade Collingwoods division på babords pejlingslinje[60] med uppskattningsvis två engelska kabellängders (omkring 440 meter) lucka mellan skeppen. Det rörde sig därför om en sned men oregelbunden linjeformering, som till följd av den buktiga fiendelinjen fördes nästan parallellt med denna.

Under fem till tio minuter efter det att *Fougueux* hade inlett drabbningen fortsatte *Royal Sovereign* att hålla kursen medan *Santa Ana* avfyrade en bredsida mot henne. Sedan nalkades hon och bröt igenom fiendelinjen akter om *Santa Ana* och för om *Fougueux*, eller som Collingwood säger i sin depesch: "runt det tolfte [skeppet] i kön".[61] När hon passerade under *Santa Anas* akterspegel besköt hon henne långskepps med en bredsida. Kanonerna var laddade med kartescher över rundkulorna och åstadkom därigenom oerhörda skador. Därefter avfyrade hon styrbords bredsida mot *Fougueux* och girade sedan långsides *Santa Anas* styrbordslåring och engagerade henne i närstrid.

Collingwood fann sig snart vara omgiven av fiendeskepp och inom 40 minuter efter det att *Royal Sovereign* hade öppnat eld hade hon förvandlats till ett avriggat, manöverodugligt fartygsskrov, som en kort stund senare bogserades bort av *Euryalus*. Klockan 14.20 strök *Santa Ana*, som då var helt avmastad och hade 104 stupade och 236 sårade, flagg och äntrades av

3. Sjöslaget vid Trafalgar 1805

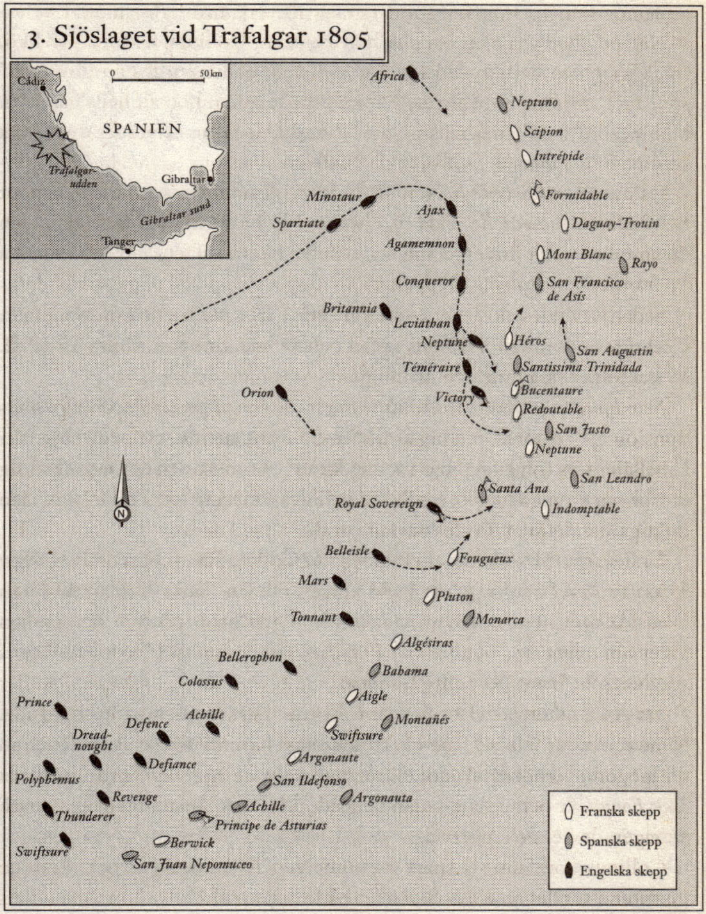

kommendörkapten Blackwood, som förde henne och den dödligt sårade amiral de Alava med sig tillbaka till *Euryalus*.

Åtta minuter efter det att *Royal Sovereign* hade engagerat fienden trädde *Belleisle* i aktion och bröt igenom fiendelinjen akter om *Fougueux*. I likhet med *Royal Sovereign* engagerades hon genast av flera fiendeskepp och blev till följd av förödelsen bland master och rigg under en stund oförmögen att avfyra en enda kanon. Inte desto mindre fortsatte hon att hålla flaggan i topp genom att nagla fast den vid en stump av mesanmasten. Hon avlöstes senare av *Polyphemus*, *Defiance* och *Swiftsure*.

En kvarts timme efter *Belleisle* skred *Mars* till aktion, och efter henne kom i snabb följd *Tonnant*, *Bellerophon*, *Colossus* och *Achille*. Skepp efter skepp slöt upp och bröt efter hand igenom fiendelinjen på alla ställen, varefter vart och ett drabbade samman med första bästa fiendeskepp och engagerade detta rånock mot rånock. Därefter seglade varje skepp vidare och överlämnade åt de aktre skeppen att skjuta fienden sönder och samman. Detta ledde till en kontinuerlig koncentrerad eldgivning mot fiendeskeppen.

Av skeppen i Collingwoods kö engagerade *Dreadnought* fienden först en timme efter *Royal Sovereign* och följdes en kvarts timme senare av *Defiance*. *Defence* slöt inte upp förrän efter ytterligare en timme och det sista skeppet av Collingwoods division som inlät sig i drabbningen var *Prince*, som inte engagerade fienden förrän klockan 15.00.

När läkolonnens aktion väl var över var Collingwoods seger fullständig. Av de femton franska och spanska skepp som han hade drabbat samman med erövrades tio, medan ett – *Achille* – sprängdes i luften och endast *Principe de Asturias*, som hade den dödligt sårade amiral Gravina ombord, *Algésiras*, *Montañés* och *Aigle* undkom.

Tjugofem minuter efter det att Collingwoods division hade engagerat fienden trädde Nelsons i aktion. Till skillnad från den förra bibehöll denna sin oregelbundna kölvattenskolonn, och enligt *Victorys* navigationsofficer Thomas Atkinsons ”personliga loggbok” höll den ”fortfarande kursen på fiendens tät.”[62] Atkinson säger också följande: ”Klockan 11.50 [i själva verket 12.10] öppnade fienden eld mot oss, och 4 minuter efter 12 [12.24] öppnade våra babordskanoner eld mot fiendens tät.”[63]

De fem främsta fartygen i Dumanoirs tät var förmodligen från nord till syd *Neptuno*, *Scipion*, *Intrépide*, *Formidable* och *Duguay-Trouin*, och enligt Dumanoir närmade sig Nelsons tre främsta tredäckare hans täts center, som de engagerade klockan 12.15, för att efter en 40 minuter lång kanonad sedan vända fördevind om styrbord.[64]

Vad gäller Nelsons tre främsta skepp var kanonaden betydligt kortvarigare än vad Dumanoir uppger, eftersom *Victory* och *Téméraire* fördevindsvände om styrbord omedelbart efter det att *Formidable* hade öppnat eld. Detta omnämns också av löjtnant Conor ombord på *Héros*, som tillägger: ”Medan de andra skeppen i samma kolonn fortsatte att segla för babords halsar och hotade vår tät.”[65] Nelson letade efter Villeneuves flaggskepp, eftersom han mer än något annat ville lägga sitt eget skepp långsides med dennes. ”Trots att varenda kikare ombord på *Victory* hade tagits i anspråk för att upptäcka den franske överbefälhavarens flagg”, säger James, ”blev alla svar på Nelsons upprepade frågor om ämnet en besvikelse.”[66] *Victory* satte därför kurs på *Santissima Trinidada* i hopp om att finna Villeneuve[67] ombord på fiendeflottans största skepp. När *Victory* styrde ner mot henne siktades enligt *Spartiates* navigationsofficer klockan 12.57 en fransk tvådäckare *(Bucentaure)* akteröver med den franska amiralsflaggan ”i fockmastens topp”.[68] Efter att ha beskjutits långskepps passerade *Victory* under *Bucentaures* akterspegel och avfyrade mot dess fönster såväl ena karronaden på backdäck – en 68-pundare laddad med rundkula och en kutting med 500 muskötkulor – som en bredsida med kanonerna laddade med kartescher över rundkulorna, vilket åsamkade henne oerhörda skador. När *Neptune* (brittiskt) och *Conqueror* därefter närmade sig *Bucentaure*, lade *Victory* rodret dikt styrbord och löpte upp långsides med *Redoutable*, som stod under befäl av kommendörkapten Lucas.

Deras riggar trasslade genast in sig och de båda skeppen låstes fast vid varandra. Båda besättningarna förberedde sig för äntring, men fransmännen hindrades av *Victorys* styrbordskarronad och en bredsida från *Téméraire*, som fällde dem i tjogtal. De båda skeppen var fortfarande intrasslade när Nelson, medan han promenerade med kommendörkapten Hardy på halvdäck, omkring en timme senare träffades av ett muskötskott som avfyrats från toppen av *Redoutables* mesanmast. Kulan träffade epåletten på hans vänstra axel, genomborrade bröstet och fastnade i ryggraden. Han föll framstupa, och när han lyftes från däcket flämtade han: ”De har gjort slut på mig till sist, Hardy … ryggraden är genomborrad.”[69] Han bars ner till kvästlaven och avled klockan 16.30, i visshet om att drabbningen var vunnen.

När *Victory* engagerade *Redoutable* höll *Téméraire* undan för flaggskeppet och öppnade eld mot *Santissima Trinidada*, och därefter även mot *Neptuno* (franskt) och *Redoutable*. Strax efteråt föll *Fougueux* – som efter att ha engagerat *Belleisle* hade seglat tvärs över tomrummet mellan den förenade flottans kö och center – av och styrde mot *Redoutable* för att bistå henne, men engagerades av *Téméraire*. Det senare avfyrade en bredsida på nära håll och fångade omedelbart upp hennes främre rigg och surrade den till sitt reservankare. De båda skeppen hade inte mer än hunnit bli låsta vid varandra förrän *Redoutables* "stora råsegel med rigg och allt föll ner på *Téméraires* skansdäck och fullständigt överhopade skeppets akterdel". Sedan besköt *Téméraire*, "med en pris surrad på vardera sidan och merparten av sina batterier ur aktion", *Santissima Trinidad* långskepps under en halvtimmes tid med sina förliga kanoner.[70]

Tio minuter efter det att *Victory* hade skingrat fiendelinjen avfyrade *Neptune* (br.) sin första bredsida mot *Bucentaure* och fortsatte sedan till *Santissima Trinidad*. En och en halv timme senare strök den stora fyrdäckaren flagg med 254 stupade och 173 sårade. Scenen ombord på henne, så som den beskrivs av kadett Badcock från *Neptune* (br.), ger en uppfattning om hur det tidiga 1800-talets sjöstrider tedde sig: "Jag befann mig ombord på vår pris Trinidada", skriver han, "och hämtade upp fångarna från henne. Hennes däck var täckta av blod, hjärnsubstans och köttstycken, och akterdelen av hennes däck av sårade, somliga utan ben och somliga utan arm."[71]

Härnäst slöt *Britannia* upp, tätt följd av *Leviathan* och *Conqueror*. De båda sistnämnda lade sig långsides med *Bucentaure* och klockan 14.50 strök Villeneuve flagg. Scenen ombord finns beskriven av kapten Atcherley vid *Conquerors* marinsoldater: "De döda, som slungades bakåt när de stupade", skriver han, "låg i högar längs däckens mitt, och skotten som genomborrat dem hade sargat kropparna på det mest fruktansvärda sätt ... Över fyrahundra hade dödats eller sårats, av vilka en ovanligt stor andel hade mist huvudet."[72]

Ajax skred till aktion 40 minuter efter *Victory*, och *Agamemnon* ännu senare. *Africa*, ett 64-kanonersskepp och det minsta linjeskeppet på någondera sidan, var med om en ovanlig händelse. Under natten till den 21 oktober förlorade hon flottan ur sikte och befann sig i gryningen flera distansminuter norr om den. Så snart hon upptäckte dess position satte hon kurs på *Victory*, och några minuter efter det att *Royal Sovereign* hade inlett drabbningen kom hon inom skotthåll för fiendens tät. Enligt hennes loggbok[73] engagerade hon 11.40 det främsta skeppet och löpte därefter längs hela täten medan hon beströk varje skepp hon passerade, varefter hon undsatte *Neptune* (br.), som hade engagerat *Santissima Trinidada*, och senare även drabbade samman med *Intrépide*.

Även *Orion* spelade en enastående roll, för när hennes fartygschef Codrington upptäckte att mittdivisionens fiendeskepp var betydligt överlägsna Nelsons, seglade han sydvart för att hjälpa *Royal Sovereign*. Därefter passerade han *Mars*, *Colossus* och *Tonnant*, för att sedan vända nordvart mot *Victory*. De båda sista skeppen i Nelsons division, *Minotaur* och *Spartiate*, hade ännu inte engagerat fienden när Villeneuve strök flagg.

Vi är nu framme vid Dumanoirs motanfall, om det nu kan kallas så.

Klockan 12.30, när Nelson styrde ner mot den förenade flottans center, hissade Villeneuve en allmän signal med order om att alla de skepp som ännu inte hade engagerat fienden skulle träda i aktion. Dumanoir svarade inte på signalen, vilket Villeneuve inte lade märke till. En halvtimme senare stävade Dumanoir fortfarande nordvart och öppnade följaktligen en lucka mellan täten och centern. I stället för att handla på eget initiativ bad han om order. Men Villeneuve svarade inte förrän klockan 13.50, då han beordrade honom att undsätta den hårt ansatta centern.

Vinden var ytterst svag och Dumanoir hade stora svårigheter med att gå över stag, så i stället för att hålla sin eskader intakt för att kunna slå till med full styrka, delade han upp den i två avdelningar.[74] Hans manöver var så långsam att det dröjde ända till mellan 15.15 och 15.30 innan kommendörkapten Hardy ombord på *Victory* lade märke till att de närmaste fem av Dumanoirs tio skepp nalkades mot sydvart. Han signalerade genast till Nelsons division att göra sig redo att möta dem.

De fem skepp som Hardy siktade var *Héros*, *Intrépide*, *San Augustín*, *San Francisco de Asís* och *Rayo*, och inte långt efter det att han hade signalerat styrde de mot *Conqueror*, *Ajax*, *Agamemnon* och *Leviathan*. Lite senare strök *San Augustín* flagg, medan *Héros* bröt sig loss och satte kurs på Cádiz. *San Francisco de Asís* och *Rayo* undkom, men den förra förliste och den senare kapitulerade den 23 oktober inför *Leviathan*. *Intrépide*, under befäl av kommendörkapten Infernet, anfölls först tappert av *Africa*, engagerades sedan av *Ajax*, *Agamemnon* och *Orion* och strök efter en fruktansvärd strid till sist flagg för kommendörkapten Codrington.

Under tiden gick Dumanoirs återstående fem skepp över stag: *Formidable*, i täten, följd av *Scipion*, *Mont Blanc*, *Duguay-Trouin* och *Neptuno* (fr.). De öppnade eld mot *Conqueror* och fortsatte sedan för att avfyra sina bredsidor mot *Victory*, *Téméraire* och *Royal Sovereign*. Snart närmade sig *Minotaur* och *Spartiate* – som ännu inte hade engagerat fienden – fiendeskeppen och skar av *Neptuno* (fr.), som senare strök flagg. Under tiden försvann Dumanoirs fyra återstående skepp sydvart, för att den 4 november samlas upp och erövras av sir Richard Strachans eskader.

När sjöslaget klockan 16.30 närmade sig sitt slut var 9 av Villeneuves 33 skepp på väg till Cádiz, 4 ilade mot Gibraltar sund och av de återstående 20 var 17 fullständigt manöverodugliga och 13 försedda med prisbesättningar medan ett stod i lågor. Vid mörkrets inbrott utbröt den storm som hade hotat ända sedan morgonen. Stormen varade i fyra dagar och i den förliste många av de skadade skeppen, däribland alla de brittiska prisfartygen utom fyra. Ändå gick inte ett enda brittiskt skepp förlorat, varken under slaget eller stormen.

Uppgifterna om stupade och sårade skiljer sig åt. Enligt *London Gazette* av den 27 november respektive 3 december 1805 förlorade britterna 449 stupade och 1 214 sårade. Fraser[75] uppger följande franska och spanska förluster: fransmän: 3 373 stupade och drunknade samt 1 155 sårade; spanjorer: 1 022 stupade, 1 383 sårade samt mellan 3 000 och 4 000 krigsfångar.

Eftersom antalet fransmän som togs tillfånga åtminstone bör ha motsvarat antalet spanjorer bör den förenade flottans sammanlagda förluster ha uppgått till omkring 14 000 officerare och manskap. Även om siffran är hög, så var den ändå ringa jämfört med de förluster som leds under sjöslaget vid Lepanto.

Slaget var anmärkningsvärt för den tapperhet som båda sidor visade. Fransmännen och spanjorerna kämpade lika hårdnackat som britterna, även om de redan från början bringades ur fattningen. Jämfört med vår tids slag och deras efterverkningar var detta slag också anmärkningsvärt för det ädelmod och de artigheter som visades när det väl var över: en av krigsfångarna, kommendörkapten Lucas från *Redoutable*, blev till exempel firad av Londonsocieteten, kommendörkapten Infernet från *Intrépide* frambar sina komplimanger till mrs Codrington, sin tillfångatagares hustru, och amiral Villeneuve och kommendörkapten Magendie tilläts bevista Nelsons begravning. Trots revolutionen var kriget fortfarande en sysselsättning för gentlemän, vilket illustreras av följande incident.

Efter slaget gav kommendörkapten Codrington från *Orion* i ett brev hem följande beskrivning av vardagen i Gibraltar:

> Medan guvernören av Algeciras (gamla Gibraltar) äter middag med guvernören av The Rock (nya Gibraltar), eller medan guvernören av The Rock bevistar en hästkapplöpning i Spanien tillsammans med hälften av officerarna och många av de meniga soldaterna, anfaller Algeciras kanonbåtar en konvoj som är på väg in med förråd till garnisonen. Jag stod faktiskt, när jag sist var här, tillsammans med en av general Fox adjutanter i de spanska linjerna och iakttog den spanska eldgivningen mot "Beagles" kanonslup, som råkade komma inom skotthåll, med samma synbarliga likgiltighet som skulle ha anfäktat mig om jag hade sett dem anfalla en nation som var fientligt inställd till England.[76]

Collingwoods depesch om slaget sändes hem den 27 oktober med skonaren *Pickle*, under befäl av löjtnant Lapenotière. Den 4 november ankom Lapenotière till Falmouth, varifrån han inom en halvtimme begav sig till London i ilfart. Han bytte hästar nitton gånger på vägen och höll klockan 01.00 på natten till den 6 november in hästen utanför amiralitetets portar.[77] Några få minuter senare möttes han av förste sekreteraren och hans första ord till denne blev: "Sir, vi har vunnit en stor seger, men vi har förlorat lord Nelson!"

Nelsons överlägsenhet som amiral vilar till stor del på att han frigjorde sig från teorin om parallell slagordning och att han, även om han på intet sätt var den förste som gjorde det, klarare än sina föregångare insåg att denna var grundad på en rent defensiv tanke. Enligt den kunde en linje örlogsfartyg låta sina kanoner bära med så överlägsen eldkraft mot en fiende som närmade sig i kölvattenskolonn att det vore rena självmordsförsöket att ens försöka sig på något sådant. Men Nelson insåg bristen i den teorin. Han insåg att på grund av de samtida kanonernas begränsade räckvidd och dåliga träffsäkerhet var risken för att skjutas sönder och samman av en barriär av konvergerande eld begränsad till anfallets sista hundra meter. Han insåg dessutom att när kontakt väl hade uppnåtts så var överlägsenheten i skjutskicklighet en betydligt mer avgörande faktor än numerär överlägsenhet eller linjeformering. Det var i detta avseende som de brittiska besättningarna fullständigt utklassade sina motståndare, eftersom de inte bara gav eld med större träffsäkerhet utan dessutom dubbelt så fort. Deras eldgivning var följaktligen mer än dubbelt så destruktiv, vilket en jämförelse mellan förlustsiffrorna också visar. Detta berodde åtminstone delvis på att fransmännen och spanjorerna till skillnad från engelsmännen inte hade haft möjlighet till kanonexercis under blockaden.

När Collingwood förde befäl över *Dreadnought* kan vi läsa att sjömännen var så oupphörligt sysselsatta ”med exercisen av de stora kanonerna … att få fartygsbesättningar kunde mäta sig mot dem vad gällde snabb och träffsäker eldgivning”. Och att Collingwood hade för vana att låta dem veta att ”om de kunde avfyra tre välriktade bredsidor på fem minuter så kunde inget fartyg stå emot dem. Och genom ständig övning blev de förmögna att göra detta på tre och en halv minut.”[78] Det innebar att ett skepp som kunde avfyra dubbelt så snabbt som motståndaren när det väl var engagerat i närstrid hade en eldkraft som motsvarade två skepps. Det taktiska problemet var därför, så som Nelson uppfattade det, att till varje pris engagera fienden i närstrid. Det var vad som med vår tids tidningsspråk skulle beskrivas som ett ”blixtkrig till sjöss”.

Trafalgar var i alla avseenden ett minnesvärt sjöslag, som fick ett djupt inflytande på historien. Det krossade för alltid Napoleons dröm om en invasion av England. Det gjorde slut på den hundraåriga kampen mellan England och Frankrike om herraväldet över haven. Det skänkte England ett havets imperium, som skulle komma att bestå mer än ett sekel och som möjliggjorde *Pax Britannica*. Men vad som var av mer omedelbar betydelse var att slaget visade världen av år 1805 att Napoleon inte var oövervinnelig, vilket tvingade honom att falla tillbaka på kontinentalsystemet för att försöka upprätta ett allomfattande imperium som kunde strypa England ekonomiskt, men som i stället kom att sluta med att han själv ströps politiskt. Utan Trafalgar skulle det aldrig ha blivit något krig på Pyreneiska halvön, och utan kriget på Pyreneiska halvön är det svårt att tro att det någonsin skulle ha kunnat bli ett Waterloo. H. W. Wilson överdriver därför inte betydelsen av denna den största av alla sjösegrar när han skriver: ”Trafalgar var Napoleonkrigets verkligt avgörande slag.”[79]

KRÖNIKA

Den kontinentala maktkampen mellan Frankrike och England

Första etappen

Även om Napoleon hade tvingats överge tanken på ett direktanfall mot England förblev den indirekta metoden öppen, och liksom lösningen av den förra hängde på herraväldet över Engelska kanalen, var den senare beroende av herraväldet över Europas kusthamnar. Kunde han kontrollera dem skulle Englands utrikeshandel, källan till dess ekonomiska makt, strypas och utan en tung penningpung skulle det bli omöjligt för den engelska regeringen att ge subsidier till sina kontinentala allierade, utan vilka de inte kunde hoppas besegra Napoleon. Som Paul H. Emden säger i sin bok *Money Powers of Europe in the Nineteenth and Twentieth Centuries* var "den starkaste av alla de makter som allierat sig mot Napoleon ... den brittiska ekonomins makt".

Detta var uppenbart för Charles James Fox och greve Andréossy, den franske ambassadören i London. När den förre ivrade för att Malta skulle utrymmas hade han sagt: "Måste vi alltså, för att tillfredsställa våra köpmäns ambition, utgjuta floder av brittiskt blod? ... Jag skulle hellre se blod flyta för sådana romantiska expeditioner som Alexanders, än för några guldgiriga köpmäns plumpa snikenhet." Och den senare hade några veckor före krigsutbrottet 1803 skrivit till förste konsuln för att förklara att: "I ett land vars huvudintresse är affärer, och där köpmannaklassen är så välbärgad, var regeringen tvungen att vädja till köpmännen om penningmedel för tillfälliga utgifter, och de äger rätten att insistera på att deras intressen bör beaktas i den hållning som antas." Eftersom det franska embargot på engelska varor var orsaken till en stadig nedgång i Englands handel var större frihandel det som köpmännen och bankirerna önskade sig mest av allt.

Men Napoleon vägrade överväga detta, eftersom han menade att frihandel skulle göra Frankrike till Englands gäldenär. Hans ekonomiska tänkande var detsamma som Rousseaus, som ansåg att "den fulländade staten var en som tillgodosåg alla sina behov och kunde klara sig utan utrikeshandel". Det var i enlighet med denna självförsörjningstanke som nationalkonventet på hösten 1793 hade utestängt alla brittiska varor som inte fraktades med franska fartyg och tre år senare förbjudit importen av alla av fienden tillverkade produkter för att stimulera det franska näringslivet.

Napoleon vägrade inte bara att mildra den här hållningen utan började vidareutveckla den i sitt kontinentalsystem – sitt handelskrig mot England. Två månader innan freden i Amiens bröts hade han vid ett samtal med lord Whitworth sagt: "Tror ni att jag vill riskera min makt och mitt rykte i en desperat kamp? Om jag går i krig mot Österrike kommer jag att finna ett sätt att nå fram till Wien. Om jag går i krig mot er kommer jag att ta ifrån er varenda allierad på kontinenten; jag kommer att utestänga er från varje tillträde till denna, från Östersjön till Tarantobukten. Ni kommer att försätta oss i blockad, men jag kommer i min tur att försätta er i blockad."

Det här var inte bara tomt skryt, för när kriget återupptogs i maj blev några av Napoleons första handlingar att besätta Hannover för att behärska Elbes mynning och skicka Saint-Cyr med en truppstyrka för att inta Taranto och andra hamnar i kungariket Neapel för att få ett fotfäste i centrala Medelhavet. Inte desto mindre blev det, som vi har sett, först i augusti 1805, då hotet från tredje koalitionen mognade, som han tvingades överge sitt försök att invadera England.

Även om styrkorna som samlades mot honom var ofantliga, så var de utspridda: 84 000 man i Italien under befäl av ärkehertig Karl av Österrike, 34 000 i Tyrolen, 58 000 vid Donau under befäl av ärkehertig Ferdinand och general Mack samt 55 000 ryssar under befäl av Kutuzov, som förväntades ankomma till Inn i mitten av oktober, tre veckor innan man räknade med att Napoleon skulle hinna nå fram till Donau. Kutuzov skulle följas av två arméer, en under befäl av von Bennigsen och den andra under befäl av Buxhoevden, och dessutom skulle 50 000 ryssar, svenskar, danskar, hannoveraner och engelsmän återta Hannover och invadera Holland, och 50 000 ryssar, engelsmän och neapolitaner skulle driva ut fransmännen ur Syditalien.

Trots att de allierade hade iakttagit stor sekretess var Napoleon väl medveten om deras avsikter, och för att kunna förhindra att Preussen gick med i koalitionen erbjöd han Hannover till Fredrik Vilhelm III och skickade den 24 augusti general Duroc till Berlin med fullmakt att underteckna ett fördrag. Samtidigt upplyste han Fredrik Vilhelm III om att han hade varnat Österrike för att han, om dess trupper inte drogs tillbaka till sina fredstidskvarter, skulle tränga in i Bayern i täten för över 100 000 man.

Detta ultimatum tillbakavisades den 3 september, och när de österrikiska trupperna den 8 september 1805 gick över Inn drog Maximilian IV Josef, kurfursten av Bayern, tillbaka sin armé till Würzburg och Bamberg för att invänta fransmännen. Den 26 september började *la grande armée* gå över Rhen, för att sedan i ilmarscher ge sig iväg för att anfalla österrikarna, som stod under befäl av ärkehertig Ferdinand och Mack, innan Kutuzov hann komma till deras undsättning.

Den 6 oktober nådde Napoleon fram till Donau, och den 17 oktober upprepade han sin Marengomanöver och tvingade Mack och 15 000 man att kapitulera vid Ulm, och inringade samtidigt ytterligare 13 000 under general Werneck.

Medan Fredrik Vilhelm III övervägde om han skulle acceptera erbjudandet om Hannover, kränkte Bernadottes kår Preussens neutralitet genom att tåga genom Ansbach. Alexander I pressade då kungen till att gå med i koalitionen, och Bernadottes skymf irriterade den senare så till den grad att han den 3 november tog emot Alexander I vid Potsdam och utfäste sig att i utbyte mot ryskt stöd förklara Frankrike krig om Napoleon inte drog sig tillbaka från österrikiskt territorium inom fyra veckor efter det att hans sändebud, greve Haugwitz, hade anlänt. Denne var dock motståndare till att Preussen skulle gå med i kriget och försenade därför sin avresa till den 14 november.

Föregående dag, den 13 november, hade Napoleon tågat in i Wien, varifrån han sedan trängde vidare eftersom Frans II vägrade sluta fred. Den 19 november förenade Kutuzov och Buxhoevden sina arméer vid Olmütz, och dagen därpå gick Napoleon i täten för 40 000 man – snabbt förstärkta till 65 000 – in i Brünn (Brno). Hans position där var kritisk, för inte bara var huvuddelen av hans armé fortfarande utspridd, utan vid Olmütz, sex och en halv mil nordöst om honom, stod han inför 82 500 ryssar och österrikare under befäl av Alexander I och Frans II, vilkas styrkor i mitten av december skulle komma att fördubblas genom ankomsten av Bennigsens och ärkehertig Karls arméer. Dessutom skulle vid det laget även 180 000 preussare kunna ha dragit i fält.

Lyckligtvis för Napoleon led man i Olmütz brist på proviant, och Alexander I bestämde sig trots Kutuzovs protester för att inte invänta Bennigsen utan anfalla Napoleon innan denne kunde samla resten av sin armé. Resultatet blev slaget vid Austerlitz, som utkämpades den 2 december 1805. Den allierade armén, som av Napoleon hade lockats in en felaktig ställning, tudelades och dess vänstra flygel tillintetgjordes. De allierade förlorade 12 000 man i stupade och sårade, 15 000 krigsfångar och 180 artilleripjäser. De franska förlusterna blev 6 800. Austerlitz blev Napoleons mästerstycke, och av alla sina slag var det detta som han var stoltast över. Inte sedan Fredrik den stores dagar hade något liknande skådats.

I moraliskt hänseende var den allierade katastrofen så överväldigande att Frans I omedelbart begärde vapenvila, som beviljades under förutsättning att ryssarna drog sig tillbaka från Österrike och preussarna förbjöds att överskrida dess gränser. Till en början var Napoleon beredd att lämna Österrike intakt, om Ryssland gick med på att utestänga brittiska varor från kontinenten. Men eftersom Alexander I vägrade att ta detta under övervägande inleddes underhandlingar och den 26 december 1805 undertecknades ett fredsfördrag i Pressburg (Bratislava). För Österrike var villkoren förödande: Venetien (Venedig), Istrien och Dalmatien avträddes till Napoleon, som blev kung av Italien; kejsaren avsade sig sina rättigheter som länsherre över Bayern, Württemberg och Baden; Bayern och Württemberg blev kungadömen medan Baden blev storhertigdöme; Augsburg, Nürnberg, Brixen, Trento, Tyrolen och Vorarlberg avträddes till Bayern; Österrike erhöll inget utom Salzburg och Berchtesgaden och tvingades betala ett krigsskadestånd på 40 000 000 franc.

Talleyrand var helt och hållet motståndare till dessa stränga villkor, för han ansåg att Österrike borde bevaras som stormakt eftersom det var ”ett nödvändigt bålverk mot barbarerna, ryssarna”. Men Napoleon vägrade lyssna till detta, eftersom Österrike – ett rike som var så gott som helt omgivet av fastland – hade föga betydelse för hans kontinentalsystem. Hans mål var i stället att utestänga den brittiska sjöfarten från Östersjön, med blicken fäst på Preussen och Ryssland.

Hans problem blev detta: Hur skulle han kunna sära på Preussen och Ryssland och isolera England? Även om han saknade exakt kunskap om

Potsdampakten så hade hans misstankar väckts, och för att vinna tid hade han när Haugwitz ankom låtit denne vänta tills efter slaget vid Austerlitz hade utkämpats. I stället för att lägga fram Fredrik Vilhelm III:s ultimatum tvingades Haugwitz därför i Wien den 15 december 1805 att ge sitt samtycke till ett fördrag, enligt vilket Frankrike och Preussen skulle ingå en offensiv och defensiv allians medan Preussen skulle avträda Kleve, Neuchâtel och Ansbach i utbyte mot Hannover. Två månader senare ersattes detta fördrag av ett fördrag i Paris, enligt vilket alliansen skulle vara helt och hållet defensiv, och Preussen skulle genast annektera Hannover och stänga Ems, Wesers och Elbes mynningar för England. Det här fördraget ratificerades i Berlin den 24 februari 1806, varefter England omedelbart uppbringade 300 preussiska skepp och försatte de preussiska Nordsjöhamnarna i blockad.

Napoleon ansåg att villkoren med Preussen var tillfredsställande och ägnade sig därefter åt att etablera sin dynasti och befästa det han uppnått. I mars gjorde han sin bror Josef till kung av Bägge Sicilierna och sin bror Ludvig till kung av Holland. Vidare skapade han en ny aristokrati, där Berthier, Talleyrand och Bernadotte blev furstar av Neuchâtel, Beneveto respektive Ponte Corvo, och överöste sina ledande fältherrar med andra hedersbetygelser. Samtidigt upplöste han Tysk–romerska riket och upprättade ett förbund av stater som skulle bli känt under namnet Rhenförbundet. Dess viktigaste medlemmar blev Bayern, Württemberg, Baden, Berg och Nassau. Förbundet utvidgades senare till att omfatta alla landområden väster om Elbe och Böhmen (med undantag av Bayreuth och Hannover) samt även Mecklenburg, öster om Elbe.

Fördraget som instiftade detta statsförbund ratificerades den 19 juli 1806 i Saint-Claude och Napoleon förklarades vara dess skyddsherre. Den 1 augusti löste kejsar Frans II alla kurfurstar och furstar från deras länsplikt till honom, och utropade sig till Frans I, kejsare av Österrike. Efter tusen år upphörde därmed Tysk–romerska riket att existera.

Under tiden som Napoleon bildade Rhenförbundet intrigerade han också med Ryssland och England. Av det ena riket önskade han att Alexander I skulle erkänna Josef som kung av Bägge Sicilierna, för att stärka sin ställning i Medelhavet och erhålla ön Sicilien, som fortfarande var i engelsmännens händer. Till det andra erbjöd han sig att återlämna Hannover, under förutsättning att Preussen kompenserades.

Nyheterna om dessa förslag läckte ut, och den 9 augusti 1806 gav Fredrik Vilhelm III under påtryckningar från det preussiska krigspartiet – lett av drottning Lovisa och prins Ludvig Ferdinand – order om en delvis mobilisering av hären. Sedan inträffade en incident som fick ett krig att bryta ut.

I juli hade en bokhandlare vid namn Palm i Nürnberg spritt en anonym pamflett med titeln *Deutschland in seiner tiefen Erniedrigung* ("Tyskland i dess djupaste förnedring"). Napoleon blev förorättad och befallde att bokhandlaren skulle gripas, och den 25 augusti ställdes Palm inför rätta, dömdes och arkebuserades. Denna egenmäktiga handling skapade så stor uppståndelse i Preussen att Fredrik Vilhelm III den 6 september åter öppnade Nordsjöhamnarna för de brittiska skeppen. Den 21 september lämnade kungen Berlin och begav sig till arméns högkvarter i Naumburg. Fem dagar senare sände han ett ultimatum till Paris med krav om att de franska arméer som fortfarande låg förlagda i Sydtyskland skulle dras tillbaka till andra sidan Rhen före den 8 oktober 1806.

Redaktörens sammanfattning

”Bland världens stora envåldshärskare och erövrare”, säger Fuller, ”har Napoleon endast två jämlikar – Alexander den store och Augustus.”

Den enes krigaranda delade han till fullo, liksom han delade den andres administrativa förmåga, och även om han misslyckades med att upprätta ett världsimperium så utrotade han så fullständigt de sista spåren av den medeltida uppfattningen om fria samhällen att nationer ända sedan hans tid har famlat efter hans dröm om enande.

Han var lyckosam i sitt födelseår,[1] för 1769 höll tusen år av europeisk civilisation just på att lösas upp. Den industriella revolutionen låg i sin linda: det året patenterade James Watt i England sin ångmaskin och i Frankrike körde Cugnot det första ångdrivna fordonet. Den amerikanska revolutionen var i sjudande och ur denna skulle den större revolutionen i Frankrike nå sin kokpunkt. En ny tidsålder rusade allt närmare, som bara väntade på att en snillrik man skulle gripa tag i den och forma den efter sin vilja.

Möjligen kände Guibert detta på sig när han 1779 skrev: ”En man ska stiga fram, kanske ännu vilsekommen och obemärkt i massan, en man som inte har skapat sig ett namn vare sig genom sin talekonst eller genom sin skrivkonst. En man som har grubblat i tysthet, en man som kanske i själva verket har förbisett sin egen begåvning och endast blivit medveten om sin makt först när han faktiskt har utövat den, någon som har ägnat sig föga åt studier. Denne man kommer att gripa tag om yttringar, om omständigheter, om tillfälligheter, och han kommer till den store teoretikern att säga vad den verksamme arkitekten sade till oratorn: ’Allt det som min medtävlare säger er, det ska jag utföra’.”[2]

En sådan man var Napoleon, den suveräne egoisten och arkitekten, denne helt och hållet isolerade och självupptagne man som enbart litade till sig själv och centraliserade allting. Méneval säger om honom: ”Han tog inte bara tankeinitiativet, utan ägnade också varje angelägenhet in i minsta detalj sin personliga uppmärksamhet … hans snille, vars flit var övermänskligt, fick honom att förivra sig: han kände att han ägde *förmågan* och *tiden* att handha allting … det var i själva verket han som gjorde allting.”[3]

Trots glansen från ”Austerlitz sol” var det fälttåget mot Preussen 1806 som uppvisade den napoleonska krigstekniken från dess mest dramatiska sida. Följande år såg Napoleon uppnå själva krönet av sin kejserliga makt. Men den yttre glansen av hans militära bedrifter kan endast korrekt bedömas utifrån de politiska syften som han försökte uppnå:

Det första var att göra Frankrike välordnat, välmående och framför allt ärofullt, och det andra – en följd av det första och föranlett av Englands motstånd – att upprätta ett världsimperium i form av ett förbund av kungadömen under Frankrikes beskydd. Grunden till det första lades när han blev förste konsul och under freden i Amiens, då han uppriktigt önskade sig fred för att kunna befästa det han vunnit, påbörja omfattande offentliga arbeten, ta initiativet till omfattande juridiska och sociala reformer samt stimulera vetenskapen, konsten och näringslivet – kort sagt, att fylla igen det avgrundshål som revolutionen hade skapat. Ändå omöjliggjordes freden, som vi har sett, av sammanstötningen mellan hans protektionistiska hållning och Englands behov av frihandel.

Den kamp som då började handlade inte om rätt och fel, utan om de båda överlevnadsvärden som uppstod ur den tidiga industriella revolutionen. För att England skulle kunna förbli välmående och mäktigt var exporten av dess fabriksvaror av nöden, och för att Frankrike skulle kunna bli välmående och mäktigt måste dess nyfödda industrier skyddas. Som Metternich uttryckte det: ”Alla visste att England inte kunde ge efter i den här frågan [sjöfartsproblemet], som för henne var en fråga om liv och död.”[4] Och det var just därför att Napoleon insåg detta som han förlitade sig på sitt kontinentalsystem för att kunna strypa Englands handel och därigenom undergräva dess kreditvärdighet, utan vilken landet inte kunde fortsätta att uppbåda fiender mot honom.[5]

”Engelsmännens makt”, sade han, ”vilar endast på det monopol de utövar över andra nationer, och kan endast upprätthållas genom detta.

Varför ska de ensamma skörda de frukter som även miljoner andra skulle kunna skörda?"[6] Och om igen: "Välfärden för det Europa som verkar hölja henne [England] med välvilja betyder intet för Londons köpmän. De skulle offra varenda stat i Europa, rent av i hela världen, bara för att gynna någon av sina spekulationer. Om deras skuld inte vore så stor skulle de kanske vara mer resonliga. Det är nödvändigheten av att betala denna, av att bibehålla sin kreditvärdighet, som driver dem vidare."[7]

I sin kamp mot England såg han "den grundläggande lösningen på alla de frågor" som "oroade världen och rent av enskilda människor".[8] England var därför, som han sade till Caulaincourt, hans enda fiende: "Han motarbetade endast engelsmännen", och "eftersom deras handel hade förgreningar överallt var han tvungen att förfölja dem överallt."[9] Det var ur denna förföljelse som tanken på ett världsimperium uppstod. Från att ha varit ett vapen för att krossa England blev kontinentalsystemet till ett redskap med vars hjälp en ny världsuppfattning kunde förverkligas: en veritabel alexandersk vision – ett Europa förenat i endräkt.

"Vad vi än anser om detta storslagna projekt", fortsätter Fuller, "var det en styggelse för England, eftersom landet inte kunde hysa några förhoppningar om att överleva som den dominerande sjömakten om Europa bildade ett förbund. Konflikten mellan England och Frankrike var därför en strid på liv och död." År 1806 tydde Napoleons begåvning på att det inte skulle bli Frankrike som gick under i den kampen. Det är därför här ett lägligt tillfälle att granska de personliga egenskaper, det instrument och de metoder som gjorde det möjligt för honom att bländа världen.

Som fältherre i fält var hans energi fenomenal. Under en frammarsch höll han sig vanligtvis kvar i kön, men när man närmade sig fienden begav han sig framåt. Han såg allting med egna ögon, för som han sade: "En fältherre som måste se saker och ting med andras ögon kommer aldrig att kunna kommendera en armé så som den bör bli kommenderad."[10] Tid var allt för honom: dagen för att iaktta, kvällen för att arbeta. "Kejsaren", skriver Caulaincourt, "steg alltid upp klockan elva på kvällen, eller som senast vid midnatt, då de första depescherna från armékårerna överbringades", och efter att ha arbetat med dem under två till tre timmar, utfärdade han sina order för följande dag.[11] Han hade anammat den här metoden för att trupperna vid reveljen skulle erhålla order baserade på de allra senaste underrättelserna. "Tidsförlusten", sade han en gång,

”var oersättlig i krig; skäl som uppgavs som ursäkter för den var alltid dåliga, för operationer misslyckas endast genom förseningar.”[12]

Som soldat var Napoleon dubbelt gynnad i sitt födelseår, för mellan sjuårskrigets upphörande och slutet av århundradet genomgick den franska militära organisationen och följaktligen också taktiken djupgående förändringar. Även om flintlåset förbättrades föga[13] gjorde artillerikonsten, som vi har sett, stora framsteg tack vare Gribeauval, och Napoleon var i allra högsta grad en artillerist, som i sin ungdom hade studerat Benjamin Robins *New Principles of Gunnery*.[14] På grund av muskötens korta effektiva räckvidd kunde fältartilleriet under den här tidsperiodens drabbningar galoppera fram till ett avstånd av 350 meter från fienden och bombardera dess bataljoner i stycken. Ändå dröjde det, märkligt nog, ända till slutet av Napoleonkrigen innan man till fullo insåg betydelsen av detta.

År 1759 hade marskalk de Broglie, tack vare Moritz av Sachsens experiment, infört divisionsprincipen, som år 1804 blev grunden för Napoleons armékårer – fullständigt självförsörjande truppenheter. Men den största innovationen av alla var införandet av allmän värnplikt, som till sist stadfästes av general Jourdan och de femhundrades råd 1798. Även om det inte låg något nytt i tanken på tvångsrekrytering, placerades den under direktoriet på nationell grund, där lagen tvingade varje arbetsför manlig medborgare att från sitt tjugonde till sitt tjugofemte år tjäna sitt land. Värnplikten gjorde inte bara Napoleons erövringspolitik möjlig, utan den förändrade radikalt infanteritaktiken genom att öka de menigas genomsnittsintelligens.

Även om de franska värnpliktigas utbildning var försumbar blev deras taktik individuell och elastisk, grundad mer på man och musköt än på ett mekaniskt avfyrande av salvor. Vid en skärmytsling var skyttarna, sade sir Robert Wilson, ”lika skarpsynta som vesslor och lika lättrörliga som ekorrar”.[15] Och hertigens av York adjutant skrev: ”Aldrig har en jagad räv blivit så tvingad att ta till flykten som vi blev, understundom nästan omringade.”[16] Om de värnpliktiga sade en preussisk officer: ”I skogarna, då soldaterna bryter leden och inte har några exercisdrillar att utföra utan bara ger eld i skydd av träden, är de inte bara jämbördiga utan överlägsna oss. Våra män, som är vana vid att strida sida vid sida på öppet fält, fann det svårt att anamma denna synbarliga oordning, som likväl var nödvändig om de inte skulle bli till fiendens måltavlor.”[17] Lika viktigt var att den franska soldaten försörjde sig på fiendelandet och att de franska trossarna därför bara behövde en bråkdel av de djur som stod att finna i de preussiska proviantkolonnerna. Detta bidrog enormt till fransmännens rörlighet.

Sådan var den armé som Napoleon ärvde – aktiv, rörlig, intelligent och fanatisk, men svag vad gällde disciplin. ”Han var beredd att medge”, säger Caulaincourt om kejsaren, ”att denna krigföringsmetod inte tillät sträng disciplin, eftersom trupperna tvingades livnära sig utan vederbörliga ransoner.”[18] Inte desto mindre var det en farlig princip att utgå från: efter Eylau ägnade sig 60 000 man åt plundring[19] och inför Wagram var tusentals män berusade.[20] Ändå förblev arméns anda stadig i moralisk styrka. Det var en armé som snarare var inspirerad än drillad, och som var helt olik de österrikiska, preussiska, ryska och brittiska arméerna. Om de sistnämnda ger oss Gourgaud följande upplysning: ”Hans majestät finner den engelska disciplinen vara alltför sträng; den överlåter inte tillräckligt åt ens ära.”[21]

Som strateg förblir Napoleon oöverträffad, och även i detta avseende gynnades han av sin samtid, eftersom vägarna höll på att förbättras av sådana män som Thésaguet i Frankrike och McAdam i England. Ökat välstånd krävde bättre vägar och när dessa väl byggdes blev regionerna genom vilka de passerade alltmer välmående, vilket följaktligen underlättade för arméerna att försörja sig av den mark som de marscherade igenom. De kunde därför klara sig utan det gamla magasins- och depåsystemet som härrörde från Marlboroughs och Turennes tid.

Napoleon, som själv var en mästerlig vägbyggare, uppskattade till fullo denna förändring och grundade till stor del sin strategi på den. Under fälttåget som ledde fram till Ulm sade hans män: ”Kejsaren har upptäckt ett nytt sätt att föra krig: han låter oss använda benen istället för våra bajonetter.”[22] Eller som han själv uttryckte det: ”I krigets konst, liksom i mekanikens, är tiden den viktigaste faktorn mellan tyngd och kraft.”[23]

Om man betraktar snabbheten som strategins själ, kan planeringen liknas vid dess kropp. Napoleon hade alltid en utarbetad plan – en strategisk men inte nödvändigtvis taktisk sådan – för vad han avsåg att göra, men den tog föga eller inga hänsyn till fiendens sannolika avsikter. År 1807 sade han till Soult: ”Man bör aldrig försöka gissa vad fienden kan tänkas göra. Min avsikt är alltid densamma”,[24] vilket innebar att han gav fritt spelrum åt sin initiativförmåga. Hans plan var undantagslöst offensiv. ”Inom strategin är det ett axiom”, skrev han redan 1793 i *Le Souper de Beaucaire*, ”att den som stannar kvar bakom sina förskansningar är slagen; på denna punkt är erfarenhet och teori eniga.” På Saint Helena sade han också: ”Jag tänker, kort sagt, som Fredrik [den store], man måste alltid anfalla först.”[25]

Hans taktik var lika offensiv som hans strategi. Under alla hans många fälttåg finns det bara ett enda exempel på ett helt defensivt fältslag, det vid Leipzig den 18 oktober 1813. En anledning till detta var hans aggressiva temperament, en annan var, som han själv sade: ”Övergången från en defensiv hållning till en offensiv är en av de operationer som är vanskligast av alla.”

Som taktiker ägde han ett underbart öga. ”Ett fältslags utgång”, sade han, ”handlar om ett enda ögonblick, en enda tanke ... det avgörande ögonblicket infinner sig, stridsmoralens gnista flammar upp och minsta reserv avgör saken.”[26] Och om igen: ”I drabbningar finns det ett ögonblick då den obetydligaste manöver blir avgörande och skänker segern; den blir den vattendroppe som får kärlet att rinna över.”[27] Caulaincourt skriver följande om honom som taktiker: ”Även när han jagade fienden i vild flykt framför sig, eller mitt i stridens hetta under en av sina största segrar, höll kejsaren, oavsett hur utmattad han var, alltid ett vakande öga på ställningar som kunde hållas i händelse av ett bakslag. I detta avseende hade han ett häpnadsväckande minne för lokalförhållanden. En trakts topografi tycktes avbildas i relief i hans huvud. Aldrig förr har en man förenat ett sådant minne med ett mer uppslagsrikt snille. Han verkade få fram män, hästar och kanoner från jordens själva innandöme.”[28]

Efter hand som hans krig blev alltmer utdragna urartade hans infanteri och även om han sade ”det är inte nog med att soldaten bör skjuta, han måste skjuta bra”[29] så var han inte särskilt intresserad av muskötskytte. År 1800, dagen före övergången av Stora Sankt Bernhards-passet, finner vi till exempel Berthier ge order om att alla hans rekryter bör avfyra några skott så ”att de blir insatta i med vilket öga de bör sikta och hur de bör ladda sina musköter”.[30] Inte förrän 1811 hör vi Napoleon godkänna skjutövningar för rekryter, och då endast om undermåligt krut användes.[31] Sanningen är den att han genomgående förlitade sig mer på kanonen än på musköten. ”I belägringskrig, liksom på öppet fält”, sade han, ”är det kanonen som spelar huvudrollen; den har åstadkommit en fullständig revolution ... Det är med artilleri som kriget förs.”[32] Detta uttalande stöds av följande siffror: Under slaget vid Malplaquet avfyrade fransmännen 11 000 kanonskott, vid Wagram 71 000 och vid Leipzig 175 000. Och medan de franska artilleripjäserna under Henrik IV uppgick till 400, under Ludvig XIV till 7 192, under Ludvig XV till 8 683 och under Ludvig XV till 10 007, så uppgick de under Napoleon år 1815 till 27 976.[33]

> Trots att Napoleon var utbildad artillerist utvecklade han, hur underligt det än kan verka, sin artilleritaktik långsamt. Så sent som vid slagen vid Eylau (1807), Friedland (1807) och Aspern (1809) stångade hans infanteri sig sönder och samman mot fiendens kanoner. Efter Aspern koncentrerade han sitt artilleri mot anfallspunkten, och vid Wagram (1809) och Borodino (1812) sprängde han stora luckor i fiendens linjer och kolonner. ”Vid varje tillfälle som bruket av artilleri misslyckades, på grund av bristen på detta vapen, tvingades Napoleon tillgripa en rad på varandra följande insatser, vilka för honom medförde ofantliga kostnader i styrkor och tid.”[34]

Den preussiska armé mot vilken Napoleon marscherade 1806 var ett arv efter Fredrik den store, överväldigande i antal (över 200 000) och ryktbarhet. Men för praktiska ändamål var den, som Fuller säger, ”ett museiföremål”, oförmöget att mäta sig mot den franska taktiken, och dess överbefäl var uppdelat och odugligt. Det råder därför något otvivelaktigt falskt över den stora triumf vars minne än i dag hedras med den magnifika Pont de Jena över Seine. En närmare betraktelse av tilldragelsen bekräftar detta: medan Napoleons huvudstyrka höll på att vinna slaget vid Jena den 14 oktober handlade kejsaren själv under en villfarelse. Han trodde att han hade preussarnas huvudstyrka framför sig, medan denna i själva verket befann sig vid Auerstädt, drygt två mil längre bort. Där mötte den och drabbade samman med marskalk Davout och hans III. armékår, som bestod av 26 000 man med 44 pjäser – mot 60 000 preussare med 230 pjäser. Som Fuller kommenterar: ”Medan Napoleon vid Jena utkämpade ett slag som han tack vare sin numerära överlägsenhet inte kunde förlora … var Davout inbegripen i ett annat, som han enligt krigets alla regler inte kunde vinna.” Men *ändå* vann han det – en lysande vapenbragd som alltid har haft en benägenhet att glömmas bort på grund av kejsarens propagandaovationer. Inte desto mindre är det ett faktum att den dubbla segern vid Jena–Auerstädt blev avgörande, och det som omedelbart följde därefter länder Napoleons militära ryktbarhet till större heder än själva slaget:

> På morgonen den 15 oktober inleddes en av historiens mest berömda förföljelser: Murat, Soult, Ney och Bernadotte tog itu med att förfölja spillrorna av de slagna arméerna och tillintetgöra allt motstånd, medan Napoleon, Davout, Augereau, Lannes och Kejsargardet begav sig längs

vägen till Berlin. Vidare fick Louis och Mortier order om att rycka fram in i Hessen.

Den 27 oktober 1806 tågade Napoleon i triumf in i Berlin, men trots att fredsvillkoren hade diskuterats och avgjorts vägrade Fredrik Vilhelm III till sist att ratificera dem. Han hade nämligen mottagit en depesch från Sankt Petersburg som upplyste honom om att Alexander I skulle komma till hans undsättning med 140 000 man om han höll fast vid sin allians med Ryssland. Under tiden kapitulerade fästning efter fästning – Erfurt, Prenzlau, Spandau, Stettin (Szczecin), Küstrin (Kostrzyn), Magdeburg och Hameln – och den 7 november kapitulerade även Blücher vid Lübeck. Därmed krossades på 24 dagar hela Preussens och Sachsens militärmakt: 25 000 män hade stupat eller sårats, 100 000 hade tagits tillfånga och de återstående förbanden hade upplösts och skingrats. Enbart i Berlin uppgick det enorma krigsbytet till 4000 artilleripjäser, 20 000 hästar och 100 000 musköter.

Strategiskt och taktiskt har få segrar varit så avgörande som de vid Jena och Auerstädt; inte desto mindre misslyckades Napoleon med att uppnå sitt politiska mål. Preussens nederlag ledde inte till att England drog sig ur kriget, och det var på grund av detta som de båda slagen skulle komma att få ett så djupgående inflytande på historien. De förde inte med sig fred, och under krigsåren som följde på dem blev Europa så utmattat att fältet, när Napoleon slutligen störtades, stod fritt för England att bli världens verkstad och bankir, just det som Napoleon hade försökt förhindra.

Preussens nederlag gjorde det möjligt för Napoleon att göra sitt nästa drag mot sin huvudfiende – England. Den 21 november 1806 utfärdade han sitt berömda Berlindekret, vars första artikel lydde: ”De brittiska öarna förklaras i ett tillstånd av blockad.” Syftet med Berlindekretet var att rikta ett ödesdigert slag mot den brittiska handeln. Fuller skriver:

Detta dekret blev hörnstenen i den napoleonska politiken. Varje nation som erkände det blev Frankrikes vän, varje nation som vägrade erkänna det blev dess fiende.

England gick genast till motangrepp. Den 7 januari 1807 kungjordes en kunglig förordning enligt vilken neutrala stater, vid straffpåföljd av konfiskering av skepp och last, förbjöds att idka handel mellan vilka två hamnar som helst som Frankrike eller dess förbundna var i besittning av.

Napoleon svarade den 27 januari med ett påbud om att engelska varor och kolonialprodukter i hansestäderna skulle beslagtas. Det var på detta sätt som det verkliga slaget utkämpades.

Men Ryssland var fortfarande i fält, och eftersom Alexander I, det brittiska kreditsystemets kontinentala förkämpe, vägrade att träffa en uppgörelse bestämde sig Napoleon för att krossa honom.

Bennigsen befann sig i Warszawa med 60 000 ryssar och Buxhoevden skulle inom en månad vara redo med ytterligare 40 000. Napoleon hade den 25 november 1806 lämnat Berlin och begivit sig till Posen (Poznań), och den 28 november tågade Murat in i Warszawa, följd av kejsaren den 18 december. Vid det laget hade de båda ryska arméerna förenats under befäl av Kamenskij, som den 8 februari 1807 anfölls av Napoleon i en förblindande snöstorm vid Eylau i Ostpreussen. Ett ytterst blodigt slag följde, men utan någon avgörande fransk seger eftersom ryssarna lyckades dra sig tillbaka i god ordning. För första gången hade Napoleon misslyckats i ett regelrätt fältslag, och den 16 april undertecknade Ryssland och Preussen Bartensteinfördraget, enligt vilket Alexander I och Fredrik Vilhelm III förband sig att driva ut fransmännen ur Tyskland. De fick stöd av Storbritannien, som åtog sig att betala Preussen subsidier på 1 000 000 pund och skicka 20 000 man till Stralsund för att förstärka de 16 000 svenskarna som stod under befäl av Gustav IV Adolf.

Napoleon lät därefter Lefebvre belägra Danzig, efter vars kapitulation Bennigsen dåraktigt nog tog till offensiven. Den 14 juni besegrades han fullständigt av fransmännen i slaget vid Friedland. Det blev en avgörande seger och tsaren begärde inte bara fred utan föreslog också en allians med sin besegrare.

Den 25 juni möttes de båda kejsarna på en flotte förtöjd mitt ute i floden Niemen (Neman) och diskuterade fredsvillkoren under tre timmar, medan Fredrik Vilhelm III inväntade deras beslut i regnet på flodstranden. Vad Napoleon framför allt önskade sig var en återgång till Paul I:s väpnade neutralitetsförbund, som innebär att Östersjön stängdes för engelska skepp. Detta enades man om, och den 7 juli undertecknades freden mellan Frankrike och Ryssland. Två dagar senare undertecknades freden i Tilsit mellan

Frankrike och Preussen, enligt vilken Preussen förlorade sina besittningar väster om Elbe, de polska provinser som hade annekterats 1793 och den södra delen av Västpreussen som erövrades 1772 medan Sachsen erhöll storhertigdömet Warszawa. Danzig gjordes till en fri riksstad och Preussen, som nu inskränkts till hälften av sin tidigare utbredning, åtog sig att med Frankrike och Ryssland vidta gemensamma åtgärder mot England. Napoleons triumf verkade vara fullständig.

KRÖNIKA

Den kontinentala maktkampen mellan Frankrike och England

Andra etappen

Även om Napoleon nu hade nått krönet av sin makt var hans uppgift långtifrån slutförd, eftersom England fortfarande vägrade sluta fred. Och inte förrän det skedde skulle det bli någon fred i Europa. Omedelbart efter återkomsten till Paris utvidgade han därför radien för kontinentalsystemet. Den 19 juli 1807 gav han Portugal en varning om att det skulle vara till dess fördel att före den 1 september stänga sina hamnar för brittisk sjöfart, och den 31 juli skickade han en snarlik varning till Danmark, vilken den 16 augusti följdes av ett krav på att den danska flottan skulle samverka med den franska. Men England, som redan hade fått ögonen på den flottan, hade den 16 juli sänt iväg Alexander Gambier och en stark expeditionsstyrka till Öresund för att kräva att flottan kapitulerade. Eftersom danskarna vägrade att gå med på detta bombarderades utan krigsförklaring Köpenhamn den 2 september 1807, och när staden kapitulerade den 7 september uppbringades 18 linjeskepp och 52 andra örlogsfarkoster. Efter denna egenmäktiga handling förenade sig Danmark med Frankrike och förklarade England krig.

Med det köpenhamnska spektaklet inför ögonen vägrade portugiserna att stänga sina hamnar, så för att tvinga dem till det slöt Napoleon ett fördrag med Spanien om en förenad invasion av Portugal och sände general Junot med 28 000 man för att marschera genom Spanien mot Lissabon. Därmed uppstod kriget på Pyreneiska halvön, vars följdverkningar skulle visa sig bli en lika avgörande faktor i Napoleons slutgiltiga fall som hans katastrofala ryska fälttåg. Den portugisiska flottan undkom honom, eftersom regenten efter brittisk övertalning motvilligt hade tagit sin tillflykt ombord på flaggskeppet i sir Sidney Smiths eskader i Tajofloden och sedan avseglat till Brasilien tillsammans med den portugisiska flottan. Irriterad över detta bakslag bestämde sig Napoleon för att ta de spanska hamnarna i besittning, i synnerhet Cádiz.

I mars 1808 abdikerade Karl IV av Spanien till förmån för sin son Ferdinand VII (1808 samt 1814–1833). Napoleon vägrade erkänna den senare, tvingade honom att avsäga sig kronan och satte i hans ställe Josef Bonaparte, som då var kung av Neapel, på den spanska tronen. Utnämningen var lika oklok som olycklig, eftersom Spanien redan befann sig i uppror och Josef, trots att han förutom Junots armé i Portugal hade omkring 90 000 franska trupper i Spanien, inte var rätt man att slå ner en revolt. Napoleon, som bara trodde att revolten var en fråga om banditer, instruerade sin bror att sända ut flygande kårer för att skingra dem. Josef gjorde detta och beordrade den största, 22 000 man stark och under befäl av general Dupont, att kväsa upproren i Sevilla och Cádiz. Vid Bailén stötte Dupont den 19 juli 1808 på svårigheter och sträckte fyra dagar senare i vanära vapen inför general Castaños Arragorri.

Bailén var den största katastrof som en fransk armé hade mött sedan Belliard och Menou kapitulerade i Egypten 1801, och var i jämförelse med denna mer olycksbådande. Den ledde nämligen till ett uppror mot Napoleons despotism, där upphovsmännen inte var kungar utan vanligt enkelt folk, och utan folkligt stöd var hans sak, vad som än hände för övrigt, dömd till undergång. De omedelbara följderna av Bailén blev att Madrid utrymdes den 1 augusti, att en brittisk expeditionskår under befäl av sir Arthur Wellesley två dagar senare landsteg i Portugal och att Junot den 21 augusti led ett nederlag vid Vimeiro. Under tiden hade Napoleon beordrat tre veterankårer under befäl av Victor, Mortier och Ney att tåga mot Spanien. I ett brev riktat till Georg III, gemensamt undertecknat av Napoleon själv och tsar Alexander I, ombads den engelske kungen att överväga en allmän fred. Men det ledde inte till något, så den 30 oktober lämnade kejsaren Paris i täten för 200 000 man och invaderade Spanien. Den 2 december – årsdagen av Austerlitz – stod han utanför Madrid.

Under tiden hade befälet för de brittiska styrkorna i Portugal den 6 oktober överlåtits till sir John Moore, och för att avleda Napoleon från hamnarna i Sydspanien satte han igång med att skära av de franska förbindelselinjerna vid Burgos. När han den 23 december nådde fram till Sahagún och fick veta att Napoleon hade lämnat Madrid och ryckte fram mot honom, inledde han en reträtt mot Vigo och Coruña del Conde. Kejsaren förföljde honom så långt som till Astorga, men överlämnade där armén till Soult och skyndade tillbaka till Paris. Anledningen till den plötsliga avresan var att han hade fått veta att Talleyrand, Fouché och Murat intrigerade med greve Metternich, den österrikiske ambassadören i Paris, och i hemlighet uppmuntrade Österrike att vända sig mot honom, och att även Joséphine var inblandad. Bakom detta såg han vad han kallade den "osynliga handen", hans oförsonliga fiender: Londons och Amsterdams bankirer och köpmän. Förvissad om att en ny världsbrand var i förebådande satte han igång med att uppbåda 800 000 man, och när Österrike i mars förklarade krig hade han till sitt förfogande 300 000 man i Spanien, 100 000 i Frankrike, 200 000 i Rhenförbundets olika stater och 60 000 i Italien. Den österrikiska fältarmén räknade 265 000.

Den 10 april 1809 överskred österrikarna under befäl av ärkehertig Karl gränsen till Bayern, men blev den 22 april slagna vid Eckmühl och förlorade nära 40 000 man. Den 13 maj tågade Napoleon in i Wien, och nio dagar senare utkämpades det blodiga slaget vid Aspern–Esslingen, i vilket marskalk Lannes blev dödligt sårad. Napoleon led nästan ett nederlag, vilket sände en ilning av hopp genom hela Europa. Den 5–6 juli följde det hårdnackat utkämpade slaget vid Wagram, i vilket ärkehertig Karl besegrades. Detta ledde till undertecknandet av fredsfördraget i Schönbrunn den 15 oktober 1809, enligt vars villkor Österrike tvingades avträda stora områden till Bayern, Frankrike, Ryssland och Sachsen, begränsa sin armé till 150 000 man och betala ett krigsskadestånd på 75 000 000 franc. I januari 1810 undertecknades ett fördrag mellan Frankrike och Sverige, och under samma månad skilde sig Napoleon från Joséphine. Den 11 mars äktade han Marie Louise, Frans I:s dotter, såväl för att få en arvinge som för att stärka sin ställning gentemot Ryssland. För att skärpa blockaden annekterade Frankrike den 9 juli genom ett kejserligt edikt Holland. En månad senare valde svenska riksdagen Bernadotte, furste av Ponte Corvo, till svensk kronprins och i oktober förklarade Sverige England krig.

Så långt hade kriget mellan de franska och engelska "systemen" gått bra för Napoleon, i synnerhet vad gällde annekteringen av Holland, som ledde till en kraftig nedgång för den brittiska handeln och till en ekonomisk kris som förvärrades genom missväxtåren 1809 och 1810. Att England tillät spannmålsimport, belagd med tunga pålagor, ledde tillsammans med kostnaderna för att upprätthålla Wellingtons armé i Spanien till att den i London deponerade ädelmetallen snabbt länsades. Åderlåtningen blev till slut så uttalad att endast Frankrike hade ädelmetall deponerad i banken. Sir Francis Baring, som ansågs vara Europas ledande köpman, och hans vänner insåg att något måste göras för att bryta Napoleons grepp om London, eftersom England skulle tvingas till underkastelse på grund av bankrutt om man inte lyckades övertala Alexander I att lämna kontinentalsystemet.

Napoleon ville inte ha krig, han ville ha fred, men fred på sina egna villkor, vilket innebar ett tillintetgörande av det engelska systemet. Minst av allt ville han ha krig mot Ryssland, eftersom tsar Alexander I inte bara var hans bundsförvant utan också kontinentalsystemets stöttepelare.

År 1810 hade Alexander I börjat ge med sig och acceptera engelska varor. Därefter tillät han 600 engelska handelsskepp, som hade jagats ut från Östersjöhamnarna, att lossa sin last i Ryssland. För att utöva repressalier och skärpa blockaden annekterade Napoleon storhertigdömet Oldenburg, en handling som djupt förorättade tsaren eftersom storhertigen var hans svåger. Situationen förvärrades sedan så snabbt att Napoleon anmärkte: ”Det kommer att bli krig trots mig, trots kejsar Alexander, trots Frankrikes intressen och Rysslands intressen. Jag har sett detta så ofta att det är mina tidigare erfarenheter som avslöjar framtiden för mig … Alltsammans är en operascen och engelsmännen kontrollerar teatermaskineriet.” När han befann sig på Saint Helena sade han till Las Casas: ”Ryssland var Englands sista utväg. Hela världens fred vilade på Ryssland. Tyvärr! Engelskt guld visade sig mäktigare än mina planer.”

Till sist kom krisen. Den 12 januari 1812 sände Alexander I, som hade slutit ett hemligt fördrag med England, Napoleon ett ultimatum med krav om att samtliga franska trupper skulle dras tillbaka väster om Oder, ett krav som Napoleon inte kunde acceptera.

Napoleon var väl förberedd för att anta utmaningen eftersom han hade uppbådat en enorm armé om 680000 man, uppskattningsvis 500 000 infanterister, 100000 kavallerister och nästan 1 400 fält- och belägringspjäser. I början av maj samlade han 450 000 man vid Weichsel (Wisła). Mot honom stod två ryska arméer, den ena under befäl av Barclay de Tolly och den andra under Bagration. Den förra räknade 127 000 man och var utsträckt längs en enorm frontlinje: Schaulen (Šiauliai)–Vilna (Vilnius)–Pruzana (Pruzjany). Den senare, helt åtskild från den förra, befann sig vid Lutsk, söder om övre Prypjat, och räknade 66 000.

Napoleons tanke, snarare än plan, var att rycka fram mot Vilna och bryta igenom Barclays högra flygel, för att sedan anfalla centerns och vänstra flygelns förbindelselinjer och slutligen skära av honom från Bagration. På småtimmarna den 24 juni 1812 började *la grande armée* gå över Niemen (Neman) vid Kovno (Kaunas), Piliuona och Hrodna (Grodno), och Barclay ryckte tillbaka. Den 28 juni tågade fransmännen in i Vilna och blev kvar där till den 16 juli. Förseningen, som berodde på att trossvagnarna blivit hejdade, blev ödesdiger eftersom de båda ryska arméerna därigenom fick möjlighet att förena sig i Smolensk den 1 augusti. I Vitebsk bestämde sig Napoleon på nytt för att göra halt under två veckor, den här gången för att samla upp eftersläntrare och upprätta magasin. Därefter anföll han den 16, 17 och 18 augusti fienden, men i och med att han misslyckades med att skära av vägen till Moskva blev det åter möjligt för ryssarna att dra sig tillbaka.

Det anses allmänt att Napoleon borde ha gått i vinterkvarter i Smolensk och återupptagit fälttåget följande vår. Men detta var inte praktiskt genomförbart, eftersom han inte kunde försörja sin armé där. Dessutom hade Karl Johan gjort gemensam sak med Ryssland och befann sig i ett utmärkt läge för att med engelskt bistånd kunna anfalla honom i ryggen. Endast en av två möjliga åtgärder stod honom till buds: att ge upp fälttåget eller fullfölja det. Den förra åtgärden skulle betyda en seger för England, medan den senare innebar att han måste ge sig in på vågspelet att en erövring av Moskva skulle tvinga tsaren att träffa en uppgörelse. Här tillät sig Napoleon för första gången att låta politiken inkräkta på strategin – hans mål blev att erövra en geografisk plats i stället för att tillintetgöra fiendearmén.

Napoleon visste att fienden hade blivit demoraliserad genom de ständiga reträtterna och att Barclay hade ersatts av den eldfängde Kutuzov, vilket innebar strid, och han accepterade den kastade tärningen. Den 7 september utkämpade han det blodiga och oavgjorda slaget vid Borodino (utanför Moskva), i vilket han förlorade 28 000 man i döda och sårade och ryssarna 45 000. Kutuzov ryckte tillbaka genom Moskva och övergav staden, som Napoleon den 14 september tågade in i och besatte.

Resten av historien kan beskrivas i ett enda ord – katastrof. Mellan den

15 och 19 september brändes tre fjärdedelar av Moskva, förmodligen oavsiktligt. Ett väldigt gerillakrig hade redan inletts mot de franska förbindelselinjerna och eftersom tsaren vägrade att förhandla blev det omöjligt att stanna kvar i Moskva. Staden övergavs den 19 oktober och i täten för 108 000 man och 569 artilleripjäser inledde Napoleon återtåget till Smolensk. Dagen därpå kom den första frosten och den 4 november började det snöa. Den 28 och 29 november utkämpades slaget under övergången av Berezina (Byerezino), i vilket 25 000 fransmän stupade eller sårades. ”Där”, skriver markisen de Chambray i sin *Histoire de l'expédition de Russie*, ”slutade karriären för *la grande armée*, som hade fått Europa att darra; den upphörde att existera i militär mening, och dess enda trygghet låg nu i vild flykt.” Vid Smorgon (Smorgonie) överlämnade Napoleon den 5 december överbefälet till Murat och begav sig till Paris åtföljd av Caulaincourt och några andra. Under färden sade han, den ständige optimisten, till Caulaincourt: ”Ryssarna borde av alla betraktas som ett gissel. Kriget mot Ryssland är ett krig som helt och hållet ligger i det gamla Europas och civilisationens intressen, om dessa intressen är korrekt bedömda ... De motgångar som Frankrike just har lidit kommer att göra slut på all den avundsjuka och tysta all den oro som kan tänkas ha sprungit ur hennes makt eller inflytande. Europa bör ha en enda fiende i åtanke. Och den fienden är kolossen Ryssland.”

På kvällen den 18 december förde kejsarens vagn i full galopp Napoleon under triumfbågen, och när klockan slog den sista kvarten före midnatt steg han välbehållen ut vid Tuileriernas huvudentré.

Slaget vid Leipzig 1813

I och med Napoleons återtåg från Moskva ändrade hela kriget karaktär. Med undantag av Spanien hade han hittills haft monarkier som motståndare, men i fortsättningen skulle han möta motstånd från folk som var besatta av samma anda av självständighet som franska revolutionen i hans ungdom hade uppväckt i Frankrike, och som 1792 hade drivit ut hertigen av Braunschweig ur Champagne. Nu, år 1813, skulle just denna samma anda avvisa den man som, i och med att han hade upphöjt Frankrike till en lika privilegierad ställning bland nationerna som *l'ancien régime* hade innehaft gentemot det franska folket, hade sått ett upprorsfrö bland alla de länder som han hade besegrat. Moskvas lågor satte andligen eld på hela kontinenten, och slaget på Leipzigs slätter har följaktligen med all rätt blivit känt som "nationernas slag" – ett slag ur vilket ett nytt Europa skulle framträda.

Napoleon hade föga insikt om denna djupgående förändring och därför framstod den komplexa situation som han mötte vid sin återkomst till Paris inte som desperat. Även om han hade lidit en prestigeförlust, så var hans militärmakt endast tillfälligt lamslagen. Bakom sig hade han det krigströtta men ändå lojala Frankrike. Italien, de illyriska provinserna, Nederländerna och hela Tyskland, med undantag av Preussen, var fortfarande hans, och såväl Preussen som Österrike var i förbund med honom. Endast England och Ryssland var hans fiender. Det förra riket höll sina styrkor i Spanien, det andra var bankrutt och splittrat mellan Kutuzovs fredsparti, som menade att kriget borde upphöra vid gränsen till Preussen, och Alexander I:s krigsparti, vars mål var att krossa Napoleon. Ändå insåg tsaren att han inte på egen hand skulle få med sig Ryssland.

För Napoleon var de båda tveksamma storheterna Preussen och Österrike. Men det förra riket var så militärt försvagat att han om det skulle överge honom – vilket verkade troligt – var övertygad om att han kunde krossa såväl det som Ryssland. Det senare utgjorde ett allvarligare problem, för om Österrike gjorde gemensam sak med Ryssland och Preussen skulle han antingen ställas inför ett krig på två fronter eller också inför en överväldigande sammanslutning på en enda. För att förvissa sig om Österrikes neutralitet inledde han vid återkomsten till Paris därför genast underhandlingar med sin svärfar.

Även England förhandlade just då med Österrike, och detta fick Napoleon kännedom om genom greve Otto, hans minister i Wien.[1] Men Österrike spelade ett dubbelspel: riket ville inte att de barbariska ryska horderna skulle tränga in och skövla dess besittningar, men ville däremot bli kvitt franskt förmyndarskap. Riket var ännu inte redo för krig och dess hållning blev därför att försöka vinna tid.

Under tiden ägde en händelse rum vid Niemen (Neman) som skulle visa sig bli avgörande. Den 30 december 1812 slöt general Yorck von Wartenberg, som förde befäl över 30 000 preussare – halva marskalk MacDonalds arriärgarde – med ryssarna fördraget i Tauroggen (Taurage), enligt vars villkor hans kår förklarades vara neutral.

Denna oväntade desertering fick två följder. Den första var att Murat, som fortfarande förde befäl över återstoden av *la grande armée*, tvingades rycka tillbaka, och den 16 januari 1813, tre dagar efter det att den ryska huvudarmén hade gått över Niemen, överlämnade han sitt befäl[2] till Eugène de Beauharnais, Italiens vicekung, som var en inkompetent palatsgeneral. Den andra var att Yorcks avfall gav signalen till ett stort folkuppror i Preussen, som den 26 februari föranledde Fredrik Vilhelm III att ingå en angrepps- och försvarspakt med Ryssland vid Kalisch (Kalisz). Enligt dess villkor påtog sig Ryssland att tillhandahålla 150000 man och Preussen att bidra med 80000. Den 13 mars offentliggjordes pakten och Preussen förklarade Frankrike krig. Det ryska krigspartiet hade därmed försäkrat sig om sitt mål.

I Preussen gav krigsförklaringen upphov till vild entusiasm. Ett massuppbåd proklamerades. Varje man som inte ingick i den reguljära armén eller lantvärnet skulle stödja armén genom att anfalla fienden i ryggen och slå till mot dess förbindelselinjer. Folket skulle kämpa till sista blodsdroppen och med alla medel som stod dem till buds. Fienden skulle trakasseras, dess förrådslinjer avskäras och dess eftersläntrare massakreras. Ingen skulle bära uniform och när fienden närmade sig skulle man förstöra alla livsmedelsförråd och kvarnar, bränna alla broar och båtar och sedan överge byarna för att söka sin tillflykt i skogarna och bergen. ”Sådana”, skriver Fain, ”är de nya medel som ... Napoleons fiender ämnar använda mot honom.”[3] Det skulle bli en upprepning av år 1792.

Under tiden gick ryssarna den 18 januari 1813 över Weichsel (Wisła) och tågade in i Warszawa den 7 februari. Eugène lämnade kvar garnisoner i Danzig (Gdańsk), Graudenz (Grudziadz), Thorn (Toruń), Modlin och andra fästningar – 54 000 man allt som allt, av vilka 33 000 var fransmän – och övergav i början av mars linjen vid Oder (Odra) och ryckte tillbaka mot Elbe, eftersom han fruktade folkupproren och de annalkande ryssarna. Där fick han av Napoleon order om att utrymma Dresden och koncentrera sina styrkor till Magdeburg. Den 12 mars tvingades Eugène på grund av avståndet att överge Hamburg, som intogs av Tettenborn och hans kosacker, vilka möttes av stadsbornas jubel.

Napoleon var flitigt sysselsatt med att åstadkomma en av sina mest anmärkningsvärda bragder: att på fyra månader uppbåda en ny här. Caulaincourt skriver:

> Frankrike var en enda kolossal verkstad, hela franska nationen hade överseende med hans nederlag och man tävlade med varandra i att uppvisa sitt nit och sin hängivenhet. Det var ett lika lysande exempel på den franska nationalkaraktären som det var en personlig triumf för kejsaren, som med häpnadsväckande energi inriktade alla de resurser som hans begåvning förmådde uppbringa på att organisera och vägleda detta storslagna, landsomfattande företag. Saker och ting verkade ske som genom ett trollslag.[4]

Napoleons mål var att uppbåda 656 000 man. I november föregående år hade han utfärdat en ny inkallelseorder för 1813, som beräknades tillföra 137 000 rekryter. Ännu tidigare, redan på vägen till Moskva, hade han för att bättre trygga de inre linjerna beordrat att man skulle inkalla ”kohorter” av nationalgardet, 80 000 man. Dessa kommenderades nu för utlandstjänstgöring. Han inkallade dessutom hela 1814 års kontingent (200 000) liksom även årskontingenterna 1808, 1809 och 1810, som hade undgått tidigare inkallelse (100 000). Vidare hämtade han hem många veteraner och fyra regementen av Kejsargardet från de 270 000 man han hade i Spanien,[5] inkallade 40 000 veterankanonjärer från flottan,[6] 3 000 kavalleriofficerare och underofficerare från gendarmeriet samt beordrade Italien att ställa en armékår (30 000) under befäl av general Bertrand till hans förfogande. Dessa siffror uppnåddes dock aldrig, till stor del på grund av deserteringar.

Av allt att döma verkar det nya infanteriet på det hela taget ha varit bra, även om Caulaincourt säger att det endast var ”en organiserad pöbel”.[7] Men med all tillbörlig respekt för Caulaincourt kan man inte annat än instämma med D'Odeleben, som menade att det, när det kom till strid, ”vore nästan omöjligt att annorstädes finna soldater som trotsade döden med sådan djärvhet och tapperhet, och som mitt ibland alla svårigheter och faror visade sig mer hängivna sin ledare och sin tjänst”.[8] Artilleriet var liksom tidigare utmärkt, men kavalleriet var otillräckligt och ineffektivt och räknade i början av april endast 15 000 man, av vilka hälften var tjänstedugliga. Anledningarna var att praktiskt taget hela det gamla kavalleriet hade gått under i Ryssland, att de yngre kavalleriofficerarna saknade utbildning samt att tillräckligt goda kavallerihästar inte stod att finna i Frankrike och att många av hästarna blev tjänsteodugliga på grund av såväl de nya sadelmunderingarna som ryttarnas dåliga ridförmåga. Napoleons brist på kompetent kavalleri skulle komma att hämma honom under hela fälttåget.

Genom en kungörelse utfärdad i Trianon den 12 mars[9] fastställdes den nya härens preliminära sammansättning: I. armékåren (marskalk Davout, furste av Eckmühl), II. armékåren (marskalk Victor, hertig av Belluno), III. armékåren (marskalk Ney, furste av Moskva), IV. armékåren (general Bertrand), V. armékåren (general Lauriston), VI. armékåren (marskalk Marmont, hertig av Ragusa), VII. armékåren (general Reynier), VIII. armékåren (furst Poniatowski), IX. armékåren (marskalk Augereau, hertig av Castiglione), X. armékåren (general Rapp i Danzig), XI. armékåren (marskalk MacDonald, hertig av Taranto) samt XII. armékåren (marskalk Oudinot, hertig av Reggio). Förutom dessa fanns det även diverse tyska kontingenter.

När Napoleon i mitten av april var redo att dra i fält hade han till sitt förfogande 226 000 officerare och manskap samt 457 artilleripjäser organiserade i två arméer: Mainarmén, som stod under befäl av honom själv och som utgjordes av III., IV., VI. och XII. kåren, Kejsargardet samt gardeskavalleriet; Elbearmén, som stod under befäl av Eugène de Beauharnais och utgjordes av V. och XI. kåren, delar av I., II. och VII. kåren samt 1. kavallerikåren.[10]

Att på så kort tid uppbåda och utrusta nära en kvarts miljon man och bakom dem dra samman ett motsvarande stort antal i reserv var en unik insats, och hade Napoleons framtid enbart varit beroende av fysisk styrka är det högst troligt att han inom de närmaste fyra månaderna mer än väl skulle ha utjämnat den skuld han ådrog sig i Ryssland. Att han misslyckades med detta bör inte tillskrivas bristen på fysiska medel, utan det befälssystem som dittills hade lett honom från seger till seger.

Förhållandena hade förändrats sedan slaget vid Wagram. Arméerna hade växt i storlek och operationsområdena hade blivit så utvidgade att det inte längre var praktiskt genomförbart för en enda befälhavare att dirigera alla truppförflyttningar, inte ens vid operationer på de inre linjerna. Detta gällde inte bara strategiskt utan även taktiskt. Under slaget vid Leipzig var nämligen antalet trupper alltför stort och situationen alltför komplex för Napoleons personliga befälssystem.

Lika viktigt var att Napoleon dittills alltid hade handlat offensivt och använt sin armé som en åskblixt. Men 1813 tvingades han handla defensivt och – vilket är värt att lägga märke till – på en krigsskådeplats där befolkningen var våldsamt fientlig. Dess fientlighet tvingade honom inte bara att avdela fler förband till förbindelselinjerna, de förskansade depåerna och brohuvudena, utan försvårade även underrättelsearbetet avsevärt, en svårighet som ökades på grund av bristen på lätt kavalleri. Angående det här säger D'Odeleben:

> Alla insatser som gjordes av Napoleons fältherrar var meningslösa, antingen till följd av den fientliga befolkningen ... som hade blivit illa behandlad [av fransmännen], eller till följd av de räder som utfördes av kosackerna, vilka stod att finna överallt. Det lilla man fick kännedom om var nästan uteslutande grundat på rapporter från fångar, vilka var få till antalet och föga utförliga. Vi visste, kort sagt, bara vad som hände i de områden som fienden hade dragit sig tillbaka från. Även om sådan information kan vara tillräcklig i offensiv krigföring är den värdelös när det är fråga om ett defensivt krig.[11]

En annan viktig faktor var att Napoleons tidigare framgångar hade gjort honom alltmer diktatorisk. Han ansåg sig vara oövervinnelig och den ende fältherren i världen som var lämpad att föra befäl över en stor här.

Det ledde till att han underskattade fienden och i likhet med Karl XII trodde att inget hinder var oöverstigligt. Lyssna till Fézensac: ”Hans order måste verkställas oavsett vilka medel som står till buds. Denna vana att företa allting med otillräckliga medel, denna resoluta vägran att se några omöjligheter, denna gränslösa övertygelse om framgång, som i början var grunden till våra triumfer, blev till slut vår undergång.”[12]

Många av de historiker som har ägnat sig åt Napoleons sista år som fältherre har dragit den förhastade slutsatsen att hans brist på framgång har sin förklaring i antingen dålig hälsa eller kroppsligt förfall till följd av njutningslystnad och ökad kroppsvikt. Det finns föga stöd för detta påstående och mycket som tillbakavisar det.[13] Under fälttåget i Ryssland 1812 lägger Caulaincourt märke till många exempel på hans oupphörliga aktivitet: ”Under sin vistelse i Vilna [Vilnius] uppvisade kejsaren en otrolig aktivitet. Dygnets tjugofyra timmar räckte inte till för honom.” ”Han tillbringade dagen i sadeln och sonderade terrängen åt alla håll, till och med på långa avstånd, och återvände till sitt tält mycket sent, efter att faktiskt ha sett och kontrollerat allting själv.” ”Han arbetade hela dagen och en del av natten. Frankrike förvaltades, Tyskland och Polen påverkades av hans tankeverksamhet, precis som om han hade befunnit sig i Tuilerierna.”[14] År 1813 kommenterar D'Odeleben samma aktivitet.[15]

Sanningen är den att det var hans aktivitet, inte hans letargi, som i lika hög grad var orsak till såväl hans fall som hans uppgång, eftersom den ledde honom till att tro att han i sin egen person kunde kombinera överbefälhavarens och stabschefens åligganden. Följden blev att skickliga stabsofficerare inte stod att finna när hären väl hade växt sig så stor att sådana krävdes. Lyssna åter till Caulaincourt, som 1812 upplyser oss om detta: ”Staben förutsåg ingenting, men eftersom kejsaren ville utföra allting själv och utfärda varje order vågade å andra sidan ingen, inte ens generalstaben, ta ansvar för att ge ens den mest obetydliga order.”[16] Även om Napoleon 1812 hade skrivit till Berthier: ”Generalstaben är organiserad på sådant sätt att man inte i något avseende kan lita på den”,[17] finner vi att D'Odeleben 1813 skriver: ”Det framstår som om stabsofficerarna i Berthiers högkvarter under detta fälttåg varken var så skickliga eller så erfarna som de som tidigare hade omgivit honom ... Som helhet var hären under detta fälttåg en alltför komplicerad och ofulländad maskin för att tillåta upprättandet av samordning. Befordringar, reformer, kompletteringar av förråd; kort sagt den mångfald av rörelser som senare ägde rum, skapade svårigheter som inte ens Napoleons hela auktoritet alltid kunde övervinna.”[18]

Napoleons marskalkar hade inte fostrats till att föra befäl utan uteslutande till lydnad. De var därför efterföljare och inte ledare, vasallfurstar som i många fall hade stigit i rang av dynastiska, politiska och personliga skäl. Många var av blygsam härkomst. Masséna var, liksom Murat, son till en värdshusvärd, Ney till en tunnbindare, Lefebvre till en mjölnare, Lannes till en stalldräng och Augereau till en murare, och de drabbades av storhetsvansinne. Kejsaren överöste dessa män med rikedom och rang, gav dem inkomster på upp till en miljon franc och gjorde dem till hertigar och furstar. Efter Napoleons fall, strax innan han lämnade Frankrike för att bege sig till Elba, säger Caulaincourt: ”Han klandrade sig själv för att ha använt sig så mycket av marskalkar under dessa senare dagar, eftersom de hade blivit alltför rika, alltför mycket av grandseigneurer, och hade blivit krigströtta. Sakernas tillstånd skulle, enligt honom, ha varit betydligt bättre om han hade låtit goda divisionsgeneraler, som ännu hade sina marskalkstavar att vinna, föra befäl.”[19]

Mot den nya franska hären stod Rysslands och Preussens arméer. Den förra räknade omkring 110 000 man, av vilka 30 000 var kavallerister och kosacker. De sistnämnda var odisciplinerade ryttare, som inte bara injagade skräck i fransmännens underhållsförband utan också i den tyska bondebefolkningen. Bland dem fanns många basjkirer och tatarer, som fortfarande var beväpnade med pil och båge.[20]

Den preussiska armén var ett resultat av det förfall som följde efter slaget vid Jena och som hade förvandlat Preussen från ett feodalrike till en halvliberal stat. Den 9 oktober 1807 avskaffades livegenskapen genom Steins förordning, arméns halvfeodala organisation övergavs och civil patriotism inskärptes som den moraliska grunden för militärtjänstgöring. Även om Napoleon genom Pariskonventionen av den 8 september 1808 hade begränsat den preussiska arméns styrka till 42 000 officerare och manskap under tio års enrollering, skickades rekryterna genom det *Krümpersystem* som Scharnhorst införde snabbt och i hemlighet genom linjen in i reserven. Scharnhorsts mål var hela tiden att skapa en verklig nationalarmé, men detta skedde faktiskt inte förrän 1814.

Vid tidpunkten för Yorcks avhopp fanns det inte mer än 38 000 soldater kvar i Preussen. Men redan innan dess hade Napoleon, för att uppväga de förluster som han ådrog sig i Ryssland, instruerat Fredrik Vilhelm III att uppbåda ytterligare 30 000. Härnäst skapades genom ett dekret som utfärdades den 9 februari 1813 lantvärnet *(die Landwehr)* – en värnpliktig milis – och man rekryterade frivilliga jägarförband liksom även ett antal "fria kompanier", till stor del värvade bland utlänningar. I mitten av april, då Napoleon var redo att dra i fält, räknade den preussiska armén 80 000 man.

Den 11 mars förklarade kejsaren sin första operationsplan för Eugène de Beauharnais,[21] och även om den aldrig genomfördes är den av avsevärt intresse eftersom den under hela fälttåget aldrig helt föll i glömska. Den gick ut på att gå över Elbe vid Havelberg, transportera 300 000 man till Stettin (Szczecin) och därefter undsätta Danzig (Gdańsk). Detta skulle ge ytterligare 30 000 man. Men det låg betydligt mer i den planen. Ett fälttåg i norr skulle nämligen föra in kriget i själva hjärtat av Preussen, utlämna Berlin åt Napoleon och fullständigt kullkasta den preussiska rekryteringen. Vidare skulle det genom att norrifrån hota de ryska förbindelselinjerna genom Polen locka såväl den preussiska som den ryska armén norrut – det vill säga bort från Österrike, som därmed skulle isoleras. Dessutom skulle Napoleon, om han kunde marschera snabbare än sina fiender, vilket var högst sannolikt, genom att angripa dem i ryggen kunna skapa förutsättningarna för att utkämpa ett nytt Jena, denna gång med fronten riktad mot Frankrike. Det var, som greve Yorck von Wartenberg säger, en plan som "inte behöver rädas en jämförelse med hans bästa, vare sig vad gäller djärvhet eller briljans".[22]

Den genomfördes aldrig, eftersom Napoleon vid maj månads inbrott, då trupprörelsen var avsedd att äga rum, knappt hade två tredjedelar av de 30 000 män som krävdes, och inga för att hålla fienden instängd i Dresdenområdet medan han marscherade mot Havelberg och Stettin. Det hade också vid det laget blivit uppenbart för honom att den växande oron i Rhenförbundets stater omöjliggjorde en truppförflyttning så långt bort från dessa. Hans strategi började redan begränsas av den nationalistiska anda som höll på att växa fram i hela Tyskland.

Napoleons andra plan var att rycka fram direkt mot Leipzig och därifrån vidare mot Dresden, för att därigenom tvinga fienden att antingen leverera batalj eller också rycka tillbaka till andra sidan Elbe.[23] Eftersom hans svaga kavalleri hindrade honom från såväl att skydda trupprörelserna som att tillräckligt väl försvara basen och förbindelselinjerna, tvingades han till alternativet att förlita sig på försvarslinjerna längs floderna. Skulle de allierade, vilkas ungefärliga position han på intet sätt var säker på, besluta sig för att rycka fram mot honom så skulle Eugène slå till mot deras högra flank. Skulle de däremot rycka fram mot Eugène, då skulle han själv angripa deras vänstra. Plan två var, som vi ska se, inte så mycket ett alternativ som ett preliminärt steg i riktning mot att åstadkomma plan ett; behovet av att inta Berlin och operera i norr förblev Napoleons dominerande tanke. Men för att kunna realisera den behövde han först en avgörande seger i söder som skulle återupprätta hans prestige över hela Tyskland.

Den 15 april lämnade Napoleon Saint-Cloud och begav sig till Mainz, dit han ankom två dagar senare. Den 25 april fortsatte han vidare till Erfurt, samlingsplatsen för samtliga kårer utom Bertrands, och han verkade enligt D'Odeleben "ytterst ängslig",[24] av allt att döma därför att bristen på kavalleri hindrade honom från att få kännedom om vad fienden höll på med.[25] Han förflyttade sig vidare till Eckartsberg, och den 28 april kan vi läsa att stalldrängarna med handhästarna fördröjdes rejält av de "svärmar av fiendens lätta kavalleri som hemsökte vägen"[26] – en olycksbådande inledning av fälttåget.

På kvällen den 30 april hade Elbearmén (62 000) gått i ställning runt Merseburg, medan huvuddelen av Mainarmén befann sig i Naumburgtrakten och väster om staden. Under tiden hade de allierade styrkorna – 64 000 infanterister, 24 000 kavallerister och 552 artilleripjäser – under befäl av den ryske fältmarskalken furst Wittgenstein (Kutuzov hade avlidit den 28 april) dragits samman i området Zwenkau–Altenburg, söder om vägen Naumberg–Leipzig. Mot dem kunde Napoleon omedelbart ställa upp 145 000 man och 372 artilleripjäser, men endast 7500 av manskapet utgjordes av kavalleri. Han var i trängande behov av en snabb och avgörande seger, inte bara för att ge sina unga soldater deras elddop utan också för att återupprätta sin egen prestige.

Den 1 maj beordrades Elbearmén att rycka fram från Merseburg till Schladebach, medan Mainarméns kårer fick order om följande truppförflyttningar: III. kåren (Ney) skulle tillsammans med Kejsargardets kavalleri bege sig från Weissenfels i riktning mot Lützen, understödda av VI. kåren (Marmont), Kejsargardet skulle bege sig till Weissenfels medan IV. och XII. kåren (Bertrand respektive Oudinot) skulle marschera mot Naumburg. Samma dag dödades marskalk Bessières av ett kanonskott, och mot slutet av dagen tågade Napoleon in i Lützen.

Den 2 maj beordrades Ney att fatta stadigt stånd vid Lützen och kraftigt försvara byarna Kleingörschen, Großgörschen, Rahna och Kaja söder om Lützen för att skydda Elbearméns framryckning mot Leipzig och Mainarméns köförband medan dessa omslöt Lützen. I händelse av ett angrepp riktat från Zwenkau skulle Neys flanktrupper förvandlas till ett arriärgarde, som genom att binda fienden skulle vinna tid så att återstoden av armén kunde manövrera runt den.

Under tiden hade det ryska kavalleriet underrättat det allierade högkvarteret om att fransmännen var utspridda i marschkolonn från Weißenfels till Leipzig, med ett svagt flankskydd vid Kaja. Detta var korrekt, eftersom Ney hade underlåtit att rekognoscera i riktning mot Pegau och Zwenkau, vilket han klockan 04.00 hade blivit beordrad att göra,[27] och lämnat tre av sina fem divisioner vid Lützen i stället för att låta huvuddelen av sin kår marschera upp i Kajaområdet. Vidare var hans förposter så overksamma att de inte lyckades upptäcka fienden, som befann sig på bara drygt tre kilometers avstånd från dem. När Wittgenstein erhöll kavallerirapporten bestämde han sig för att krossa de franska flanktrupperna, klyva fienden i två delar och driva ut samtliga styrkor öster om Lützen i Elsterträsken.

Napoleon, som den 2 maj inte hade förväntat sig att bli angripen,[28] lämnade omkring 09.00 Lützen och red fram för att förena sig med Lauriston, som hade beordrats att driva ut Kleis ur Lindenau och besätta Leipzig. När han klockan 11.00 i sällskap med Eugène och Ney närmade sig Leipzig hördes plötsligt en våldsam kanonad åt Kaja till.[29] Ney galopperade genast tillbaka till sin kår medan kejsaren återvände till Lützen, efter att först ha beordrat samtliga förband på Leipzigvägen att vända om och marschera mot Kaja samt givit Marmont och Bertrand, som fortfarande befann sig väster om Lützen, order att göra detsamma.

Under tiden ägde desperata strider rum i Rahna, Großgörschen och Kleingörschen, och när Napoleon klockan 14.30 galopperade fram upptäckte han att III. kåren befann sig i en kritisk belägenhet. Men som alltid hade hans närvaro en magisk effekt på männen. Från alla håll ekade ropet: ”Vive l'Empereur!” ”Knappt en enda sårad man passerade förbi Bonaparte”, skriver D'Odeleben, ”utan att hälsa honom med det sedvanliga '*vivat*'. Till och med de som hade förlorat en kroppslem och som inom några få timmar skulle falla offer för döden gav honom sin hyllning.”[30] Kejsaren uppmuntrade Neys män och ledde dem framåt. ”Under hela Napoleons

4. Leipzigfälttåget 1813

karriär var det förmodligen under denna dag", skriver Marmont, "som han utsatte sig för störst personlig fara på slagfältet ... Han blottade sig ständigt och ledde III. kårens tillbakakastade förband i ett nytt anfall."[31] I de desperata strider som följde blev general Scharnhorst dödligt sårad.

Omkring klockan 17.30, då MacDonald var kringränd till höger om den allierade hären och Bertrand[32] och Marmont till vänster om den, beordrade Napoleon Drouot att ställa upp ett batteri om 80 artilleripjäser ett stycke sydväst om Kaja.[33] Därnäst ställde han upp "unga" gardet i fyra kolonner, understödda av "gamla" gardet och gardeskavalleriet, och klockan 18.30 ljöd ordern: "Gardet i strid!" Därpå togs Rahna och Groß- och Kleingörschen med stormning, och slaget avslutades i och med mörkrets inbrott. De allierade fick veta att Kleist hade drivits ut ur Leipzig, och eftersom de fruktade att deras reträttlinje skulle skäras av bestämde de sig för att retirera, vilket de också gjorde i god ordning, och forslade bort sina sårade i skydd av kavalleriet.

Fransmännens seger var på intet sätt avgörande. Med ytterligare två timmars dagsljus skulle den utan tvekan ha blivit det, för inget mindre än ett mirakel kunde ha räddat de allierade från att bli utdrivna i Elsterträsken och tillintetgjorda. De blev inte förföljda, eftersom det franska kavalleriet inte förmådde mäta sig mot det ryska. Segern blev dyrköpt: fransmännen förlorade 18 000 i stupade, sårade och krigsfångar, av vilka 12 000 härrörde från Neys kår, medan de allierade förlorade 11 500.

Klockan 03.00 den 3 maj beordrade Napoleon Ney att låta resten av sin kår vila ut vid Lützen under ett dygn, för att sedan marschera mot Berlin via Wittenberg, medan Elbearmén förföljde de allierade, som nu befann sig i full reträtt mot Dresden. Bülow lämnades kvar med omkring 3 000 preussare för att skydda Berlin, och efter många gräl och dispyter drog sig ryssarna och preussarna via Dresden tillbaka mot Bautzen, där de fick förstärkning av 13 000 ryssar under befäl av Barclay.

Den 8 maj tågade Napoleon in i Dresden, där han beslutade sig för att upprätta sin viktigaste framskjutna depå. Hans förbindelselinje löpte från Mainz till Weimar, där den delade sig och sedan fortsatte via Jena och Altenburg till Dresden respektive via Naumberg till Leipzig. I takt med att förstärkningar stadigt anlände började han sedan omorganisera sin här på ett sådant sätt att den samtidigt skulle kunna operera mot Berlin och Bautzen. Han skickade iväg den inkompetente Eugène till Italien, slog samman Elbe- och Mainarméerna och delade sedan upp hären i två separata arméer, den ena under befäl av Ney och den andra under sitt eget befäl. Den första bestod av III. (Ney), V. (Lauriston), VII. (Reynier) och II. armékåren (Victor) samt en lätt kavalleridivision och 2. kavallerikåren (79 500 infanterister och 4 800 kavallerister), medan den andra bestod av IV. (Bertrand), VI. (Marmont), XI. (MacDonald) och XII. armékåren (Oudinot) samt Kejsargardet, gardeskavalleriet och 1. kavallerikåren (107 000 infanterister och 12 000 kavallerister).

Under tiden som han var upptagen med detta fick han kännedom om att österrikarna hade förhandlat med ryssarna och preussarna, men att de nu avvaktade på grund av de senares nederlag vid Lützen.[34] I detta såg han en öppning som ledde mot hans övergripande mål: att få till stånd en allmän fred. Den 17 maj gav han därför Caulaincourt anvisningar om att bege sig till fiendernas förposter, där han skulle begära att bli presenterad för Alexander I och för denne föreslå en vapenvila som en preliminär åtgärd inför en fredskonferens i Prag.[35] Eftersom han var övertygad om att de allierade skulle leverera batalj vid Bautzen (Budyšin) beordrade han samtidigt, för att skynda på takten, XI., VI. och IV. kåren att rycka fram mot den staden, understödda av XII. kåren, och instruerade dessutom Ney att låta VII. och III. kåren tåga mot Berlin under tiden som han lät III. och V. kåren rycka fram mot Bautzen via Hoyerswerda. Strax efteråt återkallade han den sista truppförflyttningen och befallde i stället Ney att marschera mot Bautzen med hela sin armé. Tyvärr hade Ney redan låtit Reynier göra halt och skickat iväg Victor, vilket innebar att II. kåren och förmodligen också VII. kåren trots kontraordern inte skulle kunna ta del i det förestående slaget. Berlin var i bästa fall endast ett sekundärmål, eftersom ett avgörande nederlag för de allierade vid Bautzen oundvikligen skulle leda till Berlins fall. Det är underligt att Napoleon inte insåg detta när han utfärdade sin första order till Ney. Hade han gjort det skulle slaget vid Bautzen ha kunnat ge honom den fred som han så hett åstundade i stället för att bli ett andra Lützen.

Efter att ha rekognoscerat de allierades ställningar vid Bautzen, på Sprees östra strand, som hölls av 64 000 ryssar och 32 000 preussare under formellt befäl av Wittgenstein, beslutade sig Napoleon den 19 maj för att nästa dag binda fienden genom ett frontanfall och dagen därefter, den 21 maj, föra ner Neys armé norrifrån och låta den anfalla fienden i ryggen, skära av dess förbindelselinjer och driva den i riktning mot Böhmerwald

(Šumava). Om detta lyckades skulle Österrike, som fortfarande tvekade, inte våga agera, och utan bistånd från Österrike skulle de krossade ryssarna och preussarna tvingas acceptera en fred på hans villkor.

Den 20 maj utvecklade sig slaget helt och hållet till Napoleons fördel, eftersom Alexander I, som undantagslöst struntade i sina befälhavande fältherrar, trodde att fiendens avsikt var att rulla upp de allierades vänstra flygel och driva den norrut bort från Österrike. Han spelade därför Napoleon rakt i händerna genom att insistera på att förstärka vänstra flygeln på bekostnad av centern och högra flygeln. Under tiden ryckte Neys armé fram i ilmarscher och nådde på kvällen den 20 maj fram till följande orter: III. kåren till Sdier, V. kåren till Särchen, VII. kåren till Hoyerswerda och II. kåren till Senftenberg. De båda första orterna låg närmare Spree, medan den tredje låg 55 kilometer från floden och den sista över 80 kilometer från den.

Klockan 04.00 den 21 maj erhöll Ney en order om att marschera mot Weißenberg och klockan 11.00 göra halt vid Preititz, där han skulle förbereda sig på att anfalla de allierade i ryggen när Napoleon vid det klockslaget inledde sitt slutliga huvudanfall. Mellan klockan 04.00 och 05.00 bröt III. och V. kåren sina bivacker, gick över Spree vid Klix och nådde klockan 10.00 fram till Preititz. Där lät Ney dem göra halt och invänta huvudanfallet. Men detta tog inte sin början förrän klockan 15.00, och när det väl började blev Ney involverad med fiendens högra flygel i stället för att tränga vidare i riktning mot Weißenberg. Hade Ney haft hela sin armé med sig skulle detta inte ha haft någon betydelse, eftersom han då hade kunnat beordra II. och VII. kåren mot Weißenberg.

De allierade insåg vilken fara de befann sig i och avbröt klockan 16.00 slaget för att i skydd av sitt mäktiga kavalleri i god ordning rycka tillbaka mot Görlitz (Zgorzelec). Deras belägenhet var inte desto mindre kritisk, eftersom de hade förlorat tilltron till varandra och våldsamma meningsskiljaktigheter hade utbrutit mellan dem. Hade Napoleon därför befunnit sig i ett läge där han hade kunnat anställa en kraftfull kavalleriförföljelse skulle de allierade styrkorna av allt att döma helt säkert snabbt ha splittrats.

Skulden för att fransmännen misslyckades med att vinna en avgörande seger måste delas mellan Napoleon och Ney. Den ödesdigra första ordern från den ene berövade den andre Victors kår och ledde till att Reyniers kår ankom först i slagets slutskede. Och den trögtänkthet som Ney, som aldrig under hela sitt liv lyckades förstå sig på den napoleonska strategin, visade ledde till villervallan vid Preititz. Eftersom Ney skulle leverera det avgörande slaget kan man naturligtvis fråga sig om inte Napoleon på morgonen den 21 maj borde hade ridit bort till Klix – som låg tretton till fjorton kilometer från Bautzen – för att personligen ha övervakat Neys angrepp.

Uppgifterna om de franska och allierade förlusterna skiljer sig åt, men förmodligen uppgick de till omkring 20 000 på vardera sidan. Till ett sådant pris var den franska behållningen mager. Bautzen var i likhet med Lützen en ny pyrrhusseger och det insåg Napoleon, eftersom han när han såg fienden retirera anmärkte: "Efter ett sådant blodbad, så många fångar! Att de inte ens låter mig få uppleva denna seger i dess glans!"[36] Några minuter senare blev marskalk Duroc, som var med honom när han yttrade dessa ord, dödligt sårad av en kanonkula. Kejsaren blev så bestört över hans död att han gav order om att blåsa eld upphör.

När förföljandet inleddes den 22 maj lämnades Oudinot kvar för att samla sin kår och sedan marschera mot Berlin. Den 27 maj nådde han fram till Hoyerswerda, och samma dag gick huvudarmén över Katzbach, medan de allierade retirerade mot Schlesien för att kunna upprätthålla förbindelserna med Österrike. Två dagar senare intog Davout och Vandamme åter Hamburg, och den 1 juni, efter att de allierade hade dragit sig tillbaka till Schweidnitz (Świdnica), tågade Napoleon in i Breslau (Wrocław).

Trots att Alexander I den 19 maj hade vägrat att bevilja Caulaincourt audiens[37] enades de tre krigförande makterna den 1 juni om en vapenvila, som den 6 juni vid Pläswitz utsträcktes till den 29 juli och senare även till den 16 augusti för att man skulle kunna diskutera fredsvillkoren i Prag.

Även om lord Burghersh, den brittiske representanten som var ackrediterad hos de allierades högkvarter, ansåg att vapenvilan var mycket fördelaktig för Napoleon,[38] ansåg Jomini[39] att den var den största blundern under Napoleons hela karriär, något som nästan alla fälttågets historieskrivare, med överste F. N. Maude som ett anmärkningsvärt undantag, sedan dess har varit eniga om.

Om man enbart ska ta hänsyn till den strategiska situationen har de otvivelaktigt rätt. Om de allierade hade levererat batalj vid Schweidnitz, vilket Napoleon var omedveten om att de hade beslutat sig för att göra, skulle han nämligen endast ha behövt hålla fronten, rulla upp deras högra flank och sedan driva dem huvudstupa rakt upp i Riesengebirge. Vad hade då Napoleon för skäl för att på detta häpnadsväckande sätt inställa fientligheterna? Skälen anges i ett brev daterat den 2 juni och adresserat till general Clarke i Paris. ”Jag bestämde mig för den [vapenvilan]”, skriver han, ”av två skäl. För det första för att jag saknade kavalleri, vilket hindrade mig från att utdela mäktiga dråpslag, och för det andra för att jag förutsatte en fientlig hållning från Österrikes sida.”[40] När Yorck von Wartenberg citerar detta stycke tillägger han: ”Vi hyser tvivel om huruvida dessa båda skäl till fullo förklarar denna förvånande handling.”[41] Det gör de mycket riktigt inte och av alla de som har studerat fälttåget är överste Maude en av de ytterst få som har besvärat sig med att undersöka dem. Det han påpekar är följande: Eftersom 90 000 av Napoleons män vid tidpunkten stod på sjuklistan,[42] och eftersom hans förluster dittills överträffade motståndarens med 25 000 man, hade han inte tillräckliga styrkor kvar för att utkämpa ett nytt slag, och ett nederlag skulle genast ha fört in Österrike i kriget. Vidare var en kraftig och effektiv kavalleristyrka oundgänglig för Napoleons sätt att föra krig. ”Hans artilleri”, skriver Maude, ”kunde kanske riva upp luckor i fiendelinjen med kartescher, men ställda inför fiendens överlägsna kavalleri kunde hans infanterister endast utnyttja de dödsstråk som därigenom bildades genom att marschera i slutna kolonner, redo att bilda fyrkant med ett ögonblicks varsel. Han insåg att detta innebar förseningar, vilka fienden kunde utnyttja genom att avbryta striderna.” Utan kavalleri kunde det inte bli något avgörande. Lika viktigt var att ”han hade lämnat Dresden med ammunition som endast var nog för ’en dags strid’, och marschen hade varit så snabb att trossen inte kunde hinna ifatt trupperna”.[43] Dessutom ansattes hans förbindelselinjer av kosacker och partisaner. Halle hade överfallits den 25 maj. Och även om Napoleon den 1 juni ännu inte kände till det, hade den 30 maj en artillerikonvoj eskorterad av 1 600 man hejdats och erövrats nära Halberstadt. Sanningen verkar därför vara den att Napoleons slagkraft var uttömd och att han, trots de allierades bedrövliga strategiska position, i likhet med Pyrrhus tvingades överge sitt fälttåg.

Den 10 juni återvände Napoleon till Dresden, och eftersom han höll övergångarna över Elbe mellan Hamburg och Dresden bestämde han sig för att göra den floden till sin förrådsbas.[44] ”Det viktiga är”, skrev han senare till Saint-Cyr, ”att jag inte blir avskuren från Dresden och Elbe. Det bekymrar mig föga om jag blir avskuren från Frankrike.”[45]

Under tiden var hans fiender inte overksamma. Den 15 juni beviljade England genom ett fördrag Ryssland och Preussen subsidier om 200 000 pund och erbjöd Österrike 500 000 för att göra gemensam sak med dem. Den 7 juli övertalades Karl Johan, Sveriges kronprins, att ställa sig på de allierades sida, och den 19 juli vid Reichenbach övertalades även Österrike. Genom ett fördrag enades man där om att ingen av de allierade makterna under några omständigheter skulle utsätta sig för risken att ensam möta Napoleon i ett slag. En armé som mötte honom skulle, oavsett vilken den var, genast retirera till dess att alla styrkor i fält kunde förenas mot honom. Inte långt därefter erbjöd Österrike Frankrike fred på följande villkor: att storhertigdömet Warszawa och Rhenförbundet skulle avskaffas, att de illyriska provinserna skulle återgå till Österrike och att Preussen skulle återfå de gränser som riket haft 1805. Eftersom dessa villkor var oacceptabla för Napoleon sade Ryssland och Preussen den 10 augusti upp vapenvilan, och två dagar senare förklarade Österrike Frankrike krig.[46]

Den 15 augusti – vapenvilans sista dag – upplyser oss D'Odeleben om att Napoleon var "ytterst allvarlig och tankfull".[47] Det hade han all anledning att vara, eftersom de styrkor som samlades mot honom var enorma. Han hade vid det laget själv samlat 442 000 man, av vilka över 40 000 utgjordes av kavalleri. De ställdes upp i 559 bataljoner och 395 skvadroner och understöddes av 1 294 artilleripjäser. Napoleon hade dessutom 26 000 man förlagda i garnison i fästningarna längs Elbe, 55 000 man förlagda i garnison i Polen och Preussen samt 43 000 man i andra linjen. Mot honom stod Rysslands fältstyrkor (184 000), Preussens (162 000), Österrikes (127 000) och Sveriges (39 000) samt en 9 000 man stark brittisk-tysk kontingent, som inbegrep ett brittiskt raketbatteri under befäl av kapten Bogue. De fyra fältstyrkorna bestod av 556 bataljoner, 572 skvadroner, 68 kosackregementen och 1 380 artilleripjäser. Bakom dem hade de allierade till sitt förfogande reserv- och belägringsstyrkor som räknade 143 000 man samt ytterligare 112 000 förlagda i garnison i fästningarna i Preussen och Böhmen. De allierade fältstyrkorna var uppdelade i tre arméer: Böhmenarmén under befäl av furst Schwarzenberg, Schlesienarmén under befäl av furst Blücher och Norra armén under befäl av Karl Johan.

Dessa styrkor var okända för Napoleon, som i Dresden den 12 augusti trodde att fiendens huvudarmé, 200 000 man stark och under befäl av Alexander I och Fredrik Vilhelm III, befann sig i Schlesien, och att det var osannolikt att österrikarna skulle kunna uppbåda mer än 100 000 man i Böhmen, eftersom de skulle tvingas bevaka de franska styrkorna vid Inn och Isonzo. För att kunna bemöta denna problematiska fördelning bestämde han sig för två operationer: en defensiv i söder med Dresden som bas och en offensiv i norr med Hamburg som bas. Den förra skulle utgöras av I. kåren (Vandamme), som skulle ankomma till Dresden den 17 augusti, II. kåren (Victor) vid Rothenburg, III. kåren (Ney) vid Liegnitz (Legnica), V. kåren (Marmont) vid Bunzlau (Bolesławiec), XI. kåren (MacDonald) vid Löwenberg, XIV. kåren (de Gouvion-Saint-Cyr) vid Pirna, Kejsargardet vid Dresden samt 1., 2., 4. och 5. kavallerikåren. Styrkans första uppgift skulle bli att genomföra flankanfall mot Schlesienarméns marschlinjer norrut mot Berlin och söderut i riktning mot Böhmen.

Den offensiva operationen, under befäl av Oudinot, skulle riktas mot Berlin och understödjas av Davout, som skulle operera med utgångspunkt från Hamburg. Den förre erhöll IV. kåren (Bertrand) vid Peitz, VII. kåren (Reynier) vid Kalau, XII kåren (Oudinot) vid Baruth samt 3. kavallerikåren, medan den senare fick XIII. kåren (Davout) nära Hamburg samt Girards division.[48]

Marskalk Saint-Cyr motsatte sig en offensiv mot Berlin, liksom även marskalk Marmont. Den förre påpekade för Napoleon att han kraftigt hade undervärderat styrkan och stridsvärdet i Karl Johans armé,[49] och den senare sade profetiskt till honom: ”Jag fruktar för att på samma dag som ers majestät tror sig ha vunnit en seger och tror sig stå som segrare i ett avgörande slag också kan komma att få veta att två har förlorats.”[50] Marmont berättar i sina memoarer[51] för oss att det var lidelse som föranledde Napoleon att slå till så snabbt mot Preussen. Ett bättre skäl bör dock av allt att döma ha varit att han genom att tåga mot Berlin, som i planen av den 11 mars, skulle kunna locka preussarna och ryssarna norrut, och därmed bort från Österrike.

Den 15 augusti lämnade Napoleon och Kejsargardet Dresden för att bege sig till Bautzen, där han den 17 augusti erhöll underrättelsen om att en avsevärd rysk styrka hade detacherats från Blüchers armé och var på väg mot Böhmen. Napoleon beslutade sig genast för att tåga mot Blücher, och när han väl slagit denne sedan ta sig an Böhmenarmén och norra armén och grundligt krossa dem.[52] För att få stöd i detta beordrade han Vandamme att bege sig till Bautzen, i avsikt att antingen förflytta honom till Zittau eller också, om fienden under tiden skulle hota Dresden, skicka honom dit för att understödja Saint-Cyr. Den senare tilldelade han uppgiften: ”att vinna tid, bestrida terräng och hålla Dresden samt upprätthålla trygga och aktiva förbindelselinjer till Vandamme och högkvarteret".[53]

När Napoleon i Görlitz den 18 augusti erhöll bekräftelse på att 40 000 ryssar var på väg från Schlesien till Böhmen beslutade han sig för att bege sig till Zittau och angripa dem i flanken under marschrutten. Den 20 augusti fick han emellertid veta att Blücher ryckte fram mot III., V. och VI. kåren och lade därför den planen åt sidan för att i stället vända sig mot denne. Den 21 augusti gick Napoleon över Bober, men när Blücher fick kännedom om att kejsaren var i närheten retirerade han genast i enlighet med Reichenbachplanen. Napoleon insåg tydligen inte att detta var en planerad strategisk manöver.

Den 22 augusti befann sig Napoleon vid Löwenberg och skickade därifrån ett brev till Maret i Paris, i vilket följande belysande ord står att läsa: "Det värsta förhållandet med vår belägenhet är, i stort sett, det föga förtroende som mina fältherrar hyser för sig själva. Så snart jag är frånvarande överdriver de fiendens styrka."[54] Detta syftade möjligen på ett budskap som han hade erhållit från Dresden i vilket Saint-Cyr upplyste honom om att Böhmenarmén närmade sig och att Dresden var i fara. Hur det nu än var med den saken så överlämnade Napoleon genast överbefälet i Schlesien till MacDonald och beordrade denne att driva tillbaka Blücher till Jauer (Jawor) och sedan gå i försvarsställning vid Bober för att anfalla Blücher i flanken ifall denne skulle försöka marschera mot antingen Berlin eller Dresden. Härnäst begick han det misstag som skulle komma att kosta honom fälttåget. Han insåg plötsligt, som i en vision, möjligheten till en kolossal manöver, och i stället för att skicka Vandamme för att understödja Saint-Cyr underlät han att beakta den senares utsatta belägenhet och beordrade den förre att bege sig med sin kår till Stolp (Słupsk).[55]

Vad innebar då denna storslagna manöver? Den handlade om att dra samman Kejsargardet, 1. kavallerikåren och I., II. och VI. armékåren vid Stolp den 25 augusti och följande natt låta 100 000 man rycka fram över Elbe vid Königstein, inta Pirna, anfalla Böhmenarmén i ryggen och tillintetgöra den, för att sedan marschera mot Prag och tvinga Österrike att dra sig ur kriget.[56]

Klockan 01.00 den 25 augusti begav sig Napoleon iväg till Stolp, varifrån han sände general Gourgaud till Dresden för att ta reda på Saint-Cyrs belägenhet. På eftermiddagen hörde han ett rykte om att Oudinot den 23 augusti hade besegrats av Karl Johan och Bülow vid Großbeeren, några kilometer söder om Berlin, och höll på att retirera mot Wittenberg. Klockan 11.00 återvände Gourgaud och rapporterade att situationen i Dresden var kritisk. Eftersom Napoleon inte vågade ta risken att förlora Dresden[57] – som var hans huvuddepå – bestämde han sig för att genast marschera direkt mot den sachsiska huvudstaden, vilket han klockan 01.00 den 16 augusti också gav order om: Kejsargardet och 1. kavallerikåren skulle starta klockan 04.00, medan Vandamme skulle fortsätta i riktning mot Pirna,[58] och när Marmont och Victor ankom till Stolp skulle de omedelbart följa efter Kejsargardet. Sedan ”ryckte armén fram som en stormvind”,[59] som D'Odeleben skriver. Klockan 09.00 red Napoleon in i Dresden till de hänryckta ropen: ”Vive l'Empereur!” Klockan 10.00 ankom Kejsargardet – som hade marscherat nästan tjugo mil på fyra dagar – och under natten infann sig Victor och Marmont.

När vi går igenom dessa snabba förändringar råder det föga tvivel om att om Napoleon hade förstärkt Saint-Cyr med Vandammes kår, vilket var hans ursprungliga avsikt, så skulle de båda tillsammans med största sannolikhet ha kunnat hålla Dresden fram till den 28 augusti, och att det då följaktligen inte skulle ha funnits något behov att skära ner Pirnamanövern, som under Napoleons personliga ledning otvivelaktigt skulle ha lett till ett tillintetgörande av Böhmenarmén. Men även om han genom att marschera direkt till Dresden förvissade sig om att inte gå miste om sin huvuddepå, förlorade han genom att sända Vandamme ensam till Pirna, som vi ska se, sitt fälttåg. Om han bara hade förstärkt Vandamme med antingen Victors eller Marmonts kår skulle han mycket väl ha kunnat vinna ett nytt Jena och åter ha blivit Europas herre. Den möjligheten visar att vapenvilan inte var en sådan blunder från hans sida som så många historiker har antagit.

När Napoleon vände sig mot Blücher begav sig Schwarzenberger iväg för att slå till mot Leipzig och skära av de franska förbindelselinjerna, som han felaktigt trodde var livsviktiga för Napoleon. Men när han den 20 augusti fick höra att kejsaren befann sig i Zittau, och fruktade att denne höll på att marschera mot Prag, lät han sin armé ändra riktning för att bege sig mot Dresden, och den 25 augusti stod han utanför den staden.

Dagen därpå bestämde han sig för att anfalla staden klockan 16.00 – tre kanonskott skulle utgöra anfallssignalen. På morgonen den 26 augusti red de tre monarkerna (Frans I, Fredrik Vilhelm III och Alexander I) ut för att följa hans förberedelser, och klockan 09.00 hörde de genom dimman till sin bestörtning det mäktiga jubelropet: ”Vive l’empereur!” – Napoleon hade anlänt! Man lät genast sammankalla ett krigsråd, men när man efter långdragna diskussioner äntligen hade bestämt sig för att retirera avfyrade någon plötsligt signalkanonerna och utan vidare order påbörjades anfallet av sig självt.

Trots att Napoleon bara hade 70 000 man att ställa upp mot fiendens 150 000 kastade han dem lätt tillbaka,[60] och inte långt efter det att striderna upphörde klockan 21.00 började Marmonts och Victors styrkor anlända. Under tiden hade Vandamme gått över Elbe vid Königsrein och drivit ett allierat detachement under befäl av prins (hertig) Eugen av Württemberg tillbaka till Peterswalde.

Napoleons plan för den 27 augusti var att hålla stånd mot fiendens center, angripa båda dess flyglar och sedan driva fiendestyrkorna upp i bergen, medan Vandamme marscherade mot Teplitz och blockerade deras reträttlinje.

Klockan 06.00 återupptogs slaget i störtregn.[61] De allierades vänstra flygel var praktiskt taget tillintetgjord, över 13 000 fångar hade tagits och klockan 16.00 började de allierade dra sig tillbaka. Genomblöt in på bara skinnet[62] återvände Napoleon till Dresden i tron att slaget skulle återupptas följande dag.[63] Den kvällen skrev han följande tre rader till Cambacérès i Paris: ”Jag är så trött och upptagen att jag inte kan skriva ett utförligt brev till er. Hertigen av Bassano [Maret] kommer att göra det. Saker och ting går mycket väl här.”[64] Detta förklarar tydligt vad somliga historiker har kallat ”hans letargi”.

Tidigt den 28 augusti inledde fransmännen förföljandet och Napoleon red framåt. Övergivna vapen och andra tecken på en brådstörtad reträtt övertygade honom om att fienden var illa slagen, och eftersom han inte mådde bra steg han in i sin vagn och återvände till Dresden. Förföljandet lämnades i händerna på hans kårchefer.[65] Detta förklarar också hans inaktivitet den 28 augusti, som har kritiserats så strängt. Klockan 16.00 beordrade han Vandamme, som då befann sig vid Hellendorf, att tränga vidare mot Tetschen (Děčin), Aussig (Usti nad Labem) och Teplitz-Schönau (Teplice-Sanov) för att slå till mot fiendens kö. Klockan 20.30 erhöll han underrättelser om att MacDonald hade lidit ett fullständigt nederlag mot Blücher vid Katzbach och att 15 000 man hade tagits tillfånga och över 100 artilleripjäser hade erövrats. Dessutom bekräftades ryktet om Oudinots nederlag: han hade förlorat 3 000 man.

Den 29 augusti, då Napoleon fortfarande befann sig i Dresden, ryckte Vandamme fram till Kulm. När han klockan 08.00 den 30 augusti försökte driva tillbaka en rysk kår, angreps han av en ren tillfällighet i ryggen och hans kår skingrades och omkring 13 000 man togs tillfånga, däribland Vandamme själv. Nyheten om detta nederlag nådde Napoleon klockan 02.00 den 31 augusti. "Eftertänksamt", skriver Fain, "betraktade han åter kartan, och medan han förstrött plockade upp en passare upprepade han högt dessa rader, som han drog sig till minnes:

I fyrtio år jag segrat har och tjänat min armé,
haft världen i min hand så stark och sett dess väl och ve,
och alltid har jag vetat att statens öde blott,
på ögonblicket hänger som skänker segerns lott.[66]

"Slaget vid Kulm", skrev överste Buturlin, Alexander I:s adjutant, "förvandlade den förtvivlan som höll på att sprida sig genom Böhmens dalgångar till ett glädjerop."[67] Det var verkligen sant, för detta slag, som följde omedelbart efter Großbeeren och Katzbach, skapade inte bara hänförelse i Tyskland utan bekräftade också Österrikes trohet till trippelalliansen.

Hur underligt det än kan verka fick inte denna rad av nederlag Napoleon att överge planerna på att erövra Berlin, som hade spelat en så viktig del i att splittra hans strategi. Eftersom han var ivrig att hejda norra armén från att marschera mot Elbe ersatte han Oudinot med Ney och beordrade den 2 september den senare att marschera mot Baruth, dit han skulle ankomma senast den 6 september, då Napoleon själv skulle befinna sig vid Luckau för att understödja honom. Från Baruth skulle Ney sedan rycka fram mot Berlin och inta staden den 9 eller 10 september.[68] Men Napoleon tvingades följande dag överge sin del i detta gemensamma projekt eftersom han erhöll en brådskande vädjan från MacDonald, som var hårt ansatt vid Bober.

Den 3 september begav han sig iväg från Dresden till Bautzen och skickade MacDonalds illa tilltygade armé i förväg till Hochkirch. Det franska anfallets häftighet fick Blücher att dra slutsatsen att Napoleon åter förde befälet, och han ryckte genast tillbaka. Detta, skriver D'Odeleben, gjorde Napoleon på synnerligen uselt humör.[69]

Den 6 september fick en panikrapport från Saint-Cyr Napoleon att återvända till Dresden, där han den 8 september fick veta att Ney den 6 september hade lidit ett katastrofalt nederlag vid Dennewitz och hade förlorat 22 000 man, av vilka 13 000 hade tagits tillfånga. Inte desto mindre, säger Saint-Cyr, diskuterade han det hela ”med lika stort lugn som han skulle ha visat om det gällt en diskussion om händelserna i Kina”.[70]

Slaget vid Dennewitz, som följde på alla de allierades övriga segrar, ledde till att Tyrolen ställde sig på Österrikes sida och till att Bayern beslutade sig för att överge Frankrike. Under tiden var kosacker verksamma i Hannover, Harz och Westfalen: Tettenborn besatte Bremen, Dornburg överrumplade en fransk division nära Hamburg och Tjernitjev trängde in i Braunschweig. Överallt dit kosackerna begav sig blev det uppror.[71] Hela Tyskland reste sig mot Napoleon. Böhmenarmén hade återhämtat sig tillräckligt för att Schwarzenberg på nytt skulle kunna rycka fram mot Dresden, men han hade inte mer än hunnit ge sig iväg förrän han fick veta att kejsaren hade återvänt och retirerade därför genast till Teplitz-Schönau. Den 10 september ryckte Napoleon fram mot honom men fann att hans ställning var alltför stark för att kunna angripas. Han lämnade kvar Saint-Cyr för att skärma av den och återvände sedan till Dresden.

Fyra dagar senare ryckte Schwarzenberg fram på nytt, varpå Napoleon begav sig till Pirna, där han den 17 och 18 september rekognoscerade de allierade ställningarna. Medan han var upptagen med detta erhöll han från Ney en förhastad rapport om att Karl Johan hade gått över Elbe vid Roßlau med 80 000 man. Napoleon återvände till Dresden den 21 september, där han tillsammans med Kejsargardet dagen därpå förenade sig med MacDonald och drev Blücher tillbaka till en stark ställning som denne hade förberett nära Bautzen. Medan han stod inför Blücher erhöll han en ny förhastad rapport från Ney om att Karl Johan hade gått över Elbe vid Wartenberg. Han beslutade sig därpå för att överge allt territorium öster om Elbe, frånsett brohuvudena, och beordrade MacDonald att retirera till vänstra flodstranden. Det var arméns tillstånd som tvingade honom att ta detta steg. Han hade sedan den 16 augusti förlorat 150 000 man och 300 artilleripjäser, 50 000 låg sjuka och många av de återstående männen var halvsvultna. Den 23 september skrev han ett långt, utförligt brev om proviantproblemet till greve Daru, förvaltningschefen, i vilket han sade: ”Armén är undernärd. Det vore en illusion att betrakta saken på annat sätt.”[72] Inte desto mindre förmådde han i slutet av september ändå föra 256 000 man och 784 artilleripjäser i fält, men många av männen var gröna, otränade rekryter.

Karl Johan, som hade nått fram till Elbe, slog broar över floden vid Roßlau och nedanför Wittenberg, och uppenbarade sig sedan med full styrka utanför Wartenberg. Blücher beslutade sig då för ett betydelsefullt drag: att marschera norrut och förena sig med honom. Samtidigt bestämde sig Schwarzenberg för att avbryta operationerna mot Dresden och rycka fram mot Leipzig. Den 3 oktober slog Blücher i täten för omkring 60 000 man Bertrand med 15 000 vid Wartenberg, och samma dag gick han över Elbe. Karl Johan med 76 000 man gick samma dag över floden vid Rosslau och Berby och marscherade längs Mulde. Detta tvingade Ney att retirera mot Delitzsch.

Napoleon kunde massformera sina 250 000 man antingen mot Blüchers och Karl Johans 140 000 man i norr eller mot Schwarzenbergs 180 000 i söder, och eftersom han befann sig på sina inre linjer hyste han alla förhoppningar om att i tur och ordning krossa var och en av dem. Han var på intet sätt det jagade djur som man har framställt honom som: strategiskt sett var han fortfarande situationens herre. Den 2 oktober överlämnade han II. (Victor, 16 000), VI. (Lauriston, 14 000) och VIII. (Poniatowski, 7 000) kåren samt 5. kavallerikåren till Murat och gav denne anvisningar om att hindra Böhmenarméns framryckning mot Leipzig, medan Saint-Cyr (XIV. kåren, 28 000) och Lobau (I. kåren, 12 500) höll Dresden. Under tiden skulle han själv marschera med huvudarmén mot Blücher och Karl Johan för att krossa dem innan Schwarzenberg hann fram till Leipzig.

Vi kommer nu fram till den underligaste incidenten under hela fälttåget. Under ett långt samtal med Saint-Cyr på eftermiddagen den 6 oktober inpräntade Napoleon i denne hur viktigt det var att försvara Dresden. Därnäst, vid midnatt, skickade han efter honom och talade om för honom att han hade bestämt sig för att överge staden och föra med sig honom och Lobau norrut. Saint-Cyr försäkrar att han sade: ”Jag kommer helt visst att leverera batalj; om jag segrar kommer jag att ångra att jag inte har alla trupperna till mitt förfogande; om jag däremot möter en motgång så kommer ni, om jag lämnar er här, inte att vara till någon nytta för mig i slaget och ni kommer då att vara hopplöst förlorade. För övrigt, vad är Dresden värt idag?”[73] Följden blev att han den 7 oktober klockan 01.00 skickade en order till Saint-Cyr om att dra sig tillbaka från Dresden den 8 och 9 oktober.[74] Men tolv timmar senare ändrade sig Napoleon igen och beordrade, i strid mot den napoleonska principen om styrkekoncentration, Saint-Cyr att förbli kvar i Dresden.[75]

Varför? Vi vågar oss på att framkasta att det kan ha varit av fruktan för att Sachsen, om Dresden övergavs, skulle ta parti för de allierade.

Den 8 oktober lät Napoleon 150 000 män marschera upp vid Wurzen, öster om Leipzig. Den högra flygeln utgjordes av Bertrand vid Schildau och den vänstra av Marmont tillsammans med Latour-Maubourg vid Taucha. Han anade korrekt att Blücher befann sig vid Düben och Karl Johan vid Dessau, även om han underskattade de bådas styrkor, och gav sig den 9 oktober i kast med att angripa den förre. Men när hans förtrupper tågade in i Düben fann de att Blücher åter hade slunkit undan. I själva verket hade Blücher den 10 oktober förenat sig med Karl Johan nära Halle, vilket Napoleon var okunnig om.

Han var ursinnig över att ha blivit utsatt för samma gamla trick, men vad kunde han göra? Han kunde inte fortsätta marschera norrut i all evighet, eftersom han visste att Schwarzenberg närmade sig Leipzig och att Murat inte kunde hejda honom särskilt länge. Om han snabbt förflyttade sig i riktning mot Schwarzenberg skulle denne nästan helt säkert dra sig tillbaka. Det enda rätta var uppenbarligen att låta honom fortsätta sin framryckning och sedan, när han väl var inbegripen i strid med Murat, slå ner på honom som en blixt. Enligt författarens mening har alla historiker fullständigt missförstått Napoleons påstådda letargi vid Düben. Napoleon upprättade sitt högkvarter vid Eilenburg, ett stycke söder om Düben, där han blev kvar fram till den 14 oktober. D'Odeleben säger att han såg kejsaren makligt sitta i en soffa i sitt rum och täcka ett pappersark med stora bokstäver,[76] och Fain säger att han nästan ständigt satt instängd på sitt rum medan han rådgjorde med sina generaler.[77] Detta kan vara sant, men faktum kvarstår att han mellan den 10 och 13 oktober dikterade 62 brev, som upptar 42 sidor av hans *Correspondance*, och att han under tiden fick höra att Bayern hade gått över till fienden. Den 12 oktober övergav han tanken på att förfölja Blücher och Karl Johan, och informerade Marmont om att han hade beslutat sig för att tåga mot Leipzig och låta 200 000 man marschera upp där den 14 oktober.[78] Han skrev också något liknande till Maret.[79] Klockan 03.00 den 14 oktober utfärdade han order om truppförflyttningen,[80] och klockan 19.00 skrev han till Macdonald: "Det råder inget tvivel om att vi i morgon, den 15:e, kommer att angripas av Böhmenarmén och av Schlesienarmén."[81]

Vid middagstid den 14 oktober ankom Napoleon till Leipzig, varifrån han kunde höra Murats kanoner mullra i söder. Vid Liebertwolkwitz utkämpades dagen därpå fälttågets största kavalleridrabbning, men utan något avgörande resultat. På morgonen den 15 oktober sonderade kejsaren tillsammans med Murat hela fältet, och vid mörkrets inbrott var fransmännen uppställda som följer:

IV. kåren (Bertrand) vid Eutritzsch, VI. kåren (Marmont) vid Lindenthal, VIII. kåren (Poniatowski) vid Markkleeberg och Dösen, II. kåren (Victor) vid Wachau, V. kåren (Lauriston) vid Liebertwolkwitz, IX. kåren (Augereau) vid Zuckelhausen, III. kåren (Souham) vid Mockau och Düben, XI. kåren (MacDonald) vid Taucha, samt VII. kåren (Reynier) vid Düben. Kejsargardet hölls i reserv vid Reudnitz och Crottendorf, 5. kavallerikåren (L'Héritier) till höger om södra fronten, 1. och 4. kavallerikåren (Latour-Maubourg respektive Kellermann) bakom dess center samt 2. kavallerikåren (Sebastiani) till vänster.

I de allierade lägren föregick märkliga ting. Blücher befann sig vid Halle och Karl Johan omkring två och en halv mil norr om honom. Den förre ville innesluta Napoleon norrifrån så snart Böhmenarmén gjorde detsamma söderifrån. Den senare, som fruktade Napoleon, ville undvika honom, och föreslog i stället att han skulle skydda sin förbindelselinje till Berlin. Resultatet blev att Blücher marscherade iväg på egen hand och att Karl Johan senare motvilligt följde efter honom, bara för att anlända alltför sent för det avgörande slaget den 16 oktober.

Schwarzenberg hade den 26 september givit sig av med 160000 man men marscherade så långsamt att han inte nådde fram till Altenburg förrän den 14 oktober: 17 dagar för att tillryggalägga elva mil. Även han ville undvika en direkt sammanstötning med Napoleon och föredrog manöver framför batalj. Men den 13 oktober, då han erhöll följande meddelande från Blücher: "De tre arméerna är nu så nära varandra att ett samtidigt anfall skulle kunna företas mot fiendens uppmarschområde", ingrep Alexander I och skickade ut Wittgenstein med en stor kavalleristyrka för att göra en omfattande rekognoscering. Detta ledde till det stora kavallerislaget mot Murat. Den 15 oktober ägnade de allierade åt förberedelser inför slaget påföljande dag, och Blücher beordrades att skynda på sin marsch och förena sig med Böhmenarmén vid Markranstädt, femton kilometer sydväst om Leipzig.

År 1813 var Leipzig en stad med omkring 30 000 invånare som omgavs av urmodiga fästningsverk, bortom vilka det låg många förstäder. Stadens västra sida låg utmed floderna Pleisse och Elster, som rann genom ett nätverk av kanaler med broar; huvudbron låg vid Lindenau, varifrån vägar löpte till Merseburg och Weissenfels. På stadens norra sida rann Partha, som vid byn Paffendorf flöt ihop med Pleisse. Söderut låg en rad låga bergskrön, av vilka det högsta var Galgenberg, ett stycke väster om Liebertwolkwitz.

Den allierade anfallsplanen, såsom den utformades av Schwarzenberg och ändrades av Alexander I, gick ut på att tre fristående styrkor skulle rycka fram mot staden från väster och söder medan Blücher och 54 000 man ryckte fram nordöst om Leipzig. Gyulai skulle med 19 000 man angripa Lindenau och skära av de franska förbindelselinjerna, Merveldt skulle med 28 000 rycka fram norrut från Zwenkau mellan Pleisse och Elster medan Wittgenstein med 96 000 man och vänstra flygeln mot Pleisse skulle angripa den ställning som Murat hade intagit den 14 oktober och vars center låg vid Wachau. Denna breda fördelning ledde till fyra fristående drabbningar: vid Möckern och Lindenau i norr samt vid Dölitz och Wachau i söder.

Vad beträffar den första så trodde Napoleon, trots sitt meddelande till MacDonald, inte att Blücher skulle inlåta sig i strid den 16 oktober. Under hela fälttåget tillerkände han aldrig denne den energi och stridslystnad som han faktiskt ägde, vilket inträffade på nytt 1815. Klockan 22.00 den 15 oktober skrev han till Marmont, som då befann sig vid Lindenthal, att Karl Johan hade rapporterats befinna sig vid Merseburg och att många lägereldar kunde ses vid Markranstädt, ”vilket får mig att tro”, tillade han, ”att fienden inte kommer att rycka fram via Hallevägen, utan via Weissenfelsvägen, för att kunna förena sig med Böhmenarmén vid Zwenkau eller Pegau.”[82] Han antog att så var fallet och klockan 07.00 den 16 oktober gav han Marmont förhållningsorder om att förflytta sin kår till en position halvvägs mellan Leipzig och Liebertwolkwitz, varifrån han antingen kunde marschera mot Lindenau, om den staden skulle anfallas – ”vilket för mig framstår som befängt” – eller förflytta sig söderut när han ombads att göra detta.[83] Anledningen till den andra truppförflyttningen var att Napoleon hade bestämt sig för att låta MacDonalds kår rulla upp de allierades högra flank vid Wachaufronten och för att trygga detta flankangrepp ville han att Marmont skulle bistå MacDonald.

Napoleon hade dessvärre fel i sitt antagande, och även om Marmont på natten till den 16 oktober från kyrktornet vid Lindenthal tydligt hade sett det fjärran skenet från Blüchers lägereldar, gav han sig när han erhöll den ovannämnda ordern motvilligt iväg för att efterkomma den. Han hade

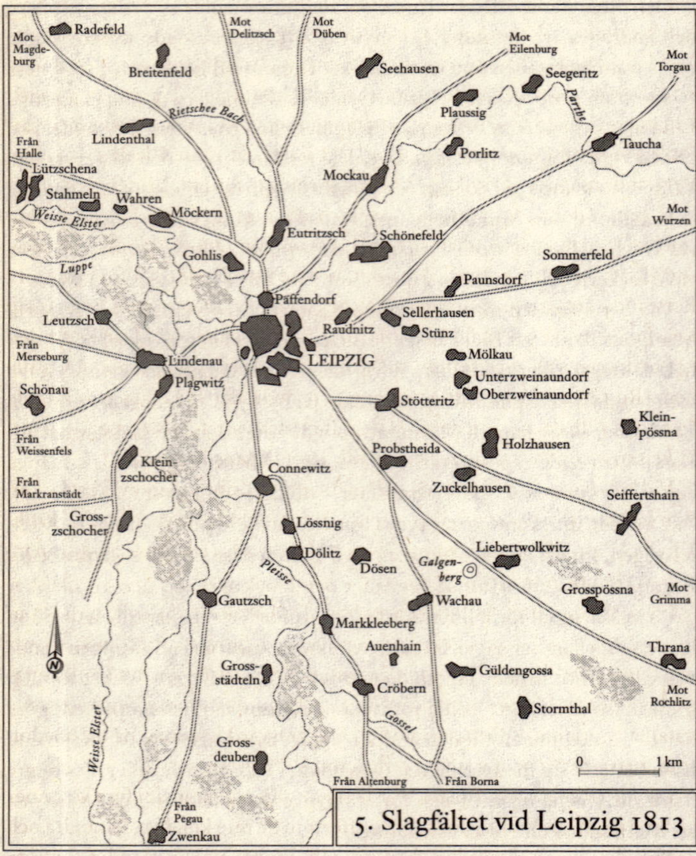

5. Slagfältet vid Leipzig 1813

knappt börjat marschera förrän Blüchers förtrupper drev bort de franska trupperna från deras ställningar i Radefeld, Stahmeln och Wahren. Marmont insåg att det nu var omöjligt att verkställa ordern och gjorde därför helt om och gick i försvarsställning mellan Möckern och Elster. Han vädjade sedan till Ney, som hade överbefälet över av norra fronten. Därnäst gav Ney omkring klockan 10.00 Bertrand och IV. kåren order om att inta Marmonts plats och fortsätta till rendezvousplatsen på halva vägen. Detta satte Bertrand igång med att göra, men han mottog på vägen en angelägen begäran om hjälp från Arrighi, som befann sig vid Lindenau och var utsatt för ett våldsamt angrepp från överlägsna styrkor under befäl av Gyulai. Bertrand insåg hur livsviktig Lindenaubron var för hela armén och efterkom genast denna begäran. Han ryckte fram mot Gyulai och drev honom tillbaka. Senare, när Souhams III. kår ankom från Düben, sände Ney en av sina divisioner för att bistå Marmont, och de återstående två för att utföra Bertrands ursprungliga uppgift. De begav sig av, men när de befann sig i närheten av MacDonald blev Marmonts belägenhet så allvarlig att den ena ordonnansofficeren efter den andra skickades i galopp för att återkalla dem. Resultatet blev, som Fain säger, att de under hela dagen vandrade fram och tillbaka mellan de båda slagfälten utan att avlossa ett enda skott. ”I kejsarens ögon”, tillägger han, ”var detta dagens katastrof.”[84]

Vid Möckern var Marmont utsatt för ett vildsint anfall av Yorcks kår. Byn hamnade om och om igen i nya händer, men klockan 17.00 lyckades Yorck till sist få fotfäste i den, efter att ha förlorat en tredjedel av sina män, och Marmont retirerade till Gohlis och Eutritzsch.

Någon gång efter daggryningen red Napoleon och Murat på nytt ut till Galgenberg. Det var en kylig och regnig morgon, och marken var täckt av en tät dimma. Klockan 09.00, då det började klarna, ”tillkännagav avfyrandet av tre kanonskott med regelbundna intervall det allierade anfallets början ... Härnäst följde en fruktansvärd kanonad på båda sidor, som fortsatte oavbrutet under fem timmar.”[85]

I skydd av sina artilleripjäser rörde sig de allierade framåt i fyra kolonner på bred front, en felaktig formering eftersom de inte kunde se varandra och därför inte kunde samordna sina angrepp. Eugen av Württemberg ryckte fram mot Wachau, där ursinniga närstrider fortsatte fram till klockan 11.00. Till slut drevs hans män ut ur byn. På Eugens vänstra flygel stormade Kleist Markkleeberg, men blev där stoppad av det franska artilleriet, och på Eugens högra flygel ryckte Gortjakov fram mot Liebertwolkwitz, bara för att tvingas tillbaka av kraftig artillerield. I och med att Gortjakov slogs tillbaka öppnades en lucka mellan hans trupper och Klenaus kolonner, som klockan 10.00 hade börjat rycka fram mot Grosspössna. Slutligen slogs Merveldt tillbaka mellan Pleisse och Elster och tvingades på defensiven.

Klockan 11.00 var de franska ställningarna följande: Poniatowski höll Markkleeberg, Connewitz och Dölitz, understödd av Augereau vid Dösen. Victor höll Wachau och Lauriston Liebertwolkwitz, medan Mortier och Oudinot, som vardera förde befäl över två divisioner av "unga" gardet, hölls i reserv. "Gamla" gardet befann sig bakom Galgenberg och MacDonald befann sig vid Holzhausen, där han inväntade Marmonts ankomst. Under tiden hade Drouot, som förberedelse inför det avgörande angreppet, fått order om att ställa upp ett stort batteri om 150 artilleripjäser mellan Wachau och Liebertwolkwitz.

Napoleons avsikt var att låta hela sitt kavalleri, med undantag för Sebastianis kår, bryta igenom fiendens center i trakten kring Güldengossa och sedan följa upp förvirringen med ett infanterianfall i kolonner, medan Macdonald, så snart Souham slöt upp, skulle slå till mot de allierades högra flank och driva denna mot den krossade centern.

När klockan började närma sig 14.00 kunde Napoleon inte längre vänta på Souham, utan beordrade framryckningen. Omkring 10 000 till 12 000 kavallerister ledda av Murat red framåt i skydd av Drouots batteri, medan infanteriet formerades bakom dem och MacDonald ryckte fram mot Seiffertshain.

Till en början svepte Murat alla framför sig och red över två infanterikolonner och erövrade 26 artilleripjäser. Hade infanteriet omedelbart följt kavalleriet i hälarna skulle slaget sannolikt ha vunnits. Men i det avgörande ögonblicket hördes ett avlägset muller norrifrån. Berthier trodde att det var ett fjärran åskväder, men Napoleon insåg genast att det rörde sig om artillerield. Han vände hästen och red mot Möckern, och var därför frånvarande i just det ögonblick då han som mest behövdes vid Wachau.

När Murat väl hade trängt fram ett gott stycke söder om Güldengossa hade Victor vid det laget stormat och tagit fårfarmen Auenhain. Oudinot ryckte fram mot Cröbern, Mortier mot Universitätswald, Lauriston mot Güldengossa och MacDonald mot Seiffertshain. Men under tiden hade de allierade beordrat fram sina reservtrupper och Murat, vars kavallerister nu hade sprängt sina hästar, utsattes för ett våldsamt flankangrepp av tretton ryska kyrassiärskvadroner och drevs tillsammans med Lauristons kår huvudstupa tillbaka till Drouots batteri. På den franska sidan rådde allmän förvirring: Victor tvingades överge fårfarmen och Oudinot drevs ut ur Seiffertshain, och på den franska högra flygeln blev Merveldt, som hade gått över Pleisse och tagit sig in i Dölitz, utkastad och själv tillfångatagen.

När striderna väl var över gav Napoleon order om att högkvarterets tält skulle resas i en uttorkad damm vid Stötteritz,[86] där han som vanligt var omgiven av ”gamla” gardet. Han lät sedan hämta general Merveldt, som han var personligt bekant med, och fick av denne veta att den bayerske generalen Wrede hade förenat sig med österrikarna vid Inn och avsåg att marschera mot de franska förbindelselinjerna vid Mainz och Frankfurt. Detta övertygade honom om att en reträtt var oundviklig, så för att vinna tid beslutade han sig för att sända tillbaka Merveldt till de allierades högkvarter med ett förslag om att inleda underhandlingar.[87] Av detta blev det naturligtvis ingenting.

Att Napoleon verkligen bestämde sig för att retirera verkar för oss stå utom allt tvivel, eftersom han klockan 19.00 beordrade Bertrand att hålla IV. kåren redo att ge sig av för att trygga övergångarna över Saale och Unstrut vid Merseburg, Freiberg, Weissenfels och Kösen. Mortier skulle med två divisioner av ”unga” gardet överta hans plats vid Lindenau. Men Napoleon avsåg tydligen inte att göra detta förrän den 18 oktober, av allt att döma på grund av sårad fåfänga. Det var en ödesdiger blunder, eftersom han fortfarande kunde ställa upp 160 000 man. Och hade han den 17 oktober givit sig av mot Rhen råder det föga tvivel om att han, även om det skulle ha inneburit att Tyskland övergavs, hade kunnat trygga Frankrikes östfront och därigenom befunnit sig i en ojämförligt bättre belägenhet än den han slutligen befann sig i 1814.

Den 17 oktober ägde ytterst få strider rum, eftersom båda sidor ägnade dagen åt förberedelser inför morgondagen. Klockan 02.00 den 18 oktober regnade det fortfarande och fransmännen bröt sina bivacker och drog sig tillbaka till linjen Connewitz–Dölitz–Probstheida–Zuckelhausen–Holzhausen–Zweinaundorf–Paunsdorf–Schönfeld, och därifrån längs Partha till Paffendorf och Gohlis. Under dagen ankom Reyniers kår.

Den 17 oktober förblev de allierade i likhet med fransmännen där de befann sig, medan de inväntade Colloredo, Karl Johan och Bennigsen, som ökade den allierade styrkan till 295 000 man och 1 466 artilleripjäser. Schwarzenbergs plan för den 18 oktober var att anfalla i sex kolonner: fursten av Hessen–Homburg mot Lössnig, Barclay mot Probstheida, Bennigsen mot Zuckelhausen-Holzhausen, Blücher nordost om Leipzig, Gyulai mot Lindenau samt Karl Johan mellan Gyulai och Blücher.

Klockan 23.00 den 17 oktober beordrade Napoleon att hans högkvarter skulle flyttas till tobaksspinneriet vid Stötteritz, och tre timmar senare begav han sig till Probstheida och därifrån vidare till Reudnitz för att träffa marskalk Ney. Han stannade kvar i Reudnitz till klockan 05.00 och begav sig sedan till Lindenau, där han enligt baron Fain gav order om att ytterligare broar skulle slås.[88] Klockan 08.00 befann han sig i Stötteritz, och medan han åt frukost började fiendens artilleripjäser öppna eld. Han sände genast definitiva order till Bertrand om att bege sig till Saale.

Fram till 14.00 drevs fransmännens framskjutna ställningar sakta tillbaka, medan de allierade styrkorna ryckte fram med stor försiktighet. Endast den allierade vänstra kolonnen, under befäl av Hessen-Homburg, hamnade i hårda strider vid Dölitz och Dösen, som dock erövrades. Härnäst ryckte han fram mot Connewitz, men kastades tillbaka av Poniatowskis polacker. Barclay, som befann sig på Hessen-Homburgs högra flygel, ryckte fram mot Probstheida, men de franska batterierna orsakade svåra förluster och han gjorde därför halt för att invänta Bennigsen, som fortfarande befann sig i kön men som sakta banade sig väg mot Zweinaundorf. Men av Karl Johan syntes ännu inga tecken. Under tiden besegrade Bertrand fullständigt Gyulai vid Lindenau och trängde sedan vidare mot Weissenfels.

Klockan 14.00 utbröt ursinniga strider runt Lössnig, men Augereau och Poniatowski höll sina ställningar vid Connewitz, medan Victors kår, understödd av Lauristons, upprepade gånger kastade tillbaka Barclays kolonner vid Probstheida. Anfall efter anfall gjordes ända tills Schwarzenberg beordrade Barclay att hålla sig på defensiven. Under tiden intog Bennigsen, som var ofantligt överlägsen MacDonald, efter desperata strider Holzhausen och Zuckelhausen. Han trängde vidare och tog Zweinaundorf, men blev tillbakakastad vid Stötteritz. Karl Johan hade äntligen slutit upp på hans högra flygel, och klockan 15.00 stormade de gemensamt Mölkau. Därnäst gjordes med understöd av oerhörd artillerield och kapten Bogues raketbatteri en framryckning mot Paunsdorf, som också stormades. Strax därefter återerövrade Napoleon byn med ”unga” och ”gamla” gardet, men fann att den var ohållbar, och Ney drog tillbaka sin högra flygel till Schönfeld, Sellerhausen och Stüntz. Medan dessa tillbakaryckningar pågick deserterade två av Reyniers sachsiska brigader och ett sachsiskt fältbatteri, som hade varit posterat framför Sellerhausen, till fienden,[89] men det franska kavalleriet, som trodde att de ryckte fram för att anfalla, hälsade dem med jubel när de passerade förbi.

Även om ställningarna vid Connewitz, Probstheida och Stötteritz inte hade rubbats hade fransmännen vid kvällningen på andra håll tvingats dra sig tillbaka till Leipzigs utkanter. Marmont hade drivits ut ur Schönfeld och ryckt tillbaka mot Raudnitz, och klockan 16.00 hade Ney och Souham blivit sårade. Vid det laget insåg Napoleon att hans belägenhet var ohållbar, och vid en lägereld dikterade han i kvällningen ”med sin vanliga precision”[90] sina order inför reträtten. Dessa order har sedan dess gått förlorade, men marschordningen som angavs i dem var att ”unga” gardet, 4. kavallerikåren och IX. och II. armékåren samt slutligen 2. kavallerikåren genast skulle påbörja tillbakamarschen via Lindenau, i skydd av den övriga armén. Fram till klockan 20.00 förblev Napoleon kvar vid bivacken, men han red sedan till Rossplatz i Leipzig, där han inkvarterade sig på Hotel de Prusse. Där arbetade han tillsammans med hertigen av Bassano (Maret) till långt in på natten.[91]

Blücher fick samma kväll veta att Bertrand var på väg till Saale och beordrade genast Yorck att bege sig med sin kår till Merseburg och Halle för att inta dem.

När striderna upphörde den 18 oktober hade ännu inget avgörande nåtts. Den franska linjen höll från Connewitz till Probstheida, Stötteritz, Crottendoft, Reudnitz norr om Leipzig, och Napoleons reträttlinje västerut låg fortfarande öppen. Scenen den natten har målande beskrivits av Danilewski:

> Mörkret föll; himlen glödde röd, och Stötteritz, Schönfeld, Dölitz och en av Leipzigs förstäder stod i lågor. Så länge de [allierade] var hos oss var de alla rusiga av glädje, budbärare skyndade till från alla håll med bud om segern och obeskrivlig förvirring härskade i fiendearmén. Dess tross, dess artilleri, dess skingrade regementen, vilkas soldater saknat mat i flera dagar, hejdades på grund av frånvaron av broar över vattendragen runt Leipzig. På de trånga gatorna ekade skriken från oräkneliga sårade när våra kulor och granater haglade över dem. På slagfältet, som så alldeles nyligen fyllts av mullret från 2 000 kanoner, rådde en gravlik tystnad.

Tystnaden som följer på ett slag har något fruktansvärt över sig som i själen ingjuter en outsäglig sinnesrörelse.[92]

På kvällen den 18 oktober utfärdade Schwarzenberg sina order för följande dag. Som vanligt skulle anfallet utföras helt i linjeformering och i likhet med i alla sina tidigare anfallsorder gjorde han inget försök att inrikta sig på en enda punkt. Vidare gjordes det, frånsett de steg som Blücher redan hade vidtagit, inga försök att skära av den franska reträttlinjen eller förbereda en förföljelse.

Klockan 02.00 den 19 oktober lämnade fransmännen sina förposter och lägereldar vid Connewitz, Probstheida och Stötteritz och drog sig tillbaka från de byarna, och MacDonald beordrades att hålla Leipzig med VII., VIII. och XI. kåren – sammanlagt 30 000 man – för att skydda reträtten. Order skickades också till Saint-Cyr om att han skulle försöka undkomma om han kunde.

Klockan 07.00 den 19 oktober återupptog de allierade sin framryckning, som strax efteråt hejdades för att man skulle kunna inleda underhandlingar om stadens kapitulation eftersom Alexander I ville bespara staden bombardemang och stormning. Vid samma klockslag fick Napoleon veta att Bertrand framgångsrikt hade lyckats etablera sig i Weissenfels. Klockan 09.00 tog han farväl av sin allierade, kungen av Sachsen, och sedan red han till Lindenaubron genom ett kaos som D'Odeleben beskriver på följande sätt: ”Ammunitionsvagnar, marketenterivagnar, gendarmer, artilleripjäser, kor och får, kvinnor, grenadjärer, postdiligenser, soldater – obeväpnade, sårade och döende – kämpade sig tumultartat fram i en förvirring som var så stor att det knappt var möjligt att fortsätta marschen, och än mindre att försvara sig.”[93]

I denna förvirring stötte general Château nära bron på ”en man i egendomlig klädsel och med endast ett litet följe. Han visslade melodin ”Malbrook s'en va-t-en guerre”, fastän han var djupt försjunken i tankar. Château trodde att mannen var en borgare och skulle just närma sig honom för att ställa en fråga ... Det var kejsaren, som med sin vanliga flegma verkade vara fullständigt känslokall inför de scener av förödelse som omgav honom.”[94]

Napoleon red över bron klockan 11.00, steg ur sadeln vid Lindenaukvarnen och somnade, efter att först ha dikterat sina order. Under tiden hade Alexander I:s underhandlingar inte lett någon vart och strider utbröt i Leipzig, där fransmän och polacker ursinnigt förde en förtvivlad kamp.

En stund före klockan 13.00, medan Napoleon sov utan att låta sig störas av kanonmullret, väcktes han plötsligt av en fruktansvärd explosion. Det var Lindenaubron som i förtid hade sprängts av en sappörkorpral, vars överste hade ridit fram för att förvissa sig om vilken kår som sist skulle passera över bron. För återstoden av det franska arriärgardet var det ett grymt bakslag, eftersom den enda andra bro som hade uppförts redan hade kollapsat. MacDonald, Poniatowski och andra officerare kastade sig ut i floden, liksom många meniga. MacDonald lyckades nå västbanken, men Poniatowski, som på ärans fält föregående dag hade blivit utnämnd till marskalk av Frankrike, drunknade. Inte långt därefter upphörde striderna med en allmän kapitulation öster om Elster.

Den 20 oktober gick den besegrade arméns huvudstyrka över Saale vid Weissenfels. Den 23 oktober tågade den in i Erfurt och stannade kvar där fram till den 26 oktober för att förnya sina förråd. Då Napoleon kom dit fann han sin reträttlinje spärrad vid Hanau av furst von Wrede och 40 000 bayrare. Han ryckte fram mot denne och tillfogade honom mellan den 28 och 31 oktober ett allvarligt nederlag med förluster på över 9 000 man. Kejsaren trängde vidare genom Frankfurt och nådde den 2 november fram till Mainz. Där stannade han fram till den 7 november, då han begav sig till Paris och ankom till Saint-Cloud den 9 november. Två dagar senare kapitulerade Saint-Cyr i Dresden. Därmed var fälttåget avslutat.

Förlusterna den 18 oktober är inte exakt kända, men de uppgick förmodligen till omkring 25 000 man på vardera sidan. Mellan den 16 och 19 oktober förlorade de allierade uppskattningsvis 54 000 i döda och sårade medan fransmännen förlorade 38 000, eller nästan dubbla den siffran om man räknar in krigsfångar, sjuka på sjukhus och desertörer. De allierades segerbyte var ofantligt och omfattade bland annat 28 fanor och örnstandar, 325 artilleripjäser, 900 ammunitionsvagnar och 40 000 musköter. Av de främsta franska fältherrarna stupade sex i strid och tolv sårades, medan 36 fältherrar blev tillfångatagna, bland dem Lauriston och Reynier. Fain upplyser oss vidare om att fransmännen den 18 oktober avfyrade 95 000 kanonskott, och över 200 000 mellan den 16 och 19 oktober. Den 19 oktober återstod endast 16 000 skott i artillerireserven.[95]

”För första gången i sitt liv”, skriver D'Odeleben, ”hade fransmännens ledare blivit slagen inför ögonen på och i hjärtat av det civiliserade Europa ... Han hade, kort sagt, förlorat ett avgörande slag.”[96] Den här gången fanns inga ursäkter, ingen polsk gyttja eller rysk vinter. Han hade förlorat ett nytt Trafalgar, den här gången till lands: han hade förlorat initiativet.

Även om han bar chocken med hjältemod, var det ett dödligt slag från vilket han aldrig riktigt återhämtade sig. De allierade makternas seger tände nämligen ett nytt ljus i Europas historia. Inget skulle bli exakt som det hade varit före denna seger. Den glädjeyra som svepte över kontinenten var lika extatisk som den som hade följt efter Lepanto. Skymford vällde fram som genom öppnade dammluckor och en störtflod av giftig propaganda svepte över nationerna som frätande syra, ett omen om förnedringen i framtida krig. "London lystes upp, och varje stad och by tände sitt bål och brände Napoleon *in effigie* som Guy Fawkes, medan pressen spydde ut en kakofoni som saknade motstycke ... 'Den förste och siste, genom den himmelska vreden, Jakobinernas kejsare, Skurkkonfederationens beskyddare, Helvetesförbundets förmedlare, Skräcklegionens storkors, etc.'" Enligt general Duponts utsaga inledde "han [Napoleon] sin mordkarriär i en ålder av sexton år genom att i Brienne förgifta en ung kvinna som bar hans barn etc".[97]

Ändå blev följderna efter "nationernas slag" *(die Völkerschlacht)* – vars minne idag högtidlighålls genom ett kolossalt och barbariskt monument – mer anmärkningsvärda än dessa galenskaper: de innebar det engelska systemets seger, det moderna Preussens uppstigande och Frankrikes nedgång. Vidare förutspådde de att strider mellan enskilda makter i allt högre grad skulle komma att höra det förflutna till, och att den tid närmade sig då dessa politiskt primitiva konflikter skulle ge vika för krig av världsdimensioner.

Napoleons strategi misslyckades inte därför att han saknade tillräckliga medel eller därför att hans arrogans var omåttlig, utan därför att hans politik inte stod i samklang med tidsandan. Han hade syftat till att upprätta ett allomfattande imperium och hade följt i de stora forntida erövrarnas fotsteg. Men tiderna hade förändrats. Europa var inte längre ett gytter av folkstammar och folkslag, utan i stället en mängd nationer som höll på att utkristalliseras och som var och en sökte sin särskilda väg i riktning mot det nya övermodets gäckande krön – dess personliga förgudning.

Vid Jena krossade Napoleon inte bara en feodal armé, utan även de sista spåren efter hela den feodala tanken, och ur askan reste sig den nationalarmé som skulle komma att krossa honom vid Leipzig. På de likbeströdda fälten längs Elster krälade det moderna Europa ut ur sitt medeltida skal.

KRÖNIKA

Fälttåget 1814

Även om England hade spelat en obetydlig roll i fälttåget 1813 så skulle slaget vid Leipzig, som utgjorde dess höjdpunkt, aldrig ha vunnits om det inte hade varit för Englands krig i Spanien, vilket sedan 1808 hade placerat Napoleon mellan två fientliga fronter, och inte heller utan biståndet från dess subsidier. England tornade upp sig högt ovanför sina allierade och var såväl den beständiga som den dominerande faktorn i störtandet av Napoleon, vilket landet hade varit ända sedan Trafalgar. Englands syfte hade genomgående varit lika mycket ekonomiskt som politiskt, och med freden i sikte föresatte sig rikets statsmän – som aldrig glömde bort att alla de större kontinentala makterna var Englands potentiella fiender – att uppnå det syftet genom att återställa maktbalansen. Detta krävde varken en delning eller en försvagning av Frankrike, utan snarare ett återupprättande av dess geografiska gränser – Rhen, Alperna och Pyrenéerna.

Den här politiken gynnades av Österrike, som fruktade Rysslands och Preussens växande makt, och även om den stötte på motstånd från Alexander I, som var ivrig att rentvå Moskva från Napoleons skymf genom att diktera fredsvillkoren i Paris den 16 november 1813, godtog denne preliminärt Englands politik och dess villkor vidarebefordrades till Napoleon. Men eftersom hans svar var undanglidande drogs villkoren genast tillbaka och ersattes av en deklaration om att de allierade makterna skulle invadera Frankrike och störta Napoleon, men att de hoppades ”finna fred innan de beträdde hennes jord”. Den här kungörelsen vann inte gehör hos det krigströtta franska folket utan dess enda verkan blev i stället att återuppväcka andan från år 1792. Den heliga jorden var i fara. Frankrike grep till vapen.

Frankrikes belägenhet var desperat, för under MacDonald i norr och Marmont i söder fanns det endast 53 000 soldater tillgängliga för att hålla den 500 kilometer långa Rhenfronten. Fem härar stod emot Frankrike: i norr Karl Johan och Blücher med 102 000 respektive 82 000 man, i mitten Schwarzenberg med 200 000 man och i söder en österrikisk-italiensk armé om 55 000 man samt slutligen Wellington med 80 000 man i Gascogne.

Napoleon hade räknat med att hans fiender inte skulle börja röra på sig förrän på våren 1814. I detta tog han miste, och det nya året hann inte mer än infinna sig förrän den ena katastrofen följde på den andra. Den 11 januari gick Murat, kungen av Neapel, över till de allierade, och tre dagar senare följde Fredrik VI av Danmark hans exempel. Men ännu värre var att de allierade i norr och öster började rycka fram med oväntad hastighet: Blücher och Graham (lord Lynedoch) invaderade Holland, Schwarzenberg och den allierade huvudarmén tågade framåt genom Basel och Belfort mot Langres, medan Blücher med Schlesienarmén ryckte in i Lorraine (Lothringen) och drev ut Victor ur Nancy. Den 25 januari befann sig Schwarzenberg med 150 000 man mellan Langres och Bar-sur-Aube, och Blücher, som hade gått över Marne vid Saint-Dizier, befann sig nära Brienne, som då hölls av Victor och Macdonald.

Samma dag lämnade kejsaren Paris och begav sig till Châlons-sur-Marne för att inleda ett fälttåg som i briljans kunde mäta sig med vilket annat som helst av hans tidigare. Han hade 42 000 man nära Saint-Dizier, MacDonald närmade sig med 10 000 och Mortier befann sig vid Troyes med 20 000. Han skingrade genast en fientlig division nära Saint-Dizier och anföll sedan den 29 januari Blücher i förhoppningen om att kunna förhindra denne att förena sig med Schwarzenberg. I detta misslyckades han. Blücher drog sig tillbaka till Bar-sur-Aube och kastade den 1 februari kraftigt tillbaka Napoleon vid La Rothière, varefter denne drog sig tillbaka till Troyes. De allierade trodde att Napoleons makt nu var krossad och betraktade kriget som vunnet. Men även om de bjöd in varandra till att äta middag i Palais Royal inom en vecka höll deras skrangliga sammanslutning på att nå bristningsgränsen.

Medan Napoleon ryckte tillbaka mot Troyes höll de allierade ett krigsråd där det beslutades att Schwarzenberg med 150000 skulle närma sig Paris från sydväst via Sens under tiden som Blücher med 50000 man skulle rycka fram mot huvudstaden från nordväst. Anledningen till denna ostrategiska styrkeuppdelning var politisk. Österrike ville liksom England inte ha ett försvagat Frankrike och var allvarligt oroat av Rysslands ambitioner. Men Alexander I önskade sig ett snöpt Frankrike så att maktbalansen tippade över till hans fördel, eftersom hans mål var att vinna hela Polen och skänka Preussen Sachsen som gottgörelse för förlusten av dess polska besittningar.

Lord Castlereagh, den brittiske utrikesministern, som vid den tidpunkten befann sig i det allierade högkvarteret, motsatte sig kraftigt den ryska politiken, eftersom han insåg att den enda säkra borgen för en varaktig fred låg i att upprätta ett måttligt starkt Frankrike, helst styrt av den gamla dynastin. Metternich stötte Castlereagh, men Alexander I, som inte litade på Metternich, beslutade sig för att tränga vidare mot till Paris, men gick med på att låta Frankrike fritt välja sin framtide ledare.

Inget kunde ha passat Napoleon bättre än denna styrkeuppdelning eftersom den, i och med att han opererade på inre linjer, gjorde det möjligt för hans lilla här att ta itu med fienderna en åt gången, en operation som blev ännu mer inbjudande då Blücher, vars styrkor nu var i huvudsak ryska, marscherade fram i tre fristående kolonner. För att krossa dem beordrade kejsaren den 7 februari Marmont att inta Sézanne, och den 9 februari begav han sig iväg för att bistå denne. Följande dag, vid Champaubert, anföll Marmont och Ney Olsufjevs kår, som praktiskt taget tillintetgjordes, och följande dag slog Napoleon med 20 000 man till mot Sackens kår vid Montmirail, som besegrades och drevs norrut över Marne vid Château-Thierry. Mortier lämnades kvar för att förfölja Sacken och på natten den 13 februari gav sig Napoleon iväg för att förstärka Marmont vid Vauchamps, som då var hårt ansatt av Blüchers tredje kolonn. Napoleon anföll denna och lyckades efter en hård strid driva den tillbaka mot Bergères. Inom fyra dagar och med mindre än 30 000 man hade han följaktligen skingrat Blüchers 50 000 och åsamkat honom 15 000 i förluster. Segrarna fick en elektrifierande verkan: Paris repade mod och bönderna reste sig mot inkräktarna, skar av deras furagering och lade sig i bakhåll för deras patruller.

Napoleon hade inte mer än hunnit ta itu med Blücher förrän han fick veta att Schwarzenberg ryckte fram i två kolonner: en via Bray-sur-Seine och den andra mot Fontainebleau. Han vände om söderut, ursinnig eftersom han tvingades överge förföljelsen av Blücher, och anföll den 18 februari Eugen av Württemberg vid Monterau, drev denne tillbaka och återtog den livsviktiga bron över Seine.

Den lysande strategin ödelades av hans högmod. Eftersom han var medveten om att Alexander I:s ambitioner uppväckte oro försökte han få Österrike att lämna koalitionen, men förhandlingarna misslyckades på grund av att han vägrade att avträda Belgien och gränsområdet längs Rhen. Den 1 mars förband sig de allierade vid Chaumont att inte ta itu med honom enskilt och att kriget skulle fortsätta ända tills Frankrike accepterade sina gamla gränser. Englands huvudroll i de här underhandlingarna var att bevilja sina allierade 5 000 000 pund i ytterligare subsidier.

Under tiden återupptog Blücher sin framryckning, och när Napoleon i Troyes den 25 februari fick kännedom om detta gav han sig iväg för att möta honom. Men när Napoleon närmade sig drog sig Blücher skickligt tillbaka norrut och kejsaren, som hade blivit 36 timmar försenad på grund av en förstörd bro vid La Ferté-sous-Jouarre, förmådde inte hinna ifatt honom förrän den 7 mars, då han anföll honom vid Craonne och drev honom tillbaka mot Laon. Där överrumplade Blücher på natten till den 10 mars Marmont och tillfogade denne ett fullständigt nederlag, varefter Napoleon drog sig tillbaka till Soissons, där han den 17 mars fick veta att Schwarzenberg i söder på nytt ryckte fram mot Paris. Han marscherade mot denne och den 20 mars utkämpade 23 000 fransmän och 60 000 österrikare det desperata och blodiga slaget vid Arcis-sur-Aube. Det slutade när kejsaren tvingades dra sig tillbaka till Sézanne.

Napoleon besatt inte tillräckligt stora styrkor för att hejda Schwarzenberg från att nå Paris, så han beslutade sig för att tåga in i Lorraine, samla ihop fästningsgarnisonerna där och sedan tvinga Schwarzenberg att vända om genom att anfalla hans kö och förbindelselinjer. Det var ett desperat vågspel. I Saint-Dizier proklamerade han ett massuppbåd och beordrade garnisonerna i Lorraine att slå sig ut och förena sig med honom. Men den 23 mars tillfångatogs en av hans kurirer, som var på väg till Paris med ett brev till kejsarinnan, av en kosackpatrull. När Alexander I genom brevet fick kännedom om vad Napoleon hade i tankarna övertalade han Schwarzenberg – som redan höll på att retirera – att tills vidare överge sina förbindelselinjer och vända om och förena sig med Blücher för att tillsammans med denne rycka fram mot Paris. I stället för att tvinga österrikarna att rycka tillbaka ledde Napoleons manöver följaktligen endast till att vägen till Paris öppnades.

Schwarzenberg gav sig av den 25 mars, medan Blücher marscherade parallellt med honom från Châlons-sur Marne. Samma dag tillfogades Marmonts och Mortiers kårer ett fullständigt nederlag vid Fère-Champenoise, och alldeles i närheten blev general Pacthods division av Nationalgardet (4 500 man) näst intill tillintetgjord efter en storslagen strid – den mest heroiska under detta anmärkningsvärda fälttåg. Förutom spillrorna av Marmonts och Mortiers kårer återstod inga styrkor för att försvara Paris, som under kejsarens bror Josefs svaga ledarskap befann sig i ett tillstånd av panik.

De båda marskalkarna ställde upp sina trupper vid foten av Montmartre, och den 30 mars utkämpades där fälttågets sista slag. När Josef och hans bror Jérôme från höjderna ovanför såg att slaget var förlorat, gav de Marmont och Mortier order om att underhandla med fienden. Man enades om en vapenvila och Paris beviljades hedervärda kapitulationsvillkor.

Napoleon befann sig vid Vitry, och när han fick veta att Paris var i fara skyndade han i täten för sina trupper till Fontainebleau. Han fick där veta att Marmont hade gått över till fienden, och eftersom hans marskalkar vägrade följa honom abdikerade han den 11 april. Den 20 april tog han farväl av "gamla" gardet och i Fréjus embarkerade han på natten den 28 april, åtföljd av Bertrand och Drouot, den brittiska fregatten *Undaunted*, som förde honom till Elba.

Den 30 maj undertecknades en rad fördrag, som blivit kända under samlingsnamnet första Parisfördraget och som fastställde Frankrikes gränser så som de sett ut den 1 november 1792. Enligt ett av villkoren skulle alla de krigförande makterna hålla en kongress i Wien för att komma fram till ett allmänt fredsavtal. Wienkongressen samlades i september och ledde snart till att de allierade stod på randen till krig. Alexander I krävde hela Polen. Castlereagh ledde oppositionen, stödd av Metternich och Talleyrand. England, Österrike och Frankrike misstrodde Rysslands växande styrka och övervägde det faktum att hela maktbalansen skulle störas om Rysslands gränser utvidgades västerut in i Tyskland. Den 3 januari 1815 bildade de därför en hemlig pakt för att uppbåda 450 000 män och föra krig mot Ryssland. Wienkongressen hade ännu inte avslutats när man den 4 mars nåddes av nyheten om att Napoleon hade flytt från Elba.

Medan Wienkongressen sammanträdde hade Napoleon hållit sig välunderrättad om dess gräl, och när han den 13 februari fick veta att Fouché konspirerade för att störta Ludvig XVIII beslutade han sig för att sätta sin lycka på spel och återvända till Frankrike. På söndagsnatten den 26 februari embarkerade han med 1 050 officerare och manskap ur sin livvakt briggen *l'Inconstant* och sex mindre farkoster vid Portoferraio, undkom det franska vaktskeppet och landsteg den 1 mars i Golfe Juan.

Den 7 mars fann han Laffreypasset i närheten av Grenoble bevakat av 5. regementet, och när han närmade sig det utropade en rojalistofficer: ”Där är han: öppna eld mot honom!” Napoleon vände sig till överste Mallet, som förde befälet över hans livvakt, och sade: ”Beordra soldaterna att placera musköterna under vänsterarmen med mynningen nedåt.” Han steg sedan fram och sade: ”Soldater av femte regementet, vet ni vem jag är? Här är er kejsare. Den som så vill kan skjuta.” De brast ut i ropet: ”Vive l'Empereur!” Första omgången av det fälttåg som skulle leda fram till Waterloo var vunnen. Den 20 mars befann han sig åter i Paris; det var hans sons födelsedag.

Slaget vid Waterloo 1815

Fälttåget som ledde fram till slaget vid Waterloo har blivit så grundligt undersökt och kritiserat att de misstag som begicks under det lätt framstår som exempellösa och flagranta. Det var de inte, utan det handlade om sådana misstag som vanligen brukar återfinnas i de flesta fälttåg. Men vad som var exempellöst är att samtidens två mest framstående fältherrar drabbade samman för första gången under ett 22 år långt krig och att båda var enastående militära ledare. Med undantag för ärkehertig Karl av Österrike hade Napoleon dittills mött och stridit mot militära ledare som endast besatt medelmåttig förmåga, och det hade även Wellington i sin tur. Nu skulle de båda framstående protagonisterna mötas ansikte mot ansikte, och följaktligen har deras personliga ryktbarhet och exceptionella förmåga gjort att de misstag som de själva och deras underordnade gjorde sig skyldiga till har hamnat i rampljuset.

Att den mer framstående av de båda besegrades av den mindre har givit upphov till myten om att Napoleons geni var på nedåtgående och att han antingen var sjuk eller hade blivit letargisk. De bevis som har skrapats ihop för att ge stöd för dessa påståenden är lika ansträngda som de är förvrängda. Han var nämligen varken bättre eller sämre än han hade varit vid Marengo, Austerlitz, Jena eller Leipzig, en man så bemästrad av sitt geni att han ibland levde i ett land av illusioner.[1] Så övertygad var han om sina egna krafter och goda lycka att han, som Caulaincourt en gång sade: "hade en fullständigt oberäknelig antipati för alla tankar eller idéer om sådant han ogillade".[2] När han den 21 juni ankom till Elyséepalatset efter nederlaget vid Waterloo sade han till Caulaincourt: "Nå, Caulaincourt, här har vi en präktig uppståndelse! Ett förlorat slag! Hur ska landet kunna bära denna motgång? Allt väsentligt har gått förlorat. Det är en fruktansvärd katastrof. Dagen var vunnen. Hären hade utfört underverk, fienden slogs vid varje punkt, endast den engelska centern höll. Just som allt var över greps hären av panik. Det är oförklarligt."[3] Det var det inte alls: det var det logiska slutet på hans illusioner om att han personligen kunde kontrollera och göra allting, och att en fulländad plan inte kunde undgå att leda till en fulländad lösning, oavsett vilka medel som stod till buds för att genomföra den.

I Wellington mötte han en soldat som var mycket olik honom själv och en fältherre vars arméer hade varit så små och kompakta att befälet hade kunnat centraliseras: lydnad och inte initiativförmåga var vad som krävdes av de underordnade. Även om Wellington var lika autokratisk och diktatorisk som Napoleon lät han sällan, tack vare sin förmåga att kombinera förutseende med sunt förnuft, fantasin ta överhanden över förnuftet. Eftersom hans arméer vanligen var numerärt underlägsna motståndarens tvingades han vara försiktig. Men det är ändå ett stort misstag att ta för givet, som många har gjort och som Napoleon själv gjorde, att Wellington bara var en försiktig general. Även om han var en mästare i defensiv krigföring kunde han om omständigheterna var fördelaktiga vara ytterst djärv, vilket han visade vid Assaye och Argaum 1803, under Vimeiro- och Talaverafältågen och vid stormningen av Ciudad Rodrigo och Badajoz. Hans Fabius Cunctator-inspirerade taktik var inget annat än sunt förnuft: när omständigheterna krävde försiktighet var han försiktig, men när de inte gjorde det, då kunde han slå till som en åskblixt.

Få fältherrar under Wellingtons tid förstod taktikens element så grundligt som han gjorde. Han insåg de begränsningar som behäftade den tidens musköt: att den på kärnskottsavstånd var ett dödligt vapen, men på längre håll ett nästan värdelöst sådant. Han insåg att den engelske soldatens dominerande egenskaper var orubblighet och tröghet, och att den franske soldaten saknade dessa. Han föredrog därför att möta kolonnformeringar med en två led djup linjeformering, vilket innebar att han kunde minst fyrdubbla sin eldkraft. För att såväl skydda sina män som förbrylla fienden underlät han sällan att till fullo utnyttja det skydd som terrängen gav. Det var anledningen till att Junot blev fullständigt vilseledd vid Vimeiro och till att Masséna vid Busaco misstog den brittiska centern för dess höger. Detsamma hände vid Salamanca och även vid Waterloo.

Wellingtons storslagna taktik var i huvudsak av defensivt-offensivt slag, det vill säga att han uppmuntrade fienden att anfalla för att sedan, när denne blivit förvirrad, i sin tur anfalla fienden i skydd av musköttröken. Han massformerade sällan sina kanoner, inte bara därför att han sällan hade tillräckligt många sådana utan därför att artilleriet i hans linjetaktik krävde spridning, inte koncentration. Han förföljde dessutom sällan en slagen fiende eftersom hans kavalleri i allmänhet var svagt och medelmåttigt. Ett annat faktum bör nämnas, eftersom det i kombination med hans utnyttjande av terrängen upphöjde honom till en överlägsen taktikkonstnär. Det var att han såg allting själv och endast när det var omöjligt för honom att göra det förlitade sig på andrahandsinformation. Som han en gång sade: ”Den verkliga anledningen till att jag lyckades ... är att jag alltid var på plats – jag såg allt, och gjorde allt själv.” I likhet med Napoleon kombinerade han stabschefens åligganden med överbefälhavarens, och hans befälsföring var därför i själva verket napoleonsk. Men hade han blivit tvungen att föra befäl över en stor här, uppdelad i flera fristående eller halvt fristående styrkor, skulle hans centraliserade system självfallet ha visat sig bli lika bristfälligt som Napoleons i allt högre grad blev efter Austerlitz.

När Napoleon väl var tillbaka i Paris satte han igång med den herkuliska uppgiften att uppbåda sin sista stora här. Män fanns i överflöd eftersom Frankrike vimlade av hemförlovade veteraner och frigivna krigsfångar; men det rådde en beklaglig brist på musköter, utrustning, hästar och ammunition, och franska kungliga armén, som var omkring 100 000 man stark, var i bedrövligt skick. Men hans huvudproblem var att välja ut sina främsta officerare, eftersom många av hans marskalkar och generaler, däribland Soult, Berthier, MacDonald, Saint-Cyr, Suchet, Augereau och Ney, hade svurit trohetsed till Ludvig XVIII, och många av dem som återförenat sig med honom hyste föga hopp om en seger för hans sak. Lika illa var det att det rådde ömsesidig misstänksamhet mellan dem som hade och inte hade tjänat Ludvig.[4]

För att hans storslagna taktik skulle kunna utföras på ett effektivt sätt behövde han minst fyra män som var grundligt införstådda med hans *bataillon carré*-system: en stabschef som tydligt kunde uttrycka hans idéer i skrivna order, en kavallerigeneral som kunde hantera stora mängder ryttare och två flygelchefer som kunde fullfölja hans målsättning när han själv inte var närvarande. Hittills hade han förlitat sig på Berthier som stabschef, men även om denne kompetente bokhållare hade varit villig att återvända till honom råkade han den 1 juni ut för en dödlig olycka. I hans ställe valde Napoleon ut Soult. Det var ett synnerligen dåligt val, för även om Soult var en kompetent befälhavare hade han aldrig innehaft befattningen som stabschef för en armé eller ens för en arméкår, och att fälttåget misslyckades berodde till stor del på undermåligt stabsarbete.

Napoleon vägrade att återinsätta Murat som kavallerichef och valde i stället Grouchy. Men fälttåget hade inte mer än hunnit inledas förrän han utnämnde den senare till befälhavare för sin högra flygel. Även detta var ett dåligt val eftersom Grouchy, även om han var en skicklig kavallerigeneral, aldrig hade fört befäl över en armékår, än mindre över en arméflygel. Lika illa var att han överlämnade befälet för sin vänstra flygel till Ney, om vilken han redan 1808 hade sagt att han var lika okunnig om hans planer ”som en nybakad trumslagarpojke”.[5]

Av alla de misstag som Napoleon begick under ”de hundra dagarna” var dessa fyra utnämningar de mest ödesdigra och det är ingen överdrift att säga att de var huvudorsaken till hans nederlag. På Saint Helena insåg han detta, för han berättade för Las Casas att segern skulle ha varit hans om han hade haft med sig Murat,[6] och till Gourgaud sade han att Soult inte tjänade honom väl,[7] att ”det var ett stort misstag att använda Ney”[8] och att han borde ha givit befälet över högra flygeln till Suchet, inte till Grouchy.[9]

Han underlät att nämna en man, och den mannen var Davout, som förmodligen var den skickligaste officer han någonsin hade haft. Han lämnade honom i Paris som guvernör eftersom han, som han sade till honom, inte vågade anförtro huvudstaden åt någon annan. Ändå hade Davout helt säkert rätt när han svarade: ”Men, sire, om ni står som segrare, då kommer Paris att vara ert, men om ni blir slagen, då kan varken jag eller någon annan göra något för er.”[10]

De franska marskalkarnas brist på entusiasm uppvägdes på intet sätt av regementsofficerarnas och manskapets vilda glöd. En spion, som skrev till Wellington, jämförde dem med soldaterna av år 1792, och när Houssaye sammanfattar sinnelaget i 1815 års armé skriver han att hären var ”lättpåverkad, kritisk, utan disciplin och utan förtroende för sina chefer, hemsökt av fruktan för förräderi och av den anledningen kanske också benägen till plötsliga panikutbrott ... den var förmögen att åstadkomma heroiska ansträngningar och fallen för ursinniga ingivelser ... Napoleon hade aldrig tidigare hanterat ett krigsinstrument som på en och samma gång var så överväldigande och så bräckligt."[11]

Trots alla svårigheter hade Napoleon i slutet av maj ökat den aktiva härens styrka till 284 000 man, understödda av en 222 000 man stark hjälphär.[12] Men i båda härarna var männen i många fall inte mer än ett nummer som återfanns i rullorna. Av den aktiva hären formerades 124 500 man till norra armén under hans personliga ledning, medan de återstående delades upp mellan Rhen-, Loire-, Alp- och Pyrenéerarméerna samt även mellan andra formeringar, depåer och fästningar.

Norra armén organiserades i fem infanterikårer, Kejsargardet och kavallerireserven. Infanterikårerna utgjordes av I. kåren (d'Erlon) 19 939 man, II. kåren (Reille) 24 361, III. kåren (Vandamme) 19 160, IV. kåren (Gérard) 15 995 och V. kåren (Lobau). Kejsargardet utgjordes av "gamla" gardet (grenadjärerna) under befäl av Friant och "mellersta" gardet (fältjägarna) under befäl av Duhesme, vilka tillsammans med Guyots och Lefebvre-Desnouettes divisioner av Kejsargardets kavalleri allt som allt uppgick till 20 884 officerare och manskap. Kavallerireserven, som stod under befäl av Grouchy, var uppdelad i fyra divisioner: 1. (Pajol) 3 046 man, 2. (Exelmans) 3 515, 3. (Kellermann) 3 679 och 4. (Milhaud) 3 544. Totalt utgjordes armén av 89 415 infanterister, 23 595 kavallerister och 11 578 artillerister med 344 artilleripjäser.[13]

I Wien var de allierade, som hade bildat sjunde koalitionen, upptagna med att uppbåda fem arméer: en brittisk-holländsk (93 000 man under befäl av Wellington) och en preussisk (117 000 man under befäl av Blücher) i Belgien, en österrikisk (210 000 man under befäl av Schwarzenberg) vid övre Rhen, en rysk (150 000 under befäl av Barclay de Tolly) vid mellersta Rhen samt en österrikisk-italiensk (75 000 man under befäl av Frimont) i Norditalien.

I korthet var deras plan, som hade utarbetats av Gneisenau, att krossa Napoleon genom numerär överlägsenhet. Wellington, Blücher och Schwarzenberg skulle tåga direkt mot Paris, och om någon av dem skulle bli slagen eller tvingas retirera skulle Barclay komma till dennes bistånd medan de båda återstående fortsatte sin frammarsch.[14] Frimonts armé skulle tåga mot Lyon, inte Paris, medan Wellington skulle föra befäl över samtliga styrkor i Belgien. Alla arméerna skulle överskrida den franska fronten samtidigt mellan den 27 juni och 1 juli.

6. Napoleons uppmarsch 15–19 juni 1815

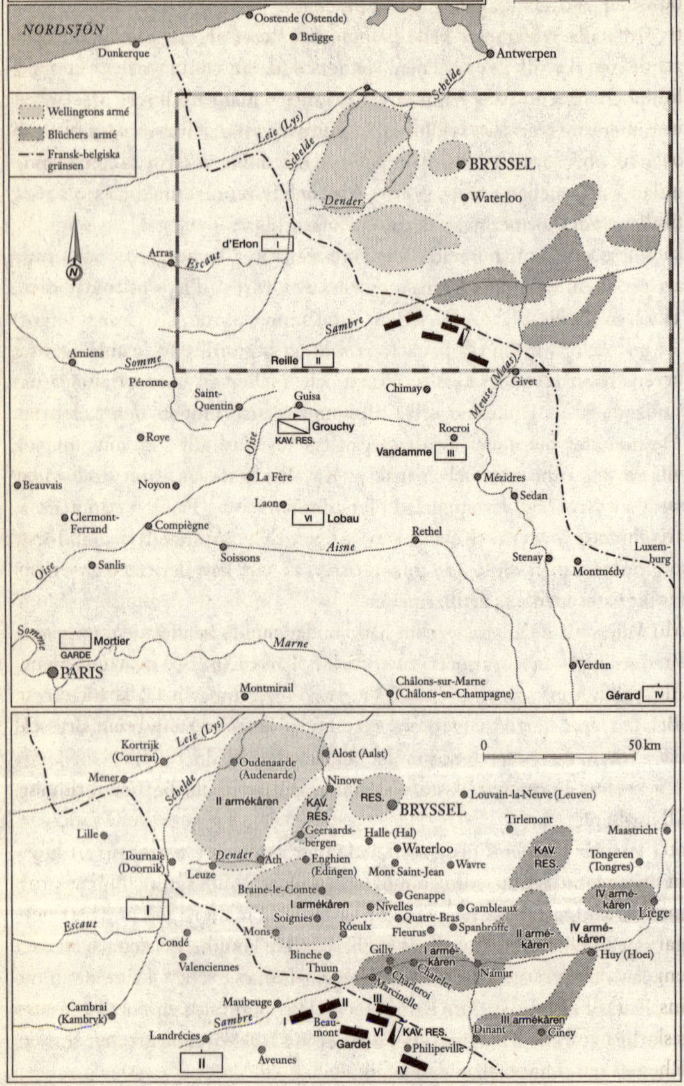

I början av april lämnade Wellington Wien för att bege sig till Bryssel, och den 3 maj mötte han Blücher vid Tirlemont. Även om ingen av dem trodde att Napoleon skulle ta till offensiven verkar de ha varit överens om att de, om han nu gjorde det, skulle låta sina arméer marschera upp vid linjen Quatre-Bras–Sombreffe. Oavsett om det låg till på det viset eller inte, så flyttade Blücher följande dag sitt högkvarter från Liège till Namur och gav sina fyra armékårer order om frammarsch: I. kåren (32 692 man) under befäl av Ziethen till Fleurus, II. kåren (32 704) under befäl av Pirch till Namur, III. kåren (24456) under befäl av Thielmann till Huy samt IV. kåren (31 102) under befäl av Blücher till Liège. Blüchers armé utgjordes av 99 715 infanterister, 11 879 kavallerister och 9 360 artillerister med 312 artilleripjäser.[15]

Wellingtons armé var en heterogen styrka som utgjordes av 31 253 britter, 6 387 man ur King's German Legion, 15 935 hannoveraner, 29 214 holländare och belgare, 6 808 braunschweigare, 2 880 nassauare samt 1 240 ingenjörer m.fl. Sammanlagt hade han till sitt förfogande 69 829 infanterister, 14 482 kavallerister, 8 166 artillerister med 196 artilleripjäser samt 1 240 ingenjörer m.fl. Formellt var hans infanteri organiserat i två armékårer och en reservkår: I. kåren (25 233 man) under befäl av fursten av Oranien, II. kåren (24 033) under befäl av lord Hill samt reserven (20 563) under Wellingtons direkta befäl.[16] I slutet av maj intog I. kåren Mons, Roeulx, Frasnes, Seneffe, Nivelles, Genappe, Soignies, Enghien och Braine-le-Comte, medan II. kåren intog Leuze, Ath, Grammont, Gent, Alost och Oudenaarde. Kavalleriet, under befäl av lord Uxbridge, var förlagt i läger längs Dender medan reserven var inkvarterad runt Bryssel, där Wellington hade upprättat sitt högkvarter.

Napoleon, som var fullt medveten om de allierades alltför stora spridning i Belgien och gjorde den korrekta bedömningen att de inte skulle vara redo att marschera fram före den 1 juli, bestämde sig för att ta initiativet, tränga in i Belgien och i tur och ordning besegra engelsmännen och preussarna innan de hann förena sina styrkor. Efter detta räknade han med att belgarna – som i själ och hjärta var för Frankrike – skulle resa sig och att den engelska ministären skulle falla för att ersättas av en som var mer vänligt inställd till Frankrike. Om krossandet av den engelska respektive preussiska armén inte gjorde slut på kriget skulle han därefter förena sig med Rhenarmén (23 000 man under befäl av Rapp) i Alsace (Elsass) och anfalla österrikarna och ryssarna.[17] Liksom år 1814 planerade han att utnyttja sin centrala position till fullo, och det han önskade sig över allt annat var en uppseendeväckande och lysande seger alldeles i början av kriget för att konsolidera Frankrike och demoralisera dess fiender.

I början av juni beordrades norra armén att marschera upp i området Maubeuge–Avesnes–Rocroi–Chimay, och klockan 03.00 den 12 juni, när dess kårer närmade sig sina destinationer, begav sig Napoleon av till Avesnes. Där mötte han marskalk Ney, som tre månader tidigare hade skrutit om att han skulle överlämna kejsaren till Ludvig XVIII i en järnbur. Vid Avesnes utfärdade han en gripande dagorder, som inleddes med orden: ”Soldater, det är i dag årsdagen av Marengo och Friedland”, och som avslutades med: ”stunden är nu kommen för att antingen segra eller dö!”[18] Den 14 juni flyttade han sitt högkvarter till Beaumont, och vid mörkrets inbrott var uppmarschen, med undantag av IV. kåren, praktiskt taget slutförd.

Medan fransmännen drogs samman låg engelsmännen och preussarna, som var okunniga om vad som höll på att ske, utspridda i sina kvarter. Inte förrän på natten till den 14 juni, då Ziethens förposter vid Sambre rapporterade att man kunde se många lägereldar runt Beaumont, började Ziethen misstänka vad som var i görningen.[19] Han vidarebefordrade nyheten till Blücher, som på kvällen den 14 juni – förmodligen därför att han förlitade sig på överenskommelsen i Tirlemont om att Wellington skulle komma till hans bistånd – beordrade II., III. och IV. kåren att marschera upp vid Sombreffe. Han gav också Ziethen anvisningar om att skydda uppmarschen genom att bjuda envist motstånd och att han, om han blev tillbakaträngd, skulle retirera mot Fleurus. Strategiskt sett var denna framskjutna uppmarsch inom skotthåll från fienden ett högst dåraktigt företag, eftersom det gav Napoleon en storartad möjlighet att segerrikt avsluta fälttåget bara 48 timmar efter det att det hade påbörjats. Men även om Blücher arbetade i blindo så öppnades hans ögon den 15 juni i och med att general de Bourmont, som förde befäl över den främsta divisionen i Gérards kår, tidigare samma dag hade deserterat och gått över till Ziethen och för denne avslöjat Napoleons ordergivning och styrka. Men Blücher, som ansåg sig vara oövervinnelig, förblev blind och skyndade från Namur till Sombreffe, dit han ankom klockan 16.00, fast besluten att leverera batalj.

Klockan 03.00[20] den 15 juni satte sig Napoleon i sadeln och vid middagstid red han in i Charleroi där han möttes av vild upphetsning. Strax efter 15.00 återförenades han där med Ney, som på grund av brist på hästar hade blivit försenad vid Avesnes. Kejsaren hälsade honom vänskapligt och gav honom genast befälet över I. och II. kåren samt även över Lefebvre-Desnouettes kavalleridivision, och beordrade honom att "förfölja fienden".[21] Det råder föga tvivel om att han måste ha sagt mer än så och enligt Gourgaud gav han honom order om att svepa bort fienden från vägen Charleroi–Bryssel och inta Quatre-Bras.[22] Att det sista åliggandet skulle vara sant finner stöd i bulletinen av den 15 juni som tillkännagav: "Kejsaren har överlämnat befälet över vänstra flygeln till fursten av Moskva, som denna kväll upprättade sitt högkvarter i Quatre-Chemins på vägen till Bryssel."[23] Även om Ney nu inte gjorde det, så tyder den uppgiften på att det var Napoleons avsikt att han skulle göra det.

När Ney red iväg för att överta sitt befäl, dök Grouchy upp på scenen och erhöll strax efteråt befälet över III. och IV. kåren samt även över Pajols och Exelmans divisioner. Napoleon beordrade honom att driva tillbaka preussarna i riktning mot Sombreffe, men Grouchy var så långsam att Napoleon omkring klockan 17.30 blev orolig och red fram för att mana på honom. Ett kraftigt anfall följde och huvuddelen av Ziethens kår tvingades tillbaka till Fleurus. Under tiden drev Ney ut ett preussiskt detachement ur Gosselies, men han upphörde sedan att vara den Ney som hade stridit vid Jena och gav efter för försiktigheten. Han hejade Reilles kår och skickade fram Lefebvre-Desnouettes kavalleridivision utan understöd. Klockan 18.30 vid Frasnes blev den senare beskjuten av ett holländskt-belgiskt detachement av furst Bernhards av Sachsen-Weimar Nassaubrigad, som sedan drog sig tillbaka till Quatre-Bras. Lefebvre förföljde fienden men fann dess ställningar vara alltför starka för att kunna angripas med enbart kavalleri och ryckte därför tillbaka till Frasnes.

Den natten bivackerade den franska hären i tre kolonner inom en halvannan kvadratmil stor fyrkant och var enligt Napoleon "ordnad på sådant sätt att en manöver lika lätt skulle kunna utföras mot såväl den preussiska hären som den engelsk-holländska, för den var redan placerad mellan dem".[24] I fyrkanten var de tre kolonnerna placerade som följer: *Neys*: Lefebvre-Desnouettes kavalleridivision vid Frasnes, Reilles II. kår mellan Gosselies och Frasnes med Girards division framskjuten på Fleurusvägen samt d'Erlons I. kår mellan Marchienne och Gosselies; *Grouchys*: Pajols och Exelmans kavalleridivisioner runt Lambusart (söder om Fleurus), Vandammes III.

kår och kavallerireserv mellan Charleroi och Fleurus samt Gérards IV. kår på ömse sidor om Sambre vid Châtelet; *Reserven*: Kejsargardet mellan Charleroi och Gilly samt Lobaus VI. kår söder om Charleroi.

Klockan 21.00 återvände Napoleon utmattad till sitt högkvarter vid Charleroi – han hade suttit i sadeln sedan 03.00 – och lade sig genast ner för att vila.[25] Vid midnatt väcktes han av Ney, som stannade hos honom fram till 02.00 den 16 juni. Om detta sammanträffande skriver överste Heymès: "Kejsaren övertalade honom att stanna till kvällsvard, gav honom hans order" och "avslöjade för honom sina planer och förhoppningar för den 16:e."[26] Det säger sig därför självt att Ney måste ha berättat för kejsaren varför han inte hade intagit Quatre-Bras, och att den senare måste ha givit honom förhållningsorder om att inta staden tidigt den 16 juni. Det här är bara sunt förnuft, eftersom det för Napoleons plan att ta itu med en fiendearmé åt gången var livsviktigt att vägen Nivelles–Namur var spärrad för den händelse att Wellington skulle komma till Blüchers bistånd. Att anta något annat vore att nedvärdera Napoleon som en strategisk klåpare.

Men vad gjorde då Wellington under tiden? Trots att hans handlingar har analyserats av alla kompetenta historieskrivare som har ägnat sig åt fälttåget har det endast framkommit ett enda säkert faktum och det är att han var fullständigt oförberedd på att bemöta situationen. Han trodde inte att Napoleon skulle ta till offensiven,[27] och det verkar som om han hade blivit så involverad i Bryssels sällskapsliv att han den 13 juni, då det ryktades att Napoleon befann sig vid Maubeuge, så föga lät sig oroas av detta att "han tog med sig lady Jane Lennox till Enghien för en cricketmatch och förde henne tillbaka samma kväll, en utfärd som av allt att döma inte var föranledd av något annat skäl än att roa henne".[28] Även om han den 14 juni nåddes av ytterligare rykten var det först klockan 15.00 följande dag som han mottog en definitiv rapport om att de preussiska förposterna nära Thuin hade anfallits. Wellington, som var besatt av uppfattningen att Napoleon hade för avsikt att rycka fram via Mons och anfalla de brittisk-holländska förbindelselinjerna,[29] beordrade mellan klockan 17.00 och 19.00[30] sina divisioner att marschera upp på de platser som de redan blivit anvisade och hålla sig beredda att avtåga med kortast tänkbara varsel.[31] Enligt denna order skulle fursten av Oranien samla 2. och 3. divisionen (Perponcher respektive Chassé) vid Nivelles.

Samma kväll ankom sedan en depesch från Blücher som tillkännagav att hans armé hade marscherat upp vid Sombreffe.[32] Därefter utfärdade

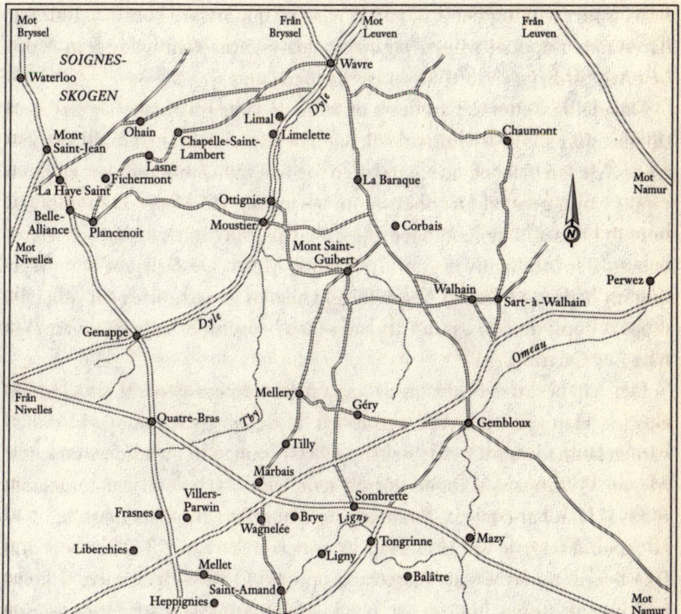

7. Operationsområdet 15–19 juni 1815

hertigen klockan 22.00 en ny uppsättning order enligt vilka 3. divisionen (Alten) skulle tåga från Braine-le-Comte till Nivelles, 1. divisionen (Cooke) från Enghien till Braine-le-Comte, 2. divisionen (Clinton) från Ath och Oudenaarde till Enghien samt kavalleriet, under befäl av lord Uxbridge, från Ninove till Enghien.[33] Detta innebar en uppmarsch bort från Blücher, där avsikten uppenbarligen var att skydda vägarna som ledde från Mons och Ath till Bryssel, inte att samverka med denne.

Omedelbart efter det att dessa order hade sänts iväg begav sig hertigen till hertiginnans av Richmond bal, där han stannade kvar fram till klockan 02.00. Medan han befann sig på balen tog han fram emot midnatt emot en rapport från general Dörnberg, som befann sig vid Mons. Den upplyste honom om att Napoleon hade tågat med alla sina styrkor mot Charleroi och att det inte fanns någonting framför Mons. De farhågor som Wellington hade hyst för sin högra flygel stillades genast, och i sin officiella rapport upplyser han oss om att han sedan beordrade ”hela hären att tåga mot Les Quatre Bras”.[34]

Det här beslutet bekräftas av kapten (sedermera general sir George) Bowles. Han säger att Wellington och hertigen av Richmond vid kvällsvarden lämnade bordet och gick in i arbetsrummet för att studera en karta. Medan Wellington stängde dörren sade han: ”Napoleon har lurat mig, för t–n! Han har ökat sitt försprång med tjugofyra timmars marsch.” När Richmond frågade vad han avsåg att göra svarade han: ”’Jag har beordrat [ska beordra?] armén att marschera upp vid Quatre-Bras; men vi kommer inte att stoppa honom där, och i så fall måste jag ta strid mot honom *här*’ (samtidigt som han förde tumnageln över platsen för Waterloo).”[35] Omedelbart efter detta lämnade Wellington balen och begav sig sedan klockan 07.30 iväg till Quatre-Bras.

Om kapten Mercers erfarenheter är typiska, då verkställdes den brittisk-holländska arméns framskjutna uppmarsch under ytterst stor förvirring, distraherad som armén var av order och kontraorder. Vissa förband erhöll inga order överhuvudtaget medan andra erhöll ofullständiga order, somliga officerare var fortfarande klädda för bal och många hade inte minsta aning om vad som pågick. Mercer skriver att vägen vid Nivelles ”var täckt av soldater, många av dem sårade men också många som föreföll oskadda. Antalet som på detta vis lämnande fältet framstod som ovanligt stort. Många av de sårade beledsagades av sex, åtta, tio eller rent av ännu fler. När de utfrågades om slaget och varför de hade lämnat det, blev svaret undantagslöst: 'Monsieur, allt är förlorat! Engelsmännen är tillintetgjorda, slagna på flykten, tillintetgjorda, alla, alla, alla!'"[36] Slaget vid Quatre-Bras hade inletts.

Medan Wellington var på väg mot Quatre-Bras, 25 kilometer söder om Bryssel, besatte Ziethens kår en utbuktning av frontlinjen längs Lignyfloden, med högra flygeln vid Wagnelée, centern vid Saint-Amand och vänstra flygeln vid Ligny. Där blev den kvar utan stöd fram till middagstid, då II. kåren under befäl av Pirch och III. kåren under befäl av Thielemann började ankomma. Den förra posterades omedelbart bakom Ziethens kår och den senare grupperade sig vid dess vänstra flygel mellan Sombreffe och Mazy med en stark skyddsstyrka längs Lignyfloden. Blüchers IV. kår befann sig långt bakom dem och Blücher kunde därför endast låta 84 000 man marschera upp på Lignyfältet.

Under tiden drog Napoleon, som antog att de allierade skulle uppträda i enlighet med krigföringens regler – det vill säga rycka tillbaka för att trygga sin strategiska uppmarsch – slutsatsen att Wellington skulle dra sig tillbaka mot Bryssel. Han beslutade sig därför för att rycka fram mot staden och leverera batalj mot Wellington om denne skulle hålla stånd, eller också driva honom vidare mot Antwerpen – det vill säga bort från Blücher, som var baserad i Liège. Men innan detta lät sig göras var det nödvändigt att tränga tillbaka Ziethen bortom Gembloux för att kunna hindra Blücher från att använda vägen Namur–Wavre–Bryssel. Med detta i åtanke dikterade Napoleon, för att förklara sina avsikter, runt klockan 06.00 två brev, ett avsett för Ney och det andra för Grouchy.[37]

I brevet till Grouchy skrev han att denne skulle anfalla preussarna om dessa befann sig vid Sombreffe eller Gembloux och att han när han väl hade intagit Gembloux skulle låta sina reservtrupper marschera bort till Ney och operera mot Wellington. Han upprepade detta i brevet till Ney och gav denne order om att hålla sig beredd att marschera mot Bryssel så snart som reservtrupperna förenade sig med honom, och att han under tiden skulle låta en division tränga fram en knapp mil norr om Quarte-Bras, behålla sex vid Quatre-Bras och sända en till Marbais för att nå samband med Grouchys vänstra flygel. Han sade också till honom att Kellermanns division skulle ersätta Lefebvre-Desnouettes. Sedan verkar han av allt att döma ha erinrat sig hur tjockskallig Ney var och förklarade metoden för manövern. "Jag har för detta fälttåg anammat", skrev han, "följande generalprincip: att dela upp min armé i två flyglar och en reserv ... Gardet ska bilda reserven, och jag ska låta den gå till aktion på endera flygeln beroende på vad omständigheterna kräver ... Jag ska också, beroende på omständigheterna, avdela förband från en flygel för att stärka reserven."

Inte långt efter det att dessa brev hade sänts iväg (omkring 08.00) erhöll Napoleon ett meddelande från Grouchy som upplyste honom om att manstarka kolonner hade setts närma sig Sombreffe från Namur. Detta tydde på att hela eller större delen av den preussiska armén sannolikt skulle dras samman vid Sombreffe, och därför också på att den brittisk-holländska armén förmodligen skulle komma till Blüchers bistånd. Eftersom detta störde Napoleons plan vägrade han tro på det och gjorde inga ändringar, utan lämnade Charleroi och ankom till Fleurus strax före klockan 11.00. Där fann han Vandammes kår i linjeformering med fronten mot Saint-Amand – västra sidan av Ziethens utbuktning av frontlinjen – och fick veta att Gérard fortfarande befann sig långt efter på grund av, som det verkade, bristande stabsarbete. Napoleon rekognoscerade genast fiendens ställning, och även om han bara kunde se Ziethens kår så gjorde dess uppställning honom övertygad om att det inte rörde sig om ett arriärgarde utan om en styrka som både skyddade en allmän framryckning och tryggade vägen Sombreffe–Quatre-Bras – det vill säga den enda huvudväg längs vilken Wellington kunde närma sig.[38] Genast stod allt klart. Trots hans fixa idé och krigföringens regler var det tydligt att de allierades uppmarsch var framskjuten och att de därför måste ha för avsikt att förenas. Men först när Gérards kår slöt upp, vilket den började göra omkring klockan 13.00, kände sig Napoleon tillräckligt manstark för att gå till anfall. Under tiden grupperade Pirch och Thielemann sina kårer, och Napoleon, som blev överlycklig när han såg att han inte bara hade att göra med en enda kår, beslutade sig för att göra upp räkningen med Blücher samma eftermiddag.

Hans plan – en i sanning lysande sådan – var att först binda Blüchers vänstra flygel (Thielemanns kår) med Pajols och Exelmans kavalleri, för att sedan tillintetgöra hans högra flygel och center (Ziethen och Pirch). Den senare operationen avsåg han att utföra genom ett frontanfall på den preussiska centern och högra flygeln, för att därigenom tvinga Blücher att uttömma sina reserver, och under tiden tillkalla Ney från Quatre-Bras för att anfalla Blüchers högra flygel i ryggen medan Kejsargardet sprängde rakt igenom dennes center. På så sätt räknade Napoleon med att krossa två tredjedelar av Blüchers armé och tvinga den återstående tredjedelen att rycka tillbaka mot Liège – det vill säga bort från Wellington.

Klockan 14.00 beordrade han Soult att informera Ney om att Grouchy klockan 14.30 skulle angripa fienden mellan Sombreffe och Brye. Härnäst läser vi: ”Hans majestäts avsikt är att även ni ska angripa vilken styrka som än befinner sig framför er och att ni, efter att kraftfullt ha drivit den tillbaka, ska vända er i vår riktning för att därigenom åstadkomma en omfattning av den fiendestyrka som jag just har omnämnt för er. Om den senare tillintetgörs först, då kommer hans majestät att utföra en manöver i er riktning för att därigenom bistå er operation på liknande sätt.”[39]

Han vände sig sedan till Gérard, vars kår höll på att gruppera sig vid Ligny – södra frontsidan av Ziethens utbuktning av frontlinjen – och sade: ”Om tre timmar är det möjligt att krigets utgång kan ha blivit avgjord. Om Ney verkställer sina order grundligt kommer inte en enda pjäs ur den preussiska armén att slinka undan: den blir tagen på bar gärning.”[40]

Under tiden som Grouchys kavalleri band Thielemann utförde Vandamme och Girard[41] klockan 14.30 ett våldsamt anfall mot Saint-Amand medan Gérard angrep Ligny. Men det preussiska motståndet var så envist att Napoleon klockan 15.15 beordrade Soult att sända följande meddelande till Ney:

> Det är hans majestäts önskan att jag ska tala om för er att ni omedelbart ska utföra en sådan manöver så att ni omfattar fiendens högerflank och anfaller den i ryggen; om ni handlar kraftfullt kommer hären på vår front att vara förlorad. Frankrikes öde vilar i era händer.
>
> Tveka följaktligen inte för ett ögonblick att utföra manövern … och inrikta er framryckning mot Bryes och Saint-Amands höjder så att ni kan samverka i en seger som mycket väl kan komma att visa sig vara avgörande.[42]

Omedelbart efter att ordern sänts iväg fick Napoleon av Lobau, som befann sig vid Charleroi, veta att Ney stod inför en 20 000 man stark styrka. Han fruktade att ordern av klockan 15.15 kanske inte skulle vara tillräckligt uttrycklig, så Napoleon, som antog att Ney skulle kunna hålla fienden stången med enbart Reilles kår, skickade greve de la Bédoyère till honom med den berömda ”blyertsbiljetten”.[43] Eftersom omständigheterna hindrade Ney från att rycka fram med hela sin armé mot Brye gav Napoleon denne anvisningar om att beordra d'Erlons kår att ensam marschera mot den preussiska kön. Samtidigt sände han en order till Lobau om att rycka fram sin kår till Fleurus.

Med denna sista order infinner sig Napoleons avgörande blunder den 16 juni. När han omkring klockan 10.00 lämnade Charleroi för att bege sig till Fleurus borde han samtidigt ha beordrat Lobau framåt. Om han hade gjort det och Lobau hade startat vid, låt oss säga, middagstid, då borde täten av dennes kår ha nått Fleurus vid 15.50, eftersom Fleurus ligger omkring tretton kilometer från Charleroi. Det skulle i så fall aldrig ha funnits något behov av att sända "blyertsbiljetten" till Ney. Om man menar att Napoleon klockan 10.00 inte kunde avgöra var han kunde tänkas behöva Lobau, då borde han ha beordrat denne till Mellet, nära korsningen mellan Romvägen och vägen Charleroi–Bryssel, där han skulle ha befunnit sig i ett betydligt bättre läge än vid Charleroi för att bistå antingen Ney eller Napoleon. I själva verket nådde Lobau fram till Fleurus klockan 19.00 och eftersom Fleurus ligger mer än sex kilometer från Wagnelée var det då alldeles för sent för honom att anfalla Blüchers högra flygel i ryggen. Att d'Erlons kår i slutändan bara fortsatte att vandra fram och tillbaka var en allvarlig men föga ovanlig incident, och snarlika olyckshändelser inträffade vid både Jena och Leipzig. Men att på morgonen den 16 juni låta Lobau lämna Charleroi var en oförlåtlig blunder.

Under tiden fortsatte slaget ursinnigt. Girard dödades medan han anföll Saint-Amand och Gérard stormade in i Ligny. Så hårt ansatt var den preussiska högra flygeln att Blücher upprepade gånger tvingades kalla in sina reserver, tills de omkring klockan 17.00 var nästan uttömda. Vid det laget hade Napoleon använt högst 58 000 av de 68 000 soldater som han hade fört i fält och hade med dem hejdat Blüchers 84 000. Tidpunkten hade därför kommit att utdela det avgörande dråpslaget, och eftersom han räknade med att han klockan 18.00 skulle få höra mullret från d'Erlons pjäser i ryggen på preussarnas högra flygel gjorde han sig redo att skicka fram Kejsargardet mot fiendens center vid Ligny, så att det kunde spränga igenom den, skära av Blüchers högra flygel från Sombreffe och tillintetgöra Ziethen och Pirch.

Medan Kejsargardet förberedde sig för sitt storslagna anfall red Vandamme plötsligt fram till kejsaren med oroväckande underrättelser. Han sade att man fyra kilometer bakom sig hade siktat en 20 000 till 30 000 man stark fiendekolonn som närmade sig Fleurus. Var det Ney? Var det d'Erlon? Vandamme var övertygad om att den var fientlig.[44] Napoleon blev förbryllad eftersom han förväntade sig att d'Erlon skulle tåga längs Romvägen till Brye och inte mot Fleurus, som låg söder om den preussiska centern. Han sköt genast upp Kejsargardets framryckning, ställde upp trupperna för att möta den framryckande kolonnen och skickade Duhesmes division av "unga" gardet för att undsätta Vandamme, vars män var på gränsen till panik. Samtidigt skickade han en adjutant för att fastställa vem kolonnen tillhörde. Klockan 18.30 återvände adjutanten[45] och rapporterade att den var d'Erlons. Av allt att döma sändes genast en annan adjutant i galopp till d'Erlon med order om att fortsätta till Wagnelée, men när han kom fram fann han att hela d'Erlons kår, med undantag för hans främsta division (Duruttes), befann sig i full reträtt – i enlighet med order utsända av Ney. Att skicka ut en ny ordonnansofficer för att beordra d'Erlon att vända om var meningslöst, eftersom det skulle ta denne nästan tre timmar att nå fram till Wagnelée och det vid det laget skulle vara mörkt.

Att d'Erlon dök upp som förväntat men gjorde det från det minst förväntade hållet kostade nästan Napoleon slaget, något som alltför ofta har förbisetts. Det rev upp moralen hos Vandammes kår så fullständigt att general Lefol, en av hans divisionschefer, vände kanonerna mot sina egna män för att hejda deras flykt.[46] Preussarna drog fördel av den franska villervallan och utsatte Saint-Amand för en kraftfull stormning, och hade det inte varit för "unga" gardets ankomst och deras entusiastiska motanfall skulle sannolikt hela Vandammes kår ha tagit till flykten. Slutresultatet av fiaskot med d'Erlon blev att Napoleon när situationen åter hade stabiliserats hade så ont om tid[47] att Kejsargardets slutliga chock mot Ligny förmodligen inte skulle visa sig bli avgörande även om den blev framgångsrik. Det var också vad som hände, för först klockan 19.30 var Napoleon åter redo att ge order om sitt slutanfall.

Även om solen fortfarande stod högt på himlen sveptes slagfältet nu in i mörker av stora, framsvepande stormmoln. Sedan, när stormen bröt ut och åskdånet dränkte mullret från kanonaden, ryckte Kejsargardet fram till attack i hällregnet till ropet: "Vive l'Empereur!", för skyfallet gjorde det omöjligt att öppna eld. Som en lavin av stål svepte de preussarna ut ur Ligny.

När regnet upphörde och den nedgående solens sista strålar glimmade mellan de kringspridda molnen kom Blücher ridande på fältet i full galopp. Han räknade med att Röders kavalleri – sammanlagt 32 skvadroner – skulle kasta tillbaka fransmännen, placerade sig själv i täten och beordrade en kavallerichock mot Kejsargardets fyrkanter, för att sedan långsamt rycka fram mot kvarnen vid Bussy (söder om Brye). I det handgemäng som uppstod träffades Blüchers häst av en kula och ryttaren hamnade under den. Blüchers adjutant, Nostiz, hoppade ur sadeln och kom till hans undsättning. Trots att de var omgivna av 9. kyrassiärregementet släpade han i skydd av det växande mörkret och förvirringen bland de oräkneliga flyktingarna den 73-årige, mörbultade och halvt medvetslöse fältmarskalken i säkerhet. Hade han inte gjort det skulle Waterloo aldrig ha kommit att utkämpas.

Trots att Blüchers center var så fullständigt uppriven och hans högra flygel avskuren från hans vänstra, ryckte de nedbrutna I. och II. kårerna i skydd av natten tillbaka i oordning till en plats mellan Sombreffe och Romvägen. Hade d'Erlon befunnit sig i ryggen på dem skulle de ha blivit krossade. Men det är lika troligt att Kejsargardet ensamt skulle ha åstadkommit detsamma om de bara hade haft ytterligare två timmars dagsljus till sitt förfogande. Kapten Becke överdriver på intet sätt vad detta skulle ha lett till när han skriver: ”Underrättelsen om en sådan seger ... skulle ha skakat Europa i dess grundvalar, och skulle samtidigt ha drivit upp entusiasmen i Frankrike till en sådan kulmen att den skulle ha fört Napoleon vidare till en slutgiltig seger.”[48] Inte desto mindre blev Ligny en stor seger, som gav Napoleon en möjlighet att följande dag angripa Wellington utan att behöva frukta preussisk inblandning.

Fram emot klockan 23.00 återvände kejsaren till Fleurus och i skydd av dess förposter bivackerade hela den franska armén på Lignyflodens vänstra strand. Som vanligt skiljer sig uppgifterna om förlusterna, men av allt att döma uppgick antalet preussare i stupade, sårade och krigsfångar till omkring 16 000, medan fransmännens siffror uppgick till mellan 11 000 och 12 000. Till de preussiska förlusterna måste dessutom läggas de mellan 8 000 och 10000 man som under natten deserterade och flydde mot Liège.[49] Den fanflykten skulle komma att få en ovanlig återverkan på den 17 juni, och var för Blücher värd åtminstone ytterligare en armékår.

Vad hade under tiden hänt vid Quatre-Bras? När Wellington kom dit klockan 10.00 fann han att furst Bernhards av Sachsen-Weimar och Bylandts brigader höll vägkorsningen och byn. Även om Perponchers uppmarsch stred mot Wellingtons order av klockan 17.00 den 15 juni var den ändå lyckosam för hertigen, eftersom det är högst osannolikt att han någonsin skulle ha nått fram till Quatre-Bras om hans order hade blivit åtlydda. Vad som hade hänt var följande:

När fursten av Oranien lämnade Nivelles för att bevista hertiginnans av Richmond bal fick general Rebecque, hans stabschef, höra att furst Bernhards brigad hade anfallits och ryckt tillbaka mot Quatre-Bras. Han beordrade därför Perponcher att stödja honom med sin återstående brigad, som var Bylandts. När Rebecque sedan klockan 23.00 mottog Wellingtons order av klockan 17.00 vidarebefordrade han denna utan kommentar till Perponcher, som på eget initiativ lade den åt sidan och lät sin division marschera upp vid Quatre-Bras i stället för att låta den marschera upp vid Nivelles. Föga anade han då att hans intelligenta ohörsamhet räddade Blücher. Hade han handlat i enlighet med sina order skulle Ney nämligen ha funnit Quatre-Bras oförsvarad och skulle därför ha kunnat utföra kejsarens anvisningar av klockan 06.00 till punkt och pricka, och senare även dem i Soults depesch av klockan 14.00.

Wellington fann föga framför sig och skrev klockan 10.30 till Blücher[50] för att informera denne om sina truppförflyttningar. Dessa verkar ha varit baserade på ett memorandum[51] som han hade mottagit av överste De Lancey, stabschefen, innan han lämnade Bryssel. Det var ett synnerligen slarvigt dokument, eftersom flera av de förband som omnämndes i det inte ens befann sig i närheten av de positioner som de tilldelats, och den beräknade tidpunkten för deras ankomst till Genappe och Quatre-Bras kunde därför inte ha varit korrekt. Allt förblev lugnt, och en stund efter det att brevet hade avsänts red Wellington bort till Brye och träffade klockan 13.00 Blücher vid väderkvarnen i Bussy.

Vad som ägde rum under sammanträffandet är ovisst, men enligt Müffling[52] gick Wellington med på att undsätta Blücher, förutsatt att han inte själv blev angripen. Vad han ansåg om Blüchers uppställningar klargörs i det svar han gav på en fråga som ställdes till honom av sir Henry Hardinge, hans militärattaché vid Blüchers högkvarter. När Hardinge senare frågade hertigen om vad denne ansåg om Blüchers taktiska uppmarsch svarade han: ”Om de tar strid här kommer de att bli fördömt illa tilltygade.”[53]

Någon gång efter klockan 14.00 återvände Wellington, och när han klockan 15.00 var tillbaka vid Quatre-Bras upptäckte han att hans egna uppställningar, på grund av De Lanceys memorandum, rent av var ännu mer fördömliga än Blüchers. Han hade i själva verket haft tur som ens hade lyckats ta sig tillbaka dit, vilket han helt visst inte skulle ha gjort om Ney hade levt upp till sitt rykte.

När Ney efter sitt midnattliga sammanträffande med kejsaren återvände till Gosselies beordrade han inte omgående Reille, som han faktiskt besökte, att låta sin kår så snart som möjligt efter gryningen marschera upp vid Frasnes – som då hölls av Bachelus division och Pirés kavalleri – och skickade inte heller order till d'Erlon om att dra samman styrkorna kring Gosselies, utan väntade i stället med att göra detta till klockan 11.00. Denna helt onödiga försening på fem eller sex timmar var roten till alla de svåra belägenheter som följde, och den står i skarp kontrast mot Perponchers djärva initiativ.

Klockan 11.45 gav sig Reille iväg, och klockan 14.00 mottog han order av Ney om att driva ut fienden ur skogarna söder om Quatre-Bras. Reille fruktade vad han kallade ett ”spanskt slag” – det vill säga att engelsmännen skulle ligga gömda och dyka upp i det avgörande ögonblicket – och ryckte fram med ytterst stor försiktighet. Allt som allt hade han 19 000 man understödda av 3 000 kavallerister och 60 artilleripjäser, och bakom dem närmade sig d'Erlon med ytterligare 20 000, även om denne fortfarande var långt borta. I själva verket hade fursten av Oranien vid den tidpunkten endast 7 800 infanterister understödda av 50 ryttare och 14 artilleripjäser, något som Reille dock var omedveten om. Hade Reille eller Ney därför bara uppvisat ett vanligt mått av djärvhet skulle ingenting ha kunnat rädda Quatre-Bras. Som det nu var fann Wellington när han återvände dit klockan 15.00 situationen ytterst allvarlig. Byn Quatre-Bras gick nästan förlorad och skulle ha fallit om inte Pictons division hade ankommit via Brysselvägen och van Merlins kavalleribrigad från Nivelles. Omedelbart efteråt anlände hertigens av Braunschweig kår och Reilles styrka blev något underlägsen.

Strax före 16.00 erhöll Ney Soults brev av klockan 14.00, som beordrade honom att driva tillbaka fienden och sedan anfalla Blüchers högra flygel i ryggen. Äntligen insåg Ney hur viktigt det var att vinna Quatre-Bras och beordrade en allmän framryckning, under vilken hertigen av Braunschweig blev dödligt sårad, liksom hans far hade blivit vid Auerstädt.

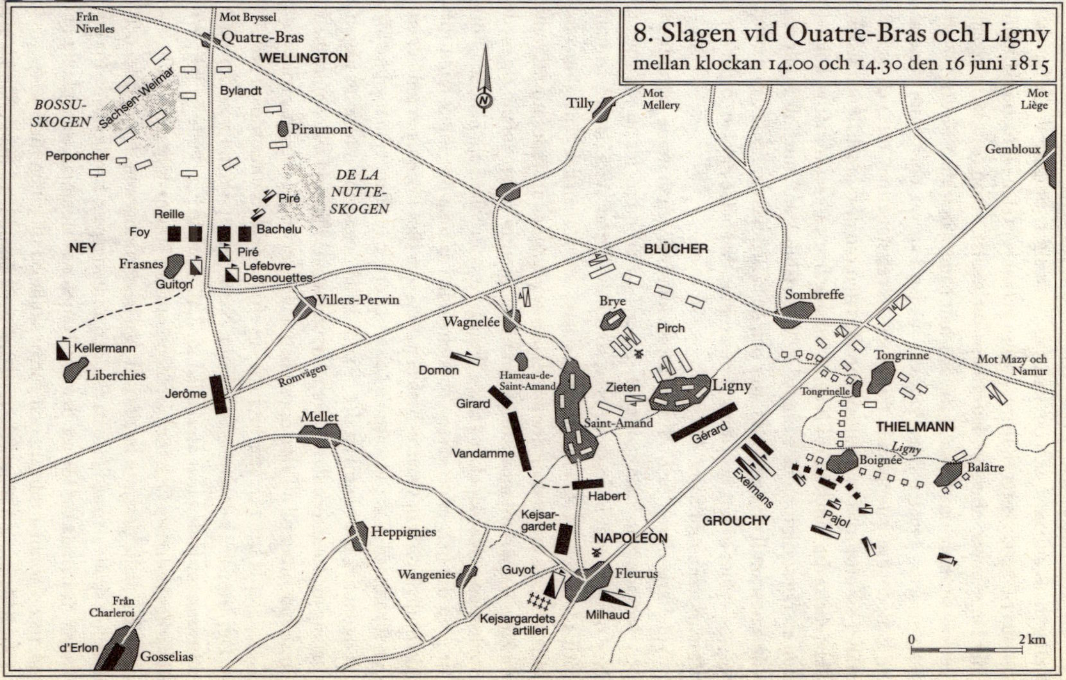
8. Slagen vid Quatre-Bras och Ligny
mellan klockan 14.00 och 14.30 den 16 juni 1815
Från Nivelles
Mot Bryssel
Quatre-Bras
WELLINGTON
Bylandt
Sachsen-Weimar
BOSSU-SKOGEN
Piraumont
Perponcher
DE LA NUTTE-SKOGEN
Piré
Reille
Foy
Bachelu
NEY
Piré
Frasnes
Lefebvre-Desnouettes
Guiton
Villers-Perwin
Kellermann
Liberchies
Romvägen
Jerôme
Mellet
Heppignies
Wangenies
Från Charleroi
d'Erlon
Gosselias
Tilly
Mot Mellery
Mot Liège
Gembloux
BLÜCHER
Wagnelée
Brye
Pirch
Sombreffe
Domon
Hameau-de-Saint-Amand
Girard
Zieten
Ligny
Saint-Amand
Vandamme
Habert
Kejsar-gardet
NAPOLEON
Guyot
Fleurus
Kejsargardets artilleri
Milhaud
Gérard
Exelmans
GROUCHY
Pajol
Tongrinne
Tongrinelle
Mot Mazy och Namur
THIELMANN
Ligny
Boignée
Balâtre
0
2 km

Ney, som räknade med att d'Erlon skulle undsätta Reille, inväntade otåligt hans ankomst, och om han hade givit sig av tidigare skulle han ha funnits till hands långt tidigare. I själva verket var täten i d'Erlons kolonn inte långt borta, eftersom halva hans kår mellan 16.00 och 16.15 redan befann sig norr om Romvägen, och han hade själv ridit i förväg för att rekognoscera Quatre-Bras. Det var medan han var borta som general de la Bédoyère galopperade fram med "blyertsbiljetten" till Ney, men i stället för att förvarna befälhavaren för täten om dess innehåll och sedan vidarebefordra biljetten till Ney beordrade han på eget initiativ "kolonnen att tåga i riktning mot Ligny".[54] "Blyertsbiljetten" innehöll av allt att döma näst intill oläsliga kråkfötter och de la Bédoyère tolkade den därför fel, så i stället för att beordra kolonnen mot Wagnelée gav han order om att marschera mot Saint-Amand.

Vid återkomsten fick d'Erlon kännedom om den ändrade riktningen och skickade genast sin stabschef, general Delacombre, för att informera Ney om vad som hade skett. Ney, som blev alltmer underlägsen i antal, förlitade sig på d'Erlon för att vinna slaget, och när han fick kännedom om vad som hade utspelat sig drabbades han av ett våldsamt vredesutbrott som förvärrades när ordonnansofficeren några minuter senare infann sig med Soults depesch av klockan 15.15: "Frankrikes öde vilar i era händer." För att göra det hela ännu värre deboucherade i samma ögonblick täten för Altens division från Quatre-Bras och Ney, som blev ursinnig av anblicken och förblindad av vrede, kastade kejsarens order åt sidan. Han tog inte för ett ögonblick hänsyn till att det ur taktiskt hänseende nu inte fanns någon mening med att återkalla d'Erlons kår, utan sände tillbaka Delacombre med en absolut order till d'Erlon om att han skulle låta sin kår marschera tillbaka. Detta gjorde han och återförenade sig efter mörkrets inbrott med Ney.

Det ironiska i detta fiasko var för Neys del att Wellington om inte d'Erlons kår hade blivit återkallad med all sannolikhet skulle ha lidit ett allvarligt nederlag. Och för Napoleons att om "blyertsbiljetten" hade varit läslig skulle den inte ha orsakat den bestörtning som den gjorde, och Blücher skulle därmed inte ha fått den andningspaus han behövde för att kunna förbereda sig för att bemöta Napoleons slutanfall, som skulle ha inletts två timmar tidigare och därför skulle ha tillåtit en förföljelse.

Att båda dessa möjligheter gick förlorade berodde på man underlät att låta uppmarscherna ske i tid: Gérards IV. kår var minst tre timmar försenad vid ankomsten till Fleurus och Reilles II. kår över fem timmar försenad vid uppmarschen i Frasnes. Som det nu blev var d'Erlon den minst skyldige av alla de inblandade kårcheferna i de båda slagen, även om han när Delacombre hann ifatt honom nära Villers-Perwin inte borde ha hörsammat Neys ursinniga order, eftersom tidsbristen inte tillät att den utfördes på ett fruktbart sätt.

I och med att Ney berövades d'Erlon tappade han inte bara sitt humör utan förlorade också sitt omdöme. Han tillkallade Kellermann och beordrade denne att med en enda kyrassiärbrigad göra chock mot Wellingtons infanterifyrkanter och trampa ner dem. Detta satte Kellermann genast tappert igång med att göra, och efter att ha rivit upp Halketts 69. regemente och drivit hans 33. regemente in i skogarna lyckades han, även om han kastades tillbaka av 30. och 73. regementet,[55] inte desto mindre tränga fram så långt som till korsvägen.[56]

När denna heroiska[57] men fruktlösa kavallerichock väl var i full gång ankom major Badus, som av Napoleon hade skickats med ett muntligt meddelande till Ney. Meddelandet var att ordern till d'Erlon absolut skulle verkställas, oavsett vilka Neys omständigheter var.[58] Rasande vände sig Ney tvärt från honom, rusade in mitt i sitt flyende infanteri och lyckades samla det.

Klockan 21.00 slutade slaget oavgjort och båda arméerna återtog de positioner som de haft på morgonen. Ännu vid dagens slut hade Wellington på grund av förseningarna den 15 juni och De Lanceys memorandum endast lyckats dra samman mindre än hälften av sitt infanteri och en tredjedel av sitt kavalleri, allt som allt 31 000 man. Ney hade inte gjort bättre ifrån sig, för av de 43 000 man som han hade fått till sitt förfogande hade han endast lyckats samla 22 000. Förlusterna var ungefär lika stora på båda sidorna: mellan 4 000 och 5 000 man.

Så långt hade Napoleons plan fungerat väl så bra. Han hade slagit Blücher och det enda som återstod var därför att slå Wellington. Problemet blev nu hur dennes armé skulle besegras, och eftersom han inte hade hört något från Ney under hela dagen[59] borde han följaktligen så snart han återkom till Fleurus klockan 23.00 ha skickat en officer till Frasnes för att få en rapport om Neys belägenhet. Han borde också ha givit Ney order om att timme för timme hålla honom informerad om Wellingtons rörelser. Att han inte gjorde det kan ha berott på fullständig utmattning,[60] men i så fall borde

Soult på eget initiativ ha handlat i hans ställe. En lika tänkbar möjlighet är dock att han antog att Blücher skulle rycka tillbaka mot sin bas vid Liège och att Wellington skulle retirera från Quatre-Bras under natten, så som han borde ha gjort men tydligen väntade med att göra eftersom han hade så lite kavalleri och artilleri till hands för att skydda reträtten.

Den första av dessa illusioner stärktes när kejsaren klockan 07.00 den 17 juni fick veta att Grouchy klockan 02.30 hade sänt ut Pajols kavalleri, som klockan 04.00 hade rapporterat att fienden befann sig i full reträtt mot Liège. I själva verket hade Pajols skvadroner stött på de tusentals desertörer som hade flytt från Lignys fält. Den här nyheten mottog han medan han åt frukost, och samtidigt återvände general Flahaut, den ordonnansofficer som föregående dag hade överbringat en depesch till Ney, från Frasnes med underrättelser om slaget vid Quatre-Bras och att Wellington fortfarande låg i ställning där. Soult skrev genast till Ney för att informera denne om Blüchers nederlag och reträtt. Därnäst skrev han:

> Kejsaren tänker bege sig till kvarnen i Brye, där landsvägen som leder från Namur till Quatre-Bras passerar förbi. Det gör det omöjligt för den engelska armén att agera framför er. I händelse av detta sistnämnda, skulle kejsaren marschera rakt mot den längs Quatre-Bras-vägen, medan ni skulle utföra ett frontanfall, och denna armé skulle ögonblickligen komma att krossas ...
>
> Hans majestäts önskan är att ni ska gå i ställning vid Quatre-Bras; men om detta är omöjligt ... sänd omedelbart information med alla detaljer, och kejsaren kommer att agera där så som jag har låtit er veta. Om det tvärtom bara finns ett arriärgarde, angrip då detta och erövra ställningen.
>
> Det är i dag nödvändigt att avsluta denna operation, och komplettera förnödenheter, att samla upp skingrade soldater och återkalla alla detachementer.[61]

Detta är ett enastående dokument, eftersom det visar att Napoleon, även om han var osäker på om hela Wellingtons armé fortfarande befann sig vid Quatre-Bras, ändå på intet vis var helt säker på att den inte befann sig där. I vetskap om att Blücher retirerade skulle han därför genast, oavsett om Wellingtons armé retirerade eller inte, ha beordrat Ney att angripa vad denne än hade framför sig och samtidigt ha sänt VI. kåren av Kejsargardet till hans stöd.

I stället beordrade han Lobau att bistå Pajol på Namurvägen och skickade en kavalleritrupp till Quatre-Bras för att rekognoscera och säkerställa om engelsmännen fortfarande befann sig där eller inte. Efter detta steg han in i sin vagn, körde till Grouchys högkvarter, besökte de sårade och mönstrade sina trupper. Medan han mellan klockan 10.00 och 11.00 var upptagen med detta återvände officeren som förde befäl över rekognosceringstruppen och rapporterade att engelsmännen fortfarande befann sig vid Quatre-Bras,[62] och samtidigt rapporterade Pajol att preussarna marscherade upp vid Gembloux. Äntligen vaknade Napoleon upp ur sin trans, bestämde sig och sände order till Lobau och Drouot om att låta VI. kåren och Kejsargardet tåga till Marbais för att understödja Neys anfall mot Quatre-Bras. Härnäst dikterade han två brev: ett till Grouchy, som han redan hade givit muntliga order, och det andra till Ney. I det första kan vi läsa:

> Fortsätt till Gembloux med kavalleriet ... och III. och IV. infanterikåren ... Ni ska sondera i riktningarna mot Namur och Maastricht [det vill säga sydöst och nordöst om Sombreffe] och ni ska förfölja fienden. Undersök hans marsch, och instruera mig avseende hans manövrar, så att jag får möjlighet att genomskåda vad han avser att göra ... Det är viktigt att genomskåda vad fienderna avser att göra; om de separerar sig från engelsmännen, eller om de fortfarande, för att skydda Bryssel eller Liège, avser att förenas för att pröva lyckan i ett nytt slag.[63]

Brevet till Ney, som är daterat vid middagstid, lyder:

> Kejsaren har just beordrat en infanterikår och Kejserliga gardet till Marbais. Hans majestät har instruerat mig att upplysa er om att hans avsikt är att ni ska angripa fienden vid Quatre-Bras och driva honom från hans position och att styrkan som befinner sig vid Marbais kommer att bistå era operationer. Hans majestät står just i begrepp att fortsätta till Marbais och inväntar otåligt era rapporter.[64]

När Blücher försattes ur stridbart skick hade Gneisenau beordrat den preussiska armén att retirera till Tilly och Wavre, men inte för att upprätthålla förbindelserna med Wellington utan därför att större delen av armén hade drivits tillbaka norr om vägen Nivelles–Namur. Det var följaktligen säkrare att rycka tillbaka mot Leuven och därifrån återupprätta förbindelselinjerna till Liège än att försöka sig på en reträtt direkt mot Liège. Senare, när Blücher hade förts till Mellery – några kilometer norr om Tilly – och hade återhämtat sig tillräckligt, diskuterade han nästa drag med stabschefen Gneisenau och generalkvartermästaren Grölmann. Gneisenau, som inte litade på Wellington utan ansåg honom vara en kanalje, tillrådde att armén borde rycka tillbaka mot Liège, men Blücher, som fortfarande var eldfängd och fick stöd av Grölmann, höll inte med och man beslutade att upprätthålla förbindelserna med engelsmännen.[65]

Medan denna avgörande diskussion ägde rum befann sig Wellington i Genappe, och eftersom han inte hade hört något från Blücher sedan klockan 14.00 sände han 02.00 den 17 juni överste Gordon och en kavalleriskvadron för att ta reda på vad som hänt. Gordon återvände 07.30 och rapporterade att han hade kontaktat Ziethen och fått veta att preussarna hade blivit slagna och höll på att retirera mot Wavre. Wellington bestämde sig då för att även han måste retirera. Därnäst, klockan 09.00, när hans armé var redo för reträtten, ankom en officer från Blücher som bekräftade vad Gordon hade sagt. Han upplyste vidare Wellington om att fältmarskalken var ivrig att få veta hans avsikter. Hertigen svarade att han tänkte rycka tillbaka mot Mont Saint-Jean och att han där skulle möta Napoleon i strid om Blücher ville bistå honom med en armékår.[66] Klockan 10.00 inleddes reträtten mot Mont Saint-Jean i skydd av lord Uxbridges kavalleri.

Att Wellington lyckades retirera ostörd var helt och hållet en följd av Neys inaktivitet. Trots att han hade blivit beordrad att anfalla gjorde han ingenting, och när fienden vid middagstid befann sig i full reträtt satte hans män igång med att tillreda sitt middagsmål.[67]

Medan de var rofyllt upptagna på detta sätt lämnade kejsaren Brye och nådde fram till Marbais vid omkring klockan 13.00. Eftersom han inte hörde någon kanonad vid Quatre-Bras blev han mycket oroad och när han sedan red vidare med sitt kavalleri ut på Brysselvägen slogs han av häpnad när han upptäckte att Neys armé fortfarande låg i bivack.[68] Han beordrade genast alla soldater att falla in i leden, men det dröjde ända till klockan 14.00 innan täten av d'Erlons kår slöt upp. Napoleon insåg vilken viktig möjlighet han gått miste om och sade till d'Erlon: ”Frankrike är förlorat; gå, min käre general, och ställ er i täten för kavalleriet och ansätt engelsmännens arriärgarde hårt.”[69] När kejsaren sedan såg Milhauds ryttare uppställda längs vägkanten ledde han dem framåt i halsbrytande fart i riktning mot Genappe.

När den franska förföljelsen inleddes ”hade himlen”, skriver Mercer, ”mulnat sedan morgonen, och i detta ögonblick … svävade stora isolerade åskmoln, djupt svarta, nästan bläcksvarta … över oss och svepte in vår ställning och allting på den i ett djupt och dystert dunkel; medan den avlägsna kullen, som nyligen besatts av den franska armén, fortfarande badade i det strålande solskenet.” Därefter, säger han:

> Lord Uxbridge höll fortfarande på att tala när en ensam ryttare [Napoleon] omedelbart följd av flera andra red upp på platån som jag hade lämnat i galopp, och deras mörka gestalter avtecknade sig i stark relief mot ljuset i fjärran, vilket fick dem att verka befinna sig mycket närmare oss än vad de egentligen var. Under en kort stund höll de in hästarna och betraktade oss, och när flera skvadroner snabbt kom upp på platån utbrast lord Uxbridge: ’Eld! – eld!’ … Den första kanonen som avfyrades verkade få molnen ovanför att rämna, för knallen från den följdes genast av ett fruktansvärt åskdån och blixtar som nästan bländade oss, medan regnet föll som om en takränna hade brustit ovanför oss.[70]

Det häftiga regnet räddade Wellington, åtminstone delvis, eftersom det dränkte marken så mycket att fransmännen blev oförmögna att rycka fram genom terrängen och följaktligen blev bundna till Brysselvägen.[71] Hade de kunnat rycka fram i spridd ordning, vilket var Napoleons önskan, är det troligt att de trots den sena starten skulle ha hunnit ifatt fienden vid omkring klockan 17.00 eller 18.00. Hade de gjort det, och hade kejsaren anfallit Wellington och hållit honom fast vid hans ställning innan han ännu helt hunnit gruppera sina styrkor, är det också möjligt att han hade kunnat besegra honom följande morgon eller, vilket är mer sannolikt, ha tvingat honom att retirera under natten.

Från Quatre-Bras påminde förföljelsen och reträtten om en ”rävjakt”. ”Lord Uxbridge manar oss vidare”, skriver Mercer, ”och ropar ’Skynda! – skynda! för Guds skull, galoppera annars blir ni tagna’ … iväg drog vi, hals över huvud – kanoner, artilleridetachementer och husarer i vilt tumult, på väg som galningar!”[72] Man nådde fram till Genappe och dess enda smala bro, regnet upphörde och fram emot 18.30 red Napoleon i täten för sitt kavalleri upp på Belle-Alliances höjder,[73] som av en låg dalgång skildes från en parallell kedja av höjder bakom vilken Wellingtons här låg, utom synhåll för Napoleon. Kejsaren beordrade genast fram fyra batterier ur det ridande artilleriet och i skydd av deras eld red Milhauds kyrassiärer uppför sluttningen och upptäckte att hela den brittisk-holländska armén hade gått i ställning. Napoleon pekade på solen och utbrast: ”Vad skulle jag i dag inte ge för att ha haft Josuas makt och kunnat fördröja fiendens marsch med två timmar.”[74] Även om han själv inte på något sätt stod utan skuld, så skulle han ha haft de två timmarna, och fler, om Ney hade angripit fienden tidigt på morgonen.

Napoleon vände om och red till sitt högkvarter, som hade upprättats i bondgården Le Caillou, två och en halv kilometer söder om La Belle Alliance, och runt 21.00 mottog han en rapport från Milhaud om att en av hans patruller hade siktat en preussisk kolonn som retirerade från Géry i riktning mot Wavre. Detta oroade honom inte, för han kunde inte tänka sig att Blücher, ställd inför Grouchys 33000 man, skulle våga sig på en flankmarsch tvärs över hans front för att kunna förena sig med Wellington.

Efter att ha vilat under en eller ett par timmar begav sig Napoleon klockan 01.00 den 18 juni iväg i ösregnet för att se över sina förposter. Han återvände till högkvarteret i gryningen och fann då att en depesch från Grouchy, daterad klockan 22.00 den 17 juni, hade anlänt klockan 02.00. Den upplyste honom om att preussarna verkade dra sig tillbaka i två kolonner: den ena mot Wavre och den andra mot Perwez. Grouchy tillade:

> Man skulle kunna dra slutsatsen att en del tänker förena sig med Wellington, medan centern, under befäl av Blücher, retirerar mot Liège; en annan kolonn, åtföljd av kanoner, har redan retirerat till Namur. I kväll skickar general Exelmans fram sex kavalleriskvadroner i riktning mot Sart-à-Walhein och tre mot Perwez. När deras rapporter är tillgängliga och om jag då finner att huvuddelen av preussarna retirerar mot Wavre tänker jag förfölja dem, för att därigenom förhindra att de når Bryssel och för att separera dem från Wellington.[75]

Med tanke på Milhauds rapport borde denna depesch genast ha besvarats.[76] Ändå dröjde det till 10.00 innan ett svar sändes iväg för att informera Grouchy om att ”i denna stund avser Hans majestät att angripa den engelska hären, som har gått i ställning vid Waterloo. Hans majestät önskar att ni ska bege er mot Wavre för att kunna nalkas oss, och hålla er underrättad om våra operationer och upprätthålla era förbindelser med oss, under det att ni framför er driver de delar av den preussiska hären som har begivit sig i denna riktning och som har gjort halt vid Wavre; denna plats bör ni så snart som möjligt nå."[77]

För en man med Grouchys begränsade fattningsförmågor var det ett synnerligen illa formulerat meddelande. Det enda som hade varit nödvändigt var: "Nalkas oss och hindra preussarna från att marschera till Wellingtons bistånd", och hade Soult tagit på sig ansvaret för att sända iväg svaret klockan 03.00 skulle det ha nått Grouchy vid Gembloux senast klockan 08.00. Till och med om Napoleon hade sänt iväg det mellan 04.00 och 05.00 skulle Grouchy ha mottagit det när han, som vi ska komma till, befann sig vid Walhain. I vilket fall som helst hade i värsta fall endast en preussisk kår kunnat komma till Wellingtons bistånd.

Vid exakt samma timme som Grouchys depesch avlämnades vid det kejserliga högkvarteret erhöll Wellington ett svar på sitt meddelande av klockan 10.00 till Blücher. Det informerade honom om att Bülows kår skulle marschera till hans bistånd i gryningen den 18 juni, omedelbart följd av Pirchs, och att I. och III. kåren skulle hålla sig redo att följa Pirch. Detta var i sanning mer än vad Wellington hade väntat sig och han bestämde sig genast för att leverera batalj och invänta Bülows ankomst.

Det är nu dags att återvända till Grouchy, som klockan 13.00 hade mottagit sina order om att förfölja Blücher. Han begav sig av en timme senare, men ryckte fram så otroligt långsamt att han inte nådde fram till Gembloux förrän vid mörkrets inbrott. Där samlade han in de upplysningar som gavs i depeschen av klockan 22.00 till kejsaren, och när han en timme senare av sitt kavalleri fick veta att preussarna marscherade mot Wavre[78] drog han den förhastade slutsatsen att de endast hade för avsikt att samlas där för att sedan tåga vidare mot Bryssel. I stället för att förfölja dem i flanken via Géry och Moustier mot Wavre bestämde han sig för att rycka fram mot Sart-à-Walhain och förfölja deras arriärgarde.[79] Men det som var värre var att han i stället för att ge sig av i gryningen den 18 juni gav Vandamme order om att bryta upp klockan 06.00 och Gérard klockan 08.00. I själva verket avtågade de klockan 08.00 respektive 09.00.

Grouchy lämnade Gembloux mellan 08.00 och 09.00 och hann klockan 10.00 upp III. kårens tät vid Walhain. Där steg han in i huset som tillhörde traktens notarie, en monsieur Hollert, för att skriva en biljett till kejsaren och upplysa denne om att det verkade som om preussarna hade för avsikt att marschera upp vid Chyse, omkring femton kilometer söder om Leuven, "för att leverera batalj mot sina förföljare, eller för att slutligen förena sig med Wellington", och att han därför skulle dra samman sina trupper vid Wavre för att kunna låta dem gå i ställning "mellan den preussiska armén och Wellington".[80]

Han sände iväg meddelandet och slog sig sedan ner för att äta frukost, och klockan 11.30, medan han tillsammans med Gérard promenerade i trädgården, hördes kanonmuller från Mont Saint-Jean. Gérard utbrast genast: "Jag tror att vi borde marschera mot kanonerna." Detta vägrade Grouchy att ens överväga eftersom han trodde att det bara handlade om en skärmytsling med arriärgardet. En häftig dispyt följde, som slutade med att Gérard yrkade på att han och hans kår skulle skickas iväg ensamma. Detta ville Grouchy inte höra talas om, utan han sade att han måste lyda kejsarens order, som han fullständigt hade missförstått från början till slut.[81]

I vilket läge befann sig då preussarna vid den här tidpunkten? Bülows tät hade nått fram till Chapelle-Saint-Lambert, men kårens kö låg så långt bakom att den inte började sluta upp förrän klockan 15.00. Pirch skulle ge sig av inom en halvtimme, liksom Ziethen, som skulle rycka fram mot Ohain, och Thielemanns kår hade gått i ställning vid Wavre. Klockan 11.30 befann sig därför tre fjärdedelar av den preussiska armén fortfarande vid eller i närheten av Wavre. Om Grouchy hade gått med på Gérards förslag och vid middagstid givit sig av till Moustier och Ottignies vid Dyle, som båda låg knappt tretton kilometer bort, skulle han trots de dåliga vägarna följaktligen ha nått fram dit mellan 16.00 och 17.00 och då ha befunnit sig vid Blüchers vänstra flank och kö. I stället fortsatte han sin marsch i enkel kolonn mot Wavre via Corbais och nådde klockan 14.00 fram till La Baraque – fem och en halv kilometer öster om Moustier och Ottignies, där broarna fortfarande var intakta och obevakade. Från La Baraque eller dess omgivningar kunde preussarna ses marschera mot Waterloos fält, och hade Grouchy med sitt kavalleri, som Ropes påpekar, redan då skärmat av Thielemann vid Wavre, kunde han ha låtit sina båda kårer marschera mot broarna över Dyle, och hade han gjort det "skulle han helt visst ha hejdat Bülows och Pirchs marsch", om än inte Ziethens.[82] Med sådana underordnade som Grouchy och Ney skulle till och med ärkeängeln Mikael med alla sina änglar ha förlorat fälttåget.

Mellan klockan 16.00 och 17.00 utfärdade Soult order till samtliga sina trupper om att befinna sig i anfallsställning exakt klockan 09.00,[83] men på grund av regnet blev förberedelserna så mycket försenade att detta visade sig vara ogörligt. Regnet upphörde mellan 07.00 och 08.00, och när kejsaren slog sig ner för att äta frukost föreslog Soult, som ända sedan föregående kväll hade oroat sig över Grouchy, att åtminstone en del av Grouchys befäl omedelbart borde återkallas. Napoleon viftade bryskt bort rådet, och när Jérôme anmärkte att uppassaren som hade serverat honom vid kvällsvarden föregående kväll, och som samma morgon hade serverat Wellington, hade upplyst honom om att en av hertigens ordonnansofficerare hade talat om en förening mellan engelsmännen och preussarna, nedlät sig Napoleon endast att svara med ett ”nonsens!”[84] Inget kunde få honom att överge de fixa idéer som han var besatt av: att preussarna efter Ligny var oförmögna att ingripa och att Wellingtons flerspråkiga armé skulle krossas med ett enda dråpslag.

När frukosten var över kallade kejsaren fram sina hästar och begav sig tillsammans med Drouot ut för att sondera terrängen och rekognoscera fienden. Medan han var upptagen av detta fick han av Drouot, som var en erfaren artilleriofficer, rådet att skjuta upp anfallet i två eller tre timmar, eftersom denne menade att marken fortfarande var för fuktig för snabba artilleriförflyttningar.[85] Napoleon, som även han var en skicklig artillerist, höll med om detta och sköt upp anfallet till klockan 13.00. Detta, uppger Houssaye, var hans mest ödesdigra blunder under hela fälttåget, för hade han inte gått med på det ”skulle den engelska armén ha drivits på flykten innan preussarna ankom”.[86]

Klockan 10.00, då Napoleon befann sig på bondgården Rossomme, erinrade han sig plötsligt Grouchy och gav Soult order om att svara på dennes senaste depesch, och några minuter senare, som om han halvt medvetet hade anat en fara österifrån, beordrade han överste Marbot att låta 7. husarerna gå i ställning vid Frichermont och skickade patruller till broarna vid Moustier och Ottignies,[87] av allt att döma för att komma i kontakt med Grouchy och genast sända tillbaka besked om hans annalkande. Därefter, när trupperna hade gått i anfallsställning, mönstrade Napoleon sin armé till de entusiastiska ropen: ”Vive l'Empereur!”

Klockan 11.00 dikterade han en mycket kortfattad anfallsorder,[88] och eftersom hans mål var detsamma som vid Ligny – att bryta igenom fiendens center och utnyttja genombrottet – gav han klockan 13.00 eller strax därefter Ney order om att omedelbart efter ett intensivt förberedande artilleribombardemang låta d'Erlons kår rycka fram mot byn Mont Saint-Jean med Reilles kår sida vid sida med dess vänstra flank. Några minuter senare beordrade han Reille att omedelbart sända en division mot Hougoumont för att utföra en kraftfull skenmanöver, för att därigenom distrahera Wellington och få denne att försvaga sin center genom att förstärka sin högra flygel. Under tiden gick ett stort batteri om 80 pjäser i ställning framför och till höger om Belle-Alliance, för att öppna eld vid middagstid.[89]

Även för den här tidens slag var Waterloofältet begränsat, eftersom det inte var mer än tre och en halv kilometer långt från Mont Saint-Jean till Rossomme och bara sex och en halv kilometer där det var som bredast, från Braine-l'Alleud till Parisskogen. Det skars i stort sett mitt itu av vägen Charleroi–Bryssel, flankerades i söder av en låg oregelbunden ryggås på ömse sidor om Belle-Alliance och av en annan låg ryggås i norr, längs vilken vägen Braine-l'Alleud–Wavre löpte. De båda åsarna åtskildes av en grund dalgång, knappt femton meter lägre än de själva.

Wellingtons huvudlinje löpte längs den andra av dessa åsar, en dryg kilometer söder om byn Mont Saint-Jean, och sträckte sig omkring två kilometer öster om Brysselvägen och omkring en halv kilometer väster om den. Omkring 350 till 700 meter framför hertigens vänstra front låg byarna Smohain, La Haye och Papelotte och omedelbart söder om hans center låg bondgården La Haye Sainte liksom även en stor sandgrop, medan Château-de-Hougoumont, som var omgivet av fruktträdgårdar och trädgårdar, tornade upp sig framför hans högra flank. Napoleons linje, som stod mittemot Wellingtons, löpte från en punkt som låg knappt tre kilometer söder om Mont Saint-Jean i riktning mot vägen Mont Saint-Jean–Nivelles tvärs över Hougoumonts södra fasad fram till Château-de-Frichermont, som vette mot Papelotte, La Haye och Smohain.

Kartan visar de båda arméernas uppställning klockan 13.00, och enligt Siborne[90] räknade Wellingtons armé 49 608 infanterister, 12 408 kavallerister och 5 645 artillerister med 156 artilleripjäser, sammanlagt 67 661 man, medan Napoleons räknade 48 950 infanterister, 15 765 kavallerister och 7 232 artillerister med 246 artilleripjäser, sammanlagt 71 947 man. För att delvis kompensera Grouchys detachement lämnade Wellington, som fortfarande fruktade att bli kringränd via vägen Mons–Bryssel, 17 000

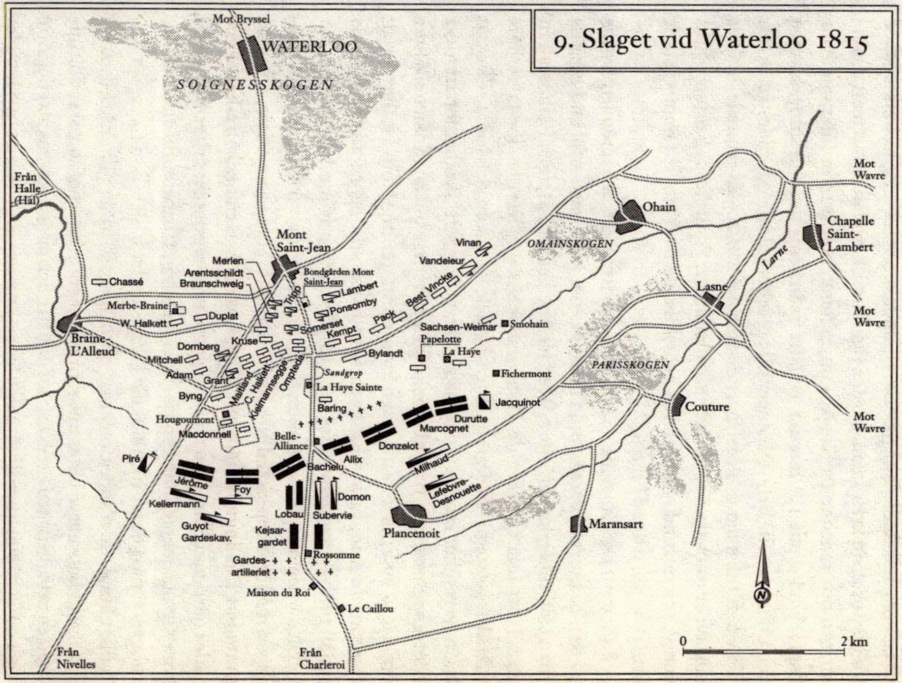
9. Slaget vid Waterloo 1815
Mot Bryssel
WATERLOO
SOIGNESSKOGEN
Från Halle (Hal)
Mont Saint-Jean
Merlen
Arentsschildt
Braunschweig
Chassé
Bondgården Mont Saint-Jean
Tripp
Lambert
Ponsomby
Merbe-Braine
Duplat
W. Halkett
Somerset
Kempt
Pack
Best
Vincke
Vandeleur
Vinan
Braine-L'Alleud
Kruse
Dornberg
Mitchell
Adam
Grant
Byng
Maitland
C. Halkett
Kielmannsegge
Ompteda
Bylandt
Sachsen-Weimar
Papelotte
La Haye
Smohain
Fichermont
Sandgrop
La Haye Sainte
Baring
Hougoumont
Macdonnell
Belle-Alliance
Jacquinot
Durutte
Marcognet
Donzelot
Allix
Bachelu
Milhaud
Lefebvre-Desnouette
Piré
Jérôme
Foy
Kellermann
Domon
Lobau
Subervie
Guyot
Gardeskav.
Kejsar-gardet
Rossomme
Gardes-artilleriet
Maison du Roi
Le Caillou
Plancenoit
Maransart
OMAINSKOGEN
Ohain
Lasne
Larne
Chapelle Saint-Lambert
Mot Wavre
Mot Wavre
Mot Wavre
PARISSKOGEN
Couture
0
2 km
Från Nivelles
Från Charleroi

man och 30 artilleripjäser under befäl av furst Fredrik av Nederländerna vid Halle (Hal) och Tubize (Tubeke). När man betänker att hertigen föregående morgon bara hade bett om en preussisk kår var det en första klassens blunder att han under hela den 18 juni lämnade kvar ett så starkt detachement tretton till fjorton kilometer bort. Om Blüchers bistånd uteblev skulle det ha kunnat rädda den brittisk-holländska armén genom att manövrera mot Napoleons vänstra flank, och även om det inte hade ösregnat så skulle Wellington med det detachementet helt säkert ha varit stark nog att hålla sina ställningar tills Blücher väl anlände. Som det nu var hade han fullständigt slösat bort dessa 17 000 man – en femtedel av hela sin styrka – och det är som Kennedy anmärker ”svårt att förstå hur någon fransk styrka kunde ha nått Tubize och Halle utan att dess framryckning skulle ha blivit känd i förväg”.[91]

Klockan 11.30 öppnade de franska batterierna eld, och Jérômes division av Reilles kår ryckte fram mot Hougoumont. Men i stället för att begränsa sitt anfall till en skenmanöver blev Jérôme genast indragen i ett regelrätt försök att inta Château-de-Hougoumont. Detta var det första av flera taktiska misstag som fransmännen begick, eftersom det ledde till exakt motsatt resultat mot det som Napoleon hade avsett. I stället för att locka bort engelsmännen lockade manövern bort fransmännen. Snart sändes en brigad av Foys division fram för att bistå Jérôme, som i stället för att förstöra de massiva byggnaderna med haubitseld beordrade anfall efter anfall tills ”träden framför slottet skars i strimlor av musköteld”.[92]

Medan denna förfelade operation var i full gång var kejsaren fullt upptagen med att förbereda d'Erlons anfall mot Wellingtons center, och fram emot klockan 13.00, när allt var klart, kastade han en blick runt fältet och lade i fjärran, omkring sju till åtta kilometer åt nordost, märke till att något som såg ut som ett ”mörkt moln” steg upp från Chapelle-Saint-Lamberts skogar. Omedelbart riktades alla kikare åt det hållet. Soult sade att han tydligt kunde se trupper, och man antog genast att de tillhörde Grouchy. Ett ögonblick senare löstes mysteriet då några av Marbots husarer dök upp med en tillfångatagen preussisk ordonnans, och av dennes depesch fick man veta att det ”mörka molnet” var Bülows avantgarde.[93] Även om detta blev något av en chock för kejsaren och hans fixa idé, lät han sig på intet sätt oroas; för honom var det en komplikation, inget annat. Han betvivlade inte för ett ögonblick att han skulle kunna krossa Wellington långt innan

Bülow hann anlända. Inte desto mindre måste denna nya fara bemötas och till ett brev som han just hade dikterat som svar på ett från Grouchy bad han Soult lägga följande post scriptum: ”Ett brev som just har snappats upp låter oss veta att general Bülow tänker angripa vår högra flank. Vi tror oss kunna förnimma denna kår på höjderna av Chapelle-Saint-Lambert. Nalkas därför oss utan att förlora en minut och förena er med oss för att krossa Bülow, som ni kommer att ta på bar gärning.”[94] Enligt Gourgaud skulle ordonnansofficeren som sändes med detta brev kunna avlämna det inom två timmar. Detta var helt omöjligt och brevet nådde inte Grouchy förrän klockan 17.00, då han befann sig i full strid med Thielemann vid Wavre. Hade kallelsen skickats tidigt samma morgon hade Napoleons liknöjdhet varit fullt berättigad.

Kejsaren beordrade därefter Damonts och Subervies lätta kavalleridivisioner att bege sig i riktning mot Chapelle-Saint-Lambert, och han gav Lobau anvisningar om att i skydd av dem följa efter med sin kår för att hålla Bülow i schack.[95] Efter att dessa mått och steg hade vidtagits för att trygga högra flanken var klockan nu omkring 13.30 och han beordrade Ney att gå till anfall.

I den franska armén hade sedan 1792 anfallets inledningsfas vanligen genomförts i kolonnformering, för att man därmed snabbt och utan förvirring skulle kunna vinna så mycket terräng som möjligt. När man sedan närmade sig fienden formerades kolonnerna på linje, för att man skulle kunna uppnå maximal eldkraft. För att underlätta linjeformeringen var kolonnerna vanligen av bataljons styrka med halva eller hela formeringsintervall: de var lätthanterliga, gynnade snabb formering och kunde i händelse av en kavallerichock snabbt bilda fyrkanter. Anfallet grundades på följande principer: 1. Medan kolonnerna ryckte fram tvingade artilleriet fienden att förbli i linjeformering – det vill säga i den minst sårbara formeringen vid beskjutning av kartescher och rundkulor; 2. omedelbart före linjeformeringen tvingade kavalleriet genom att hota fienden denne att bryta linjeformeringen och bilda fyrkanter – det vill säga den tryggaste formeringen för att bemöta kavalleri, men samtidigt också en ytterst sårbar formering för att bemöta infanteri- och artillerield; 3. Därnäst formerade sig kolonnerna i skydd av kavalleriet på linje för att kunna utsätta fiendens fyrkanter för en kraftigare eldgivning än vad dessa själva kunde åstadkomma, samtidigt som eldgivningen understöddes av kartescher från regementespjäserna; 4. till sist, när fyrkanterna väl hade drabbats av förvirring, gjordes chock med påsatta bajonetter, varefter kavalleriet gjorde slut på fienden genom att tillintetgöra de flyende.

I det här fallet ryckte tre av d'Erlons fyra anfallande divisioner av någon oförklarlig anledning inte fram i bataljonskolonner, utan formerades i stället i divisionskolonner med bataljonsfront – det vill säga varje bataljon var tre led djup.[96] Eftersom var och en av de tre divisioner som anammade denna klumpiga formering bestod av åtta eller nio bataljoner hade varje kolonn en frontlinje på omkring 200 man och var från 24 till 27 led djup. Dessa tungrodda kolonner omöjliggjorde inte bara en snabb formering på linje, deras storlek gjorde dem dessutom särskilt sårbara för fiendens kartescher och rundkulor.

Olyckligtvis för Ney och d'Erlon stod de inför en general som förstod sig på den franska taktiken och som åtminstone delvis visste hur den skulle neutraliseras. I stället för att ställa upp sina trupper på den åsrygg längs vilken vägen Braine-L'Alleud–Wavre löpte lät Wellington ställa upp huvuddelen av sina styrkor bakom den, där de var skyddade mot skott och granater från fiendens tunga batteri, som utgjordes av kanoner och inte haubitser och därför inte kunde skjuta in sig bakom sluttningen. Resultatet blev att hans män led föga av det förberedande bombardemanget. Det enda de behövde göra var att lägga sig ner på led bakom ryggåsen och när fiendens kolonner närmade sig dess krön sedan resa sig, rycka fram några steg och avfyra en förödande salva mot kolonnernas tät innan de hann formera sig på linje. Den här taktiken löste inte problemet med att möta kavalleriet, där taktiken förblev att formera fyrkanter. Under hela slaget var det, som vi ska se, det franska kavalleriets och infanteriets undermåliga samverkan, rent av mer än den felaktiga kolonnformeringen, som fördärvade de franska anfallen.

Denna kortfattade taktiska kommentar bör göra det klart varför d'Erlons anfall misslyckades. Det utfördes i fyra kolonner som ryckte fram i omgångar, där den vänstra divisionen (Donzelot) inriktade sig på La Haye Sainte med Travers kyrassiärbrigad till vänster om sig och den högra kolonnen (Durutte) ryckte fram mot Papelotte, medan Allix och Marcognets kolonner befann sig i mitten.[97] Papelotte stormades utan större svårigheter, men Donzelot misslyckades med att ta La Haye Sainte, som hölls med stor tapperhet av en bataljon ur King's German Legion under befäl av major

Baring. Under tiden utsattes Allix och Marcognets divisioner, som befann sig i mitten, för kraftig eld när de tog sig uppför åsen. De mötte Bylandts holländsk-belgiska brigad, den enda truppstyrka som Wellington hade formerat på linje längs ryggåsens främre sluttningar och som följaktligen redan hade lidit allvarligt av fransk artillerield, och drev den på flykten. Ungefär samtidigt fann de tre kompanierna ur 95. regementet (95th Rifle Regiment of Foot) som höll sandgropen sin ställning ohållbar och ryckte tillbaka, och det blev allmän strid. Under tiden följde Wellington anfallet från den position som han hade intagit vid foten av en gammal alm som stod där vägarna Braine-l'Alleud–Wavre och Charleroi–Bryssel korsades, medan Napoleon gjorde det samma vid Rossomme: för den senare och hans stab framstod d'Erlons framgång som helt säker.

Sällan har en hägring visat sig mer illusorisk, för den felaktiga formeringen av d'Erlons kolonner, som redan hade sinkat anfallet, ledde nu till katastrof. De hade förvandlats till hopar av män, som när de närmade sig åsens krön var oförmögna att formera sig i något som ens kunde liknas vid en slagordning, och medan de försökte göra detta förde Picton fram sin division (4 000 man). När denna nådde åsens krön möttes den av Kempts brigad, som på 40 stegs avstånd avfyrade en förödande salva mot de framryckande fransmännen samtidigt som Packs brigad rusade fram bakom häcken som kantade Wavrevägen och med påsatta bajonetter gjorde chock in i de myllrande massorna. Ett ögonblick senare blev Picton ihjälskjuten.

Vändpunkten var nådd och Uxbridge tog vara på tillfället. Han satte in Somersets och Ponsonbys kavalleribrigader i slaget.[98] Först skingrade de Travers kyrassiärbrigad, som hade åtföljt d'Erlon, och därefter gjorde de chock mot d'Erlons oordnade infanteri och drev fienden huvudstupa nedför sluttningen; de tog 3 000 fångar och erövrade två örnstandar. Burna av sina hästar red det engelska kavalleriet tvärs över dalen i full fart, passerade igenom de franska förposterna och uppför den motstående sluttningen. Uxbridge gjorde ett fåfängt försök att blåsa till reträtt, men inget kunde stoppa dem. De trängde vidare och befann sig nära det stora batteriet då Martiques lansiärer gjorde chock mot deras flank och Ponsonby dödades. Härnäst sattes Farines kyrassiärbrigad in och Somersets och Ponsonbys brigader kastades tillbaka i fullständig oordning och lämnade efter sig över en tredjedel av männen på slagfältet. Under tiden fortsatte anfallet mot Hougoumont som stadigt gjorde Reilles alltmer utmattad.

Klockan 15.00 mattades striderna av, men trots att d'Erlons anfall hade misslyckats närmade sig Wellingtons position en kritisk punkt. Bylandts brigad (omkring 4 000 man) var försatta ur stridbart skick, och Wellington hade på grund av Somersets och Ponsonbys oöverlagda kavallerichocker förlorat 2 500 av sina bästa ryttare. Allt hängde på Blüchers ankomst, och hans frammarsch var plågsamt långsam.

Napoleons belägenhet var inte mindre prekär, för han hade från Walhain just erhållit Grouchys depesch av klockan 11.30, som måste ha gjort det klart för honom att han inte kunde förvänta sig någon hjälp därifrån. Även om han hade kunnat rädda sin armé genom att retirera,[99] skulle det inte bara ha inneburit att fälttåget skulle ha gå förlorat, utan också politiskt kaos. Han drog därför fördel av Bülows långsamhet och bestämde sig för att krossa Wellington innan preussarna hann gå i ställning. Klockan 15.30, då d'Erlon hade lyckats samla några av sina bataljoner, beordrade han Ney att besätta La Haye Sainte, eftersom han övervägde att använda den som en bas från vilken han skulle kunna utföra ett stort upplagt anfall med d'Erlons och Reilles kårer, följd av huvuddelen av kavalleriet och Kejsargardets infanteri.

Kanonaden intensifierades, men på grund av det desorganiserade tillståndet i d'Erlons kår och de svårigheter som Reille hade med att dra ut sina trupper ur striderna vid Hougoumont kunde Ney endast angripa med två brigader. Även om de kastades tillbaka såg han mellan de bortdrivande rökmolnen ett stort antal fientliga ammunitionskärror skynda fram bakom linjen – i själva verket var de upptagna med att föra tillbaka sårade – och drog den förhastade slutsatsen att fienden befann sig i reträtt. Han väntade inte på kejsarens godkännande innan han satte in kavalleriet utan beordrade fram Milhaud och dennes båda divisioner. När de gav sig av anslöt sig Lefebvre-Desnouettes, vars division befann sig bakom Milhaud, på eget initiativ till dem. Följaktligen sattes 5 000 ryttare in i skärmytslingen *innan* La Haye Sainte hade intagits, och anledningen till att Napoleon inte stoppade detta riskfyllda anfall var att han i det ögonblicket hade hela sin uppmärksamhet riktad mot högra flanken. Vad var det då som pågick där?

Trots att Bülow hade nått fram till Chapelle-Saint-Lambert klockan 13.00 dröjde det till klockan 16.00 innan täten av hans kolonner dök upp ur Parisskogen. När de gjorde det hölls de stången av Domons skvadroner, som sedan ryckte tillbaka och lämnade Lobaus infanteri oskyddat. Trots att fienden var dem överlägsna med tre mot en anföll Lobau genast täten av Bülows två främsta divisioner, för att sedan rycka tillbaka mot Plancenoit. Han blev där anfallen från tre sidor och drevs ut ur byn, varifrån de preussiska batterierna sedan öppnade eld mot Brysselvägen. Eftersom förlusten av Plancenoit hotade den franska reträttlinjen beordrade Napoleon Duhesme att återta byn med "unga" gardet. Detta gjorde han, och Lobau med VI. kåren spred ut sig på vänstra flygeln för att förena den med I. kårens högra flygel.

Det var medan kejsaren var upptagen med detta som Ney, "upptänd av en överdriven glöd",[100] mellan klockan 16.00 och 16.14 hade ställt sig i täten för Milhauds kyrassiärer och ledde dem framåt mot Wellington, som inte hade minsta tanke på att retirera eftersom hans enda mål var att hålla fast vid sin ställning tills preussarna anlände. Även om de allierade förväntade sig att ett stort upplagt kavallerianfall någon gång under dagen skulle riktas mot dem, kom det som en överraskning för dem att det sattes in mot obrutet infanteri.[101] Det allierade infanteriet formerade genast fyrkanter och artilleristerna beordrades att stanna kvar vid regementespjäserna framför fyrkanterna ända till i sista ögonblicket, för att sedan tillsammans med sina hästar söka tillflykt inne i dessa.

Det franska kavalleriet ryckte fram, säger Kennedy, "i kolonner på linje" och fyllde nästan hela sträckan mellan La Haye Sainte och Hougoumont.[102] De red sakta i kort galopp uppför sluttningen och eftersom de franska batterierna upphörde med sitt eldunderstöd inleddes eldgivningen från de allierade batterierna, vilkas pjäser var laddade med kartescher över rundkulorna. Sedan blåstes "chock" och till ropet: "Vive l'Empereur!" svepte de 5 000 ryttarna fram genom de allierade batterierna. Trots att samtliga pjäser erövrades hade fransmännen inte gjort några förberedelser för att ta hand om dem. Det fanns inga hästar till hands för att släpa bort pjäserna och inga förnaglingsspikar för att göra dem obrukbara. Inget gjordes och det föll inte en enda officer in att låta knäcka artilleristernas viskare. Hade pjäserna blivit förnaglade, vilket hade kunnat göras med huvudlös spik och hammare, skulle nästa stora kavallerichock nästan helt säkert ha lyckats, eftersom kavalleriet i anfallet hade lidit mer av kartescherna och druvhaglet än av muskötelden.

Kyrassiärer, jägare till häst och lansiärer gjorde chock mot fyrkanterna och böljade runt dem ända tills hela platån var översvämmad av ryttare.

Om denna insats skriver Frazer: ”Det franska kavalleriet gjorde några av de djärvaste chocker jag någonsin sett; de anföll längs hela utsträckningen av vår linje … Aldrig förr har ett kavalleri uppträtt så ädelmodigt, eller blivit så ståndaktigt bemött av ett infanteri.”[103]

Uxbridge, som iakttog stridsvimlet och som till sitt förfogande fortfarande hade två tredjedelar av sitt utvilade kavalleri, satte plötsligt mot fransmännen in Dönbergs, Arentschildts, Braunschweigs, van Merlens och Ghignys brigader, allt som allt omkring 5 000 ryttare. När de svepte tillbaka fransmännen, rusade de allierade artilleristerna ut ur fyrkanterna, bemannade sina pjäser och avlossade druvhagel och kartescher rakt in bland den retirerande fienden. Oförfärade formerade Milhaud och Lefebvre-Desnouettes sina skvadroner vid foten av sluttningen och red på nytt i kort galopp uppför sluttningen, bara för att möta nya salvor från de allierade batterierna och åter tvingas tillbaka.

Även om de som befann sig tillsammans med Napoleon vid Rossomme blev upprymda av vad de såg, gällde detta under inga omständigheter kejsaren. Otåligt vände han sig till Soult och utbrast: ”Det här är en överilad manöver, som mycket väl kan få ödesdigra följder.” Soult svarade: ”Han [Ney] utsätter oss för risker så som han gjorde vid Jena.”[104] Trots det överilade anfallet sände Napoleon, som fruktade att tillbakakastandet av hans kavalleri skulle kunna skapa oro i armén och leda till panik, inte desto mindre general Flahaut till Kellermann för att beordra denne att stödja Ney. Kellermann, som även han ansåg att insatsen vara överilad, protesterade, men medan han gjorde det red general L'Héritier, som förde befäl över hans 1. division, iväg i trav utan att invänta order, varefter Kellermann följde honom tillsammans med Roussels 2. division. Härnäst följdes Kellermann av Guyot och hans division av Kejsargardets kavalleri, som i likhet med Lefebvre-Desnouettes antingen gav sig av utan order eller till följd av en felaktigt given sådan. Detta var ett ödesdigert drag, eftersom det inte bara berövade kejsaren hans sista kavallerireserv utan dessutom gjorde fältet så fullständigt överfyllt av ryttare att det blev omöjligt att manövrera. Inte undra på att de allierade, som Kennedy anmärker, slogs av häpnad över att se omkring 12 000 ryttare[105] samlas för ett anfall mot den knappt 1 000 meter breda frontlinjen mellan Hougoumont och La Haye Sainte, där ”dessa ryttare endast kunde rycka fram på en front av 450 meter, eftersom de tvingades hålla visst avstånd från såväl Hougoumonts som La Haye Saintes inhägnader”.[106]

Kellermanns och Guyots framryckning, som följdes av Milhauds vid det här laget utmattade ryttare, ägde rum klockan 17.30 och saknade helt infanteriunderstöd och hade svagt artilleriunderstöd, eftersom endast ett enda batteri fördes upp bakom ryttarna för att slå bräscher i de allierades fyrkanter. Den besvärliga, gyttjiga marken försvårade otvivelaktigt förflyttningen av pjäserna, men hade endast två eller tre batterier ridande artilleri kunnat föras fram inom skotthåll för kartescher skulle inte desto mindre ingenting ha kunnat rädda Wellingtons armé.

Även om det andra stort upplagda anfallet mötte samma öde som det första, så orsakade det hård press och stor påfrestning i den allierade linjen, och Wellington hade vid det här laget förbrukat större delen av sitt kavalleri och de flesta av sina infanterireserver. Vad skulle han inte ha givit för att ha haft till hands de 17 000 man som han hade lämnat kvar vid Halle och Tubize?

Men Ney kunde inte dra fördel av fiendens kritiska belägenhet, eftersom hela hans taktik var felaktig – i stället för att kombinera sina vapenslag använde han dem fristående. Hade han först intagit La Haye Sainte, så som han hade blivit beordrad att göra, och därefter upprättat sina batterier framför bondgården kunde han ha skjutit bräscher i fiendens fyrkanter. Hade han sedan givit sitt kavalleri infanteriunderstöd hade han kunnat förvissa sig om framgång. Som det nu var ställdes ett franskt batteri, skriver Mercer, ”upp på en kulle något högre än marken vi stod på, och endast omkring 350 till 450 meter framför vår vänstra flank. Den snabbhet och precision med vilken eldgivningen skedde var alldeles förfärande. Varje skott gav verkan, och jag förväntade mig helt visst att vi skulle bli tillintetgjorda … hela den långa dagen hade inte kostat oss något som detta.”[107]

Ney hade inte bara glömt bort sitt mål – La Haye Sainte – utan också sitt infanteri, och först efter Kellermanns fjärde chock kom han på tanken att använda sina 6000 bajonetter. Klockan 18.00 lät han Foys och Bachelus divisioner av Reilles kår rycka fram, men utan kavalleriunderstöd möttes de av, som Foy beskriver det, en sådan ”dödens hagelstorm” att de inom några få minuter förlorade omkring 1 500 man och kastades tillbaka.

När detta anfall ägde rum red Napoleon längs hela stridslinjen för att lugna sina män, och samtidigt sände han en order till Ney om att till varje pris ta La Haye Sainte. Detta gjorde Ney med delar av Donzelots division och han lyckades till stor del därför att Barings detachement fick slut på ammunition. De allierade förlorade även sandgropen.

Denna gång utnyttjade Ney genast sin framgång. Han ställde upp ett batteri i närheten av La Haye Sainte, omkring 250 meter från de allierades ställning, och skickade fram återstoden av Allix, Donzelots och Marcognets divisioner, som lyckades få fotfäste på Wavrevägen. Men vid det laget var hans män alltför utmattade för att kunna fortsätta framryckningen, och han skickade därför överste Heymès till kejsaren för att be om förstärkningar.

”Trupper!” skrek Napoleon. ”Var förväntar ni er att jag ska hitta sådana? Förväntar ni er att jag ska skapa dem?”[108] Men Ney hade rätt: det avgörande ögonblicket, som den felaktiga taktiken så länge hade fördröjt, hade nu infunnit sig. Även om Napoleon var hårt ansatt så saknade han inte helt och hållet reserver, men han insåg av allt att döma inte hur desperat Wellingtons belägenhet var. Om detta skriver Kennedy:

> La Haye Sainte var i fiendens händer … Omptedas brigad var nästan tillintetgjord och Kielmanseggеs så uttunnad att de båda brigaderna inte kunde hålla ställningen. Den del av slagfältet som låg mellan Halketts vänster och Kempts höger var därför oförsvarad, och eftersom denna punkt utgjorde själva mitten i hertigens stridslinje var den följaktligen den som fienden önskade vinna framför alla andra. Faran var överhängande, och vid ingen annan period av striden var utgången så oviss som i denna stund. Till vår stora lycka stödde inte Napoleon den fördel som hans trupper hade vunnit vid denna tidpunkt genom att skicka fram sin reserv …
>
> Så allvarlig ansåg Wellington denna stora lucka i själva centrum av hans stridslinje vara, att han inte bara beordrade dit Braunschweigs trupper utan själv satte sig i täten för dem, och ändå var det med största svårighet som vi kunde hålla stånd …
>
> Inte under någon annan del av striderna var hertigen av Wellington utsatt för så stor personlig fara som vid denna händelse … inte vid någon annan tidpunkt under dagen bringades hans framstående egenskaper som befälhavare så tydligt i dagen, för denna stund innebar såväl den största faran för honom själv som för utgången av striden.[109]

Napoleon hade fortfarande åtta bataljoner ur ”gamla” gardet och sex ur ”mellersta” gardet till sitt förfogande, och hade han sänt bara hälften av denna styrka till Ney skulle Wellingtons center oundvikligen ha blivit överväldigad. Det behövdes nämligen bara att en jämförelsevis liten styrka av utvilade trupper skulle dyka upp för att de allierade skulle gripas av panik. Men Napoleons belägenhet var i det läget lika kritisk som Wellingtons. ”Unga” gardet hade kastats ut ur Plancenoit, och kejsaren, som blivit övermannad på sin högra flank hotades nu av en genombrytning i ryggen. I stället för att förstärka Ney formerade han elva bataljoner ur Kejsargardet i lika många fyrkanter och ställde upp dem från Belle-Alliance till Rossomme med fronten mot Plancenoit, medan han behöll en bataljon vid Le Caillou och sände två under befäl av Morand respektive Pelet för att återta Plancenoit.

Till ljudet av trumvirvlar ryckte 1. bataljonen av 2. grenadjärerna och 1. bataljonen av andra fältjägarna fram mot byn, och utan att nedlåta sig till att avlossa ett skott svepte de med påsatta bajonetter bort preussarna från byn inom tjugo minuter, varefter ”unga” gardet återintog Plancenoit.

Klockan var efter sju och när nu Plancenoit åter var i franska händer bestämde sig Napoleon för att understödja Ney och utdela ett sista slag före solnedgången. Han beordrade Drouot att föra fram åtta bataljoner[110] ur Kejsargardet under befäl av Friant och placerade sig vid deras ankomst själv i täten för dem och ledde dem framåt mot Belle-Alliance, där han överlämnade dem till marskalk Ney. Samtidigt beordrade han batterierna att intensifiera eldgivningen, sände anvisningar till såväl Reille och d’Erlon som till kavalleriet om att understödja Neys anfall, och för att återställa truppernas stridsmoral skickade han general de la Bédoyère längs fronten för att tillkännage Grouchys ankomst, vars kanoner nu kunde höras mullra i fjärran. Medan Kejsargardet formerade sig i skydd av de täta rökmolnen deserterade en kavalleriofficer till fienden och genom denne fick Wellington kännedom om vad som var i görningen.[111]

I själva verket var det avgörande ögonblicket redan förbi. För sedan Heymès hade bett kejsaren om förstärkningar hade Donzelots, Allix och Marcognets män drivits bort från platån. Wellington, som hade återfått sin tidigare ställning och visste att Ziethens avantgarde hade nått fram till Ohain klockan 18.00, förflyttade Vandeleurs och Vivians kavalleribrigader från sin vänstra flank till centern. Han förde också fram Chassés 3. holländsk-belgiska division från Braine-l’Alleud bakom Maitlands gardesbrigad och Adams lätta brigad, som låg skyddade bakom Wavrevägens vägbankar, på högra sidan av Wellingtons center, väster om sandgropen.

Även om redogörelserna skiljer sig åt verkar det som om Kejsargardet ställdes upp i en kolonn med bataljonerna formerade i slutna kolonner bestående av stora divisioner – det vill säga med en frontlinje bestående av två kompanier vardera i de sedvanliga tre leden. Eftersom varje bataljon räknade omkring 500 man och var uppdelad i fyra kompanier blev kolonnens frontlinje 75 till 80 man. Bataljonerna åtföljdes av två batterier ridande artilleri om sex pjäser vardera, som gav eld när infanteriet ryckte fram.

I stället för att marschera längs Brysselvägen, vars vägbankar i någon mån skulle ha skyddat hans män från eld, förflyttade sig Ney diagonalt över sluttningen mellan Hougoumont och La Haye Sainte i riktning mot fiendens högra center. Anfallet utfördes emellertid inte i en kolonn utan i två,[112] och även om anledningen till detta är dunkel så verkar det som om det antingen berodde på att de främsta fyra bataljonerna (grenadjärer av "gamla" gardet) ryckte fram före de fyra i kön (fältjägare av "gamla" gardet), eftersom starten var brådstörtad,[113] eller också på att – vilket ofta händer – kolonnens tät gick fortare än kön och lämnade den bakom sig, med följden att kolonnen bröts i två kolonner och att den bakre kolonnen vek av mot den främres vänstra kö.[114] Den senare förklaringen får stöd av general Maitland, som säger: "När den angripande styrkan rörde sig framåt separerade den och fältjägarna vek av åt vänster. Grenadjärerna tog sig uppför backen i riktning mot vår ställning i en mer direkt kurs, med La Haye Sainte till höger om sig, och rörde sig i riktning mot den del av kullen som var besatt av 1. gardesbrigaden."[115]

Så som är vanligt i nästan alla ögonvittnesskildringar varierar även dessa beroende på iakttagarens position, och när de pusslas ihop, så som Houssay har gjort, har detaljerna en benägenhet att fördunkla de avgörande ögonblicken. Det fanns två: när Maitlands garde tillintetgjorde den främsta kolonnen samt när Adams lätta brigad krossade den bakre kolonnen. Beträffande det förra säger kapten Powell av 1. gardesregementet till fots (Foot Guards) att de engelska gardestrupperna före anfallet sökte skydd undan kanonaden i diket och bakom vägbanken längs Wavrevägen, och att "utan skydd av den vägbanken skulle varje varelse ha stupat".[116] Han fortsätter:

> Plötsligt upphörde eldgivningen, och när röken skingrades öppnade sig en strålande syn för oss. En sluten grenadjärkolonn (omkring sjuttio i fronten) ... sågs ta sig uppför höjden *au pas de charge* [med stormsteg] medan de ropade '*Vive l'Empereur!*' De fortsatte att rycka fram tills de befann sig femtio eller sextio steg från vår front, då brigaden beordrades

att resa sig. Antingen det berodde på det plötsliga och oväntade uppdykandet av en kår så nära dem, vilket måste ha sett ut som om den växte upp ur marken, eller den oerhört kraftiga eld som vi riktade mot dem, stannade *plötsligt La Garde*, som aldrig tidigare hade misslyckats med ett anfall.[117]

Maitlands redogörelse lyder:

> Brigaden led av fiendens artilleri, men detta avbröt sin eldgivning när kolonnen alltmer närmade sig. Efter att stadigt ha ryckt fram uppför sluttningen gjorde den senare halt omkring tjugo steg från brigadens frontled.
>
> Det minskade skotthållet för fiendens artilleri blev nu högst kännbart i våra led; männen föll i stort antal för salvorna med druvhagel, och elden från muskötskyttarna som var utspridda bland kanonerna.
>
> Lyckligtvis svepte artilleriröken inte in den fientliga kolonnen och dolde den inte för oss.
>
> I vilken avsikt fienden gjorde halt i en så farofylld belägenhet, och i en så jämförelsevis hjälplös ställning, gavs den inte tid att röja.
>
> Brigaden gav eld med fruktansvärd verkan.
>
> Fiendekolonnen retirerade, lamslagen och bruten, med största skyndsamhet och lämnade blott efter sig en hög av döda och döende män för att märka ut den terräng som den hade upptagit.[118]

Hade Kejsargardets grenadjärer haft kavalleriunderstöd är det högst sannolikt att Maitland skulle ha blivit överväldigad, för han hade då tvingats formera fyrkanter och hans brigad skulle ha blivit illa tilltygad av det franska ridande artilleriet och av muskötelden.

Under tiden, i kön och förmodligen dolda av rök, fortsatte ”mellersta” gardets fältjägare framåt och dök, omkring tio till femton minuter efter det att grenadjärerna hade blivit tillbakakastade, upp till höger om Maitlands brigad, där de på sin vänstra front fann Adams lätta brigad formerad på linje. När de närmade sig åsens krön beordrade överste sir John Colborne (senare lord Seaton) sitt regemente, 52. med understöd av 95., att vända sig åt vänster. Denna frontförändring placerade det ”nästan parallellt med franska Kejserliga gardets framryckande kolonn”. Han beordrade sedan fram ett kompani i spridd skyttelinje för att öppna eld mot kolonnen, varvid denna gjorde halt, ”formerade linje med front mot 52.” och öppnade eld, vilket orsakade många förluster i kompaniets spridda skyttelinje. I samma ögonblick red hertigen fram och beordrade Colborne att tränga framåt uppför en låg höjd i riktning mot fältjägarna. ”Vid den tidpunkten”, skriver Colborne, ”formerade sig 71. på vår högra flank, och jag beordrade spelet att blåsa signalen till attack, och hela linjen gick till anfall uppför kullen; och när vi kom fram till kanten av den djupt liggande vägen, vars motstående sida var besatt av Kejserliga gardet, öppnade 52. eld, åtminstone de flesta av kompanierna.”[119]

Sedan skedde följande, enligt den redogörelse som ges av löjtnant Gawler av 52. regementet:

> Fienden trängde fram under rop, som hördes över dundret från skottlossningen, och dess eldgivning var så intensiv att, med endast halva den vanliga frontlängden, *åtminstone* 150 av 52. föll inom mindre än fyra minuter ... När 52. befann sig nästan parallellt med fiendens flank gav sir J. Colborne ordern: ’Attack’, ’attack’. Den besvarades av regementet med ett högljutt stadigt leverop och ett brådstörtat anlopp mot fronten. Under de följande tio sekunderna rusade Kejserliga gardet, som hamnat i den vildaste förvirring och knappt avfyrade ett enda skott för att täcka sin reträtt, i riktning mot den nedsänkta vägen bakom La Haye Sainte, i närheten av vilken Napoleon, enligt La Costes redogörelse, själv då befann sig.[120]

Även här, liksom var fallet med grenadjärerna, skulle det hela ha utvecklat sig annorlunda om fältjägarna haft kavalleriunderstöd. Adam skulle då ha tvingats låta sin brigad formera fyrkanter, och det berömda motanfallet skulle följaktligen aldrig ha ägt rum. Det var bristen på kavalleri, och i synnerhet då Guyots tunga kavalleri ur Kejsargardet, som berövade Napoleon hans sista möjlighet till seger.

När det slutliga franska anfallet var i full gång hade Ziethen äntligen slutit upp på Wellingtons vänstra flank för att förena den med Bülows kår nära Frichermont, och när Kejsargardets båda kolonner kastades tillbaka drev hertigens trupper ut Duruttes och Marcognets divisioner ur La Haye och Papelotte. Lobau ryckte sedan tillbaka i riktning mot Plancenoit, och Wellington, som såg fiendens hastigt ökande förvirring, bestämde sig för att avsluta dagen. Han sporrade sin häst framåt till platåns kant, lyfte på hatten och vinkade med den i luften. Signalen förstods genast och en allmän framryckning från vänster till höger inleddes. Efter hand strömmade 40 000 man nedför sluttningen med Vivians husarer och Vandeleurs dragoner i täten. Frazer skriver:

> Jag har aldrig skådat något som detta ögonblick, himlen bokstavligt talat mörknade av rök, solen, som dittills inte hade brutit igenom den mulna dagen under flera timmar, höll just på att gå ner, de obeskrivliga ropen från tusentals män, där det var omöjligt att skilja vän från fiende. Varje mans arm verkade höjas mot den andres. Plötsligt, efter det att den blandade massan hade böljat fram och tillbaka, började fienden ge vika; och leverop och engelska hurrarop tillkännagav att dagen måste vara vår.[121]

Under tiden ställde Napoleon, i närheten av La Haye Sainte, upp de trupper han kunde uppbåda för att understödja Kejsargardet, då han plötsligt såg hela den franska fronten ge vika. Genast formerade han ”gamla” gardets splittrade och retirerande kolonn i tre fyrkanter med högra flygeln mot Brysselvägen, varifrån den sedan ryckte tillbaka inför Adams anstormande lätta brigad. När Colborne och 52. slöt upp ”red hertigen av Wellington fram”, skriver Kennedy, ”och beordrade Colborne att angripa dem [fyrkanterna], med kommentaren att de inte skulle kunna hålla stånd. Colborne ryckte då fram ... drev dem på flykten och skingrade dem”,[122] och de överlevande förenade sig med de flyende som strömmade fram längs Charleroivägen.

I söder, i närheten av de Costers hus, hade de båda bataljonerna av Kejsargardets 1. grenadjärregemente, elitens elit, under befäl av general Petit formerat fyrkanter, och kejsaren sökte sin tillflykt till 1. bataljonen. Sakta ryckte de tillbaka på ömse sidor om vägen, och gjorde då och då halt för att hejda sina förföljare. Vid ett av dessa uppehåll trängde kejsaren vidare till Le Caillou och därifrån följde han tillsammans med 1. bataljonen av 1. fältjägarregementet vägen till Charleroi.

En stund efter klockan 21.00, då 1. grenadjärerna fortfarande befann sig nära de Costers hus, träffade Blücher Wellington vid eller i närheten av Belle-Alliance, och efter att ha hälsat på varandra beslutade de att låta preussarna överta förföljelsen.

Trots nattmörkret verkställdes förföljelsen med stor energi, och vid Genappe, liksom vid Lindenau år 1813, hejdades den franska reträtten av den enda smala bron över Dyle och förvandlades till en förvirrad massa av män, hästar, artilleripjäser och vagnar.

Från Genappe trängde Napoleon tillsammans med Soult, Drouot och Bertrand vidare mot Quatre-Bras, som han nådde fram emot klockan 01.00 den 19 juni. Han gjorde ett kort uppehåll och gav Soult order att sända ett meddelande till Grouchy om att rycka tillbaka mot Sambre. Hade kejsaren under sin framryckning uppvisat en bråkdel av den fasta beslutsamhet som han visade under sin reträtt skulle fälttågets utgång ha blivit mycket annorlunda.

Napoleon trängde vidare från Quatre-Bras och nådde klockan 05.00 fram till Charleroi och klockan 09.00 till Philippeville. Där skrev han sin sista bulletin,[123] ett ytterst avslöjande dokument som beskriver händelserna under den 16, 17 och 18 juni, och red sedan vidare mot Laon där han tillbringade natten. Den 20 juni lämnade han Laon och följande dag befann han sig i Paris. Hans bror Lucien uppmanade honom att samla de få återstående trupperna i huvudstaden och upplösa kammaren, men han vägrade att göra detta. Han insåg att hans stjärna hade dalat och tanken på att framkalla ett inbördeskrig var motbjudande för honom: han hade aldrig varit en pöbelns ledare. Följande dag abdikerade han till förmån för sin son, kungen av Rom, och den 25 juni drog han sig tillbaka till Malmaison.

Under tiden trängde Blüchers armé vidare och skövlade landsbygden som den passerade igenom. Den 3 juli marscherade den in i Versailles, medan Wellingtons följde efter i mer maklig takt, och den 7 juli tågade de allierade arméerna tillsammans in Paris i triumf. Ludvig XVIII följde efter den 8 juli med deras trossar.

Förlusterna vid detta minnesvärda slag var svåra. ”Åsryggens sluttning nära La Haye Sainte och därifrån till Hougoumont”, skriver Tomkinson på morgonen den 19 juni, ”framstår mer som en bräsch efter en stormning än ett utspritt slagfält”,[124] och Kincaid säger att männen i ”27. regementet (Inniskillings) låg bokstavligt talat stupade i fyrkant”.[125] De sammanlagda förlusterna i döda och sårade, så långt som de nu går att uppskatta eftersom fransmännens förluster endast är ungefärligen kända, var: Wellingtons armé 15 100, Blüchers 7 000 och Napoleons 25 000. Till de sistnämnda måste också läggas omkring 8 000 tillfångatagna och 220 artilleripjäser.[126]

De här siffrorna talar för sig själva och Wellington gjorde sig aldrig några illusioner om hur nära ett nederlag han hade varit, och det trots Neys inkompetenta taktik. På natten efter slaget sade hertigen till lord Fitzroy: "Jag har aldrig utkämpat ett sådant slag, och jag litar till att jag aldrig kommer att behöva utkämpa ännu ett",[127] och till sin bror skrev han: "Jag har aldrig i hela mitt liv känt sådan oro, för jag måste erkänna att jag har aldrig tidigare har varit så nära ett nederlag."[128]

Hade Napoleon vunnit – och det är lika häpnadsväckande som ironiskt att alla de missgrepp som han själv och hans marskalkar gjorde sig skyldiga till kunde ha uppvägts av några kilo spik och två dussin hammare – så skulle det nästan helt visst ha lett till ett sammanbrott för sjunde koalitionen. Inte desto mindre är det lika troligt att en åttonde koalition skulle ha följt, kanske rent av en nionde, och att Frankrike till slut skulle ha blivit överväldigat.

Även om de allierades triumf vid Leipzig var den strategiska vändpunkten för det långa kriget, i och med att den gjorde Frankrike alltför utmattat för att orka uppnå en slutgiltig seger, så blev Waterloo, dess epilog, ett slag som fick djupgående ekonomiska och politiska följder. Där det ena slaget ledde till den europeiska nationalismens triumf över fransk militarism och hegemoni, resulterade det andra i det engelska systemets – som Napoleon kallade det – triumf, inte bara över Frankrike utan över hela Europa och större delen av världen. För England blev Waterloo kronan på verket efter Trafalgar: den förstnämnda segern tillförsäkrade riket herraväldet över haven, den sistnämnda öppnade världens marknader. Under mer än två generationer skulle England bli världens fabrik och bankir.

Andra Parisfördraget, som undertecknades den 20 november 1815, ritade om Europas karta. Det lämnade kvar Frankrike praktiskt taget så som det hade sett ut 1792 och lät landet förbli tillräckligt starkt för att spela en roll i att upprätthålla jämvikten i den europeisk maktbalansen, som var väsentlig för Englands säkerhet. Det fick Preussen att tränga västerut som en motvikt till Frankrike. Men genom att låta Finland och framför allt större delen av Polen tillfalla Ryssland körde det in ryssarnas makt som en kil mellan Preussen och Österrike – Östeuropas bastioner mot "nordens barbarer". För att kunna fylla den klyfta som skapats genom upplösningen av det Tysk–romerska riket upprättades ett germanskt förbund bestående av 38 suveräna stater, och därmed lades grunden för de kommande händelserna vid Sadowa och Sedan.

England erhöll som sin del av krigsbytet Malta, Godahoppsudden, Mauritius och Ceylon. Men av ännu större betydelse än dessa var att kriget gjorde England till absolut herre över oceanerna. ”Så imponerande var Englands utbredning bortom haven”, skriver professor H. A. L. Fisher, ”att vissa skribenter har betraktat förstärkningen av det brittiska imperiet som den viktigaste följden av Napoleons karriär.”[129]

Ur sjömakten, ångkraften, penningmakten och den prestige med vilken Waterloo hade krönt England framträdde *Pax Britannica*, som var ödesbestämd att överleva så länge som den brittiska sjömakten och krediten bibehöll sin dominans. I praktiken skulle den dominansen komma att vara i hundra år och såväl styra händelseutvecklingen utanför Europa som begränsa Europas krig. Under detta århundrade åtnjöt Europa, trots att revolutioner var vanligt förekommande och ibland våldsamma, den mest stabila och blomstrande fred som kontinenten hade upplevt sedan romartiden.

Fyrtiofem år efter Waterloo, då *Pax Britannica* hade nått sin höjdpunkt, gav mr Horsman, Strouds ledamot av underhuset, röst åt den med följande ord:

> Vi verkar glömma att vår säkerhet involverar såväl stora moraliska som materiella hänsyn ... Englands säkerhet innebär, enligt den uppfattning som varje tänkande person i Europa hyser, bevarandet av allt det som är värdefullt för mänsklighetens fred och framåtskridande ... Englands trygghet innebär tryggheten för den enda återhållsamma och lugnande makt som existerar i Europa. De (utlänningarna) vet att om England skulle upphöra att existera skulle hela den europeiska kontinenten förmodligen komma att falla under despotismens dominans. Om England skulle falla, hur länge skulle då den belgiska nationen bestå? Hur länge skulle Tysklands självständighet vara? Hur länge skulle Italiens enande vara något annat än en dröm? Nej: Englands oemotståndliga moraliska inflytande utomlands står i exakt proportion till hennes oövervinnelighet hemmavid. Vår storhet består inte bara i vårt välstånd, vår handel, våra institutioner och vår militära ryktbarhet, utan i de bidragande element som utgör en gigantisk moralisk kraft, där friheten är den livgivande principen och fred den heliga missionen. Det finns ingen vän av tankefrihet som inte söker sig till England för att finna en gynnare ... Varje människa som är vän av sin art ser till England som den politiska

> sanningens stora magasin, finner sin stolthet i hennes säkerhet och ser med förtvivlan på England i fara. Även om jag sätter värde på Englands trygghet vad beträffar våra kusters säkerhet, så värderar jag den också för det ansvar och de plikter som läggs på oss i våra relationer till mänskligheten i stort.[130]

Ändå kunde man, när dessa minnesvärda ord uttalades, i Europa, i Nordamerika och i Asien höra mullret av kommande förändringar, vilka inom knappt mer än ett halvsekel skulle göra slut på *Pax Britannica* och föra hela världen i krig.

KRÖNIKA

Den industriella revolutionen

Medan franska revolutionen och Napoleonkrigen plogade upp den europeiska feodalismens kvarlevor, sådde den största revolutionen som världen dittills skådat fröet till en ny världsordning – ett levnadssätt grundat på kol, ånga och maskiner. Efter det utbrott av nationalism som uppväcktes av den amerikanska respektive franska revolutionen släpptes under seklet som följde på Waterloo cyklopiska krafter lösa, som skulle komma att förändra världen och upphöja kriget från gladiatorarméernas slagfält till de stridande kontinenternas stora amfiteater. Redan så tidigt som 1825 – det vill säga bara tio år efter Napoleons slutgiltiga nederlag – skriver Stendhal i sin *Racine et Shakespeare*: "Vilken förändring från 1785 till 1824! Under tvåtusen år av dokumenterad världshistoria har kanske aldrig tidigare en så markant revolution ägt rum vad gäller sedvänjor, tankar och trosföreställningar."

Före Stendhals 1785 hade den industriella revolutionen, i den mån som den gynnades av ångkraften, hållit på att genomgå ett utvecklingsstadium under nästan ett århundrade. Den kan sägas ha uppstått med Thomas Saverys ångpump från 1698 och Thomas Newcomens atmosfärmaskin från 1705. Men det dröjde till 1769 – Napoleons och Wellingtons födelseår – innan James Watt, en instrumentmakare från Glasgow, fulländade ångpumpen och 1782 uppfann den dubbelverkande ångmaskinen. Likaså byggde och körde Cugnot i Frankrike 1769 den första ångdrivna vagnen, och 1785 kom Edmund Cartwrights ångvävstol, och med den uppfinningen är vi framme vid Stendhals inledande årtal.

Från och med 1785 tog England tack vare ångkraftens utveckling och införandet av puddlingprocessen vid framställandet av tackjärn långa kliv framåt och upprättade under Napoleonkrigen praktiskt taget ett monopol på industritillverkning. Amiral lord Cochrane (sedermera den tionde earlen av Dundonald) påpekade den 2 juni 1818 i underhuset att England skulle ha blivit "fullständigt ruinerat" om det inte hade varit "för det lägliga inskridandet av maskinanvändning".

På samma sätt som upptäckten att krut kunde användas som drivmedel hade lett till ett utbrott av uppfinningsrikedom som ändrade krigföringstekniken, så revolutionerade även användningen av ångkraft som energikälla arméerna: den gjorde det möjligt att förflytta dem och deras förråd via ångfartyg och järnväg. Den möjliggjorde vidare såväl omfattande förbättringar av krigsmaterielen som massproduktion av den.

De båda enastående militära uppfinningarna under förra hälften av 1800-talet var knallhatten och spetskulan. Den första möjliggjordes genom upptäckten av knallkvicksilvret år 1800. Sju år senare patenterade kyrkoherde A. Forsyth ett slagkrut för slaglås, och 1816 uppfann Joshua Shaw i Philadelphia kopparknallhatten. Nästa förbättring kom 1823, då kapten Norton vid brittiska 34. regementet konstruerade en spetskula med urskålad bakre del, så att den vid avfyrandet automatisk expanderade och pressades ut i loppet. Även om den förkastades av brittiska regeringen anammades den senare i Frankrike, och 1849 konstruerade Minié miniékulan som antogs av brittiska armén, och 1851 delades gevär av miniétyp ut till denna. Dessa båda uppfinningar revolutionerade infanteritaktiken. Den förra gjorde musköten tjänstduglig i alla väder och minskade kraftigt risken för klickar, medan den senare gjorde det räfflade geväret till århundradets dödligaste vapen.

Knallhatten möjliggjorde en enhetspatron med expansionskula, som i sin tur gjorde bakladdningssystemet praktiskt. Denna patron revolutionerade skyttekonsten genom att den förhindrade att gaserna strömmade ut genom springor i låsmekanismen. Först kom tändnålspatronen 1847, därefter kantantändningspatronen och slutligen centralantändningspatronen 1861. Medan andra nationer grälade om för- och nackdelarna med mynningsladdade vapen som hade flint- respektive slaglås, tog Preussen 1841 ett vågat steg och utdelade till vissa regementen Dreyses bakladdningsgevär, mer känt som tändnålsgeväret, ett vapen med slutstycke som avfyrade en papperspatron. Även om dess effektiva räckvidd på grund av utströmningen av gas genom springorna var avsevärt mindre än miniégevärets, så kunde man med Dreyses gevär avfyra sju skott i minuten i stället för maximalt två. Men vapnets främsta fördel var ändå inte att det gick så snabbt att ladda utan att det var ett bakladdningsgevär och därför lätt kunde laddas i framstupa läge – det vill säga när gevärsskytten låg ner.

Artilleriets utveckling gick långsammare, för även om bakladdade och räfflade kanoner var kända sedan länge dröjde det ända till 1845 innan dessa båda egenskaper kombinerades i en effektiv bakladdad och räfflad kanon. Men kostnaden var så stor att inget land ville ta den i bruk före krigsutbrottet på Krim, då vissa mynningsladdade och slätborrade 68-pundiga och åttatums kanoner i gjutjärn gjordes om till räfflade pjäser. Deras större räckvidd och träffsäkerhet gjorde bombardemanget av Sevastopol till ”något mycket ohyggligt”, och efter kriget började alla stormakterna experimentera med bakladdade och räfflade artilleripjäser.

Ett annat vapen som utvecklades i början av 1800-talet var krigsraketen, i själva verket det äldsta av alla explosivt framdrivna projektiler. Den hade redan under många århundraden varit i omfattande bruk i Asien som ett antikavallerivapen, och det var den raket som användes av Tippu Sultan vid belägringen av Seringapatam 1799 som gav överste sir William Congreve, en bemärkt uppfinnare, tanken att förbättra den. Han upplyser oss om att han gjorde raketer som vägde från 550 gram – ”ett slags självdrivande muskötkulor” – till över åtta kilo. År 1806 prövades hans raket framgångsrikt vid ett anfall mot Boulogne, och han förutspådde: ”Raketen är i sanning ett vapen som är ödesbestämt att förändra hela den militära taktikens system”, en profetia som skulle komma att uppfyllas under andra världskriget.

Medan dessa förändringar var på gång lade ångframdrivningen i form av fartygsmaskiner och lokomotiv grunden för en helt ny typ av örlogsfartyg och gjorde det möjligt för arméerna att bli avsevärt större. Även om skovelhjulet varit känt ända sedan romartiden och var det mest uppenbara mekaniska sättet för vattenframdrivning, drevs en av de tidigaste ångbåtstyperna, konstruerad av Virginiabon James Rumsey 1775, genom vattenstråleframdrift: en ångpump sög in vatten i fören och sprutade ut det i aktern. Men han och andra tidiga ångbåtskonstruktörer överträffades alla av en ung amerikan, Robert Fulton, som var en genial man med en uppfinningsrikedom utöver den vanliga. År 1797 lämnade han till franska direktoriet in ritningarna till en ”djupbåt” med namnet *Nautilus*, och 1801 utfördes prov med denna tidiga undervattensbåt[1] i Brests hamn, då hon förblev under vatten i omkring en timme. År 1803 experimenterade Fulton med en ångbåt[2] på Seine, som Bonaparte satte värde på. Den 21 juli 1804 skrev han att projektet med att driva skepp med ånga "är ett som kan komma att förändra världen ... En stor sanning, en fysisk, påtaglig sanning, ligger inför mina ögon."

Fulton återvände till Amerika 1807 och byggde ett förbättrat ångfartyg, *Clermont*, som färdades från New York till Albany, en sträcka på nära 250 kilometer, på under 32 timmar. Han hade tidigare uppfunnit en torped, som prövades av lord Keith mot den franska flottiljen utanför Boulogne i september 1804, och 1813 byggde han det första ångdrivna örlogsfartyget, *Demologos* (senare omdöpt till *Fulton*). Hon hade tvåskrovskonstruktion med ett centralt placerat skovelhjul mellan skroven och skyddades av ett 147 centimeter tjockt bälte av trä. Denna monstruösa farkost visade tydligt att två saker krävdes: ett mindre sårbart framdrivningssystem än skovelhjulet och ett mindre klumpigt skyddsmedel.

Det första problemet löstes genom införandet av propellerskruven, som patenterades 1836 av före detta kaptenen vid Jämtlands fältjägarkår John Ericsson, och det andra genom att ersätta bältena av trä med pansar, något som först hade föreslagits av Congreve 1805. Men det dröjde ända till Krimkriget innan kejsar Napoleon III beordrade byggandet av en flottilj av flytande pansarbatterier som kunde stå emot fullkulor och sprängprojektiler. Fem sådana byggdes och skyddades av 10-centimeters järnplåtar. De var bestyckade med 56-pundiga (19,4 cm) bakladdade kanoner och var utrustade med hjälpångmaskiner. De blev en fullständig framgång. Inte bara bevisades bortom allt tvivel behovet av pansrade fartyg, utan också att pansringen skulle komma att nödvändiggöra införandet av kraftigare artilleri. Detta ledde steg för steg till att man allmänt anammade räfflade fartygskanoner.

Inte långt efter Krimkriget började Frankrike och Storbritannien bygga de båda första pansrade ångdrivna örlogsfartygen: *La Gloire* respektive *Warrior*. Det senare var 114 meter långt, hade 8 971 tons deplacement, motorerna utvecklade i initialskedet 6 000 hästkrafter och hastigheten uppgick till 14½ knop. Bestyckningen utgjordes av 28 sjutums kanoner och vattenlinjepansaret var 11,5 centimeter tjockt.

När vi så vänder oss från havet till land finner vi att det första praktiskt tillämpbara lokomotivet konstruerades av Richard Trevithick i England

1801, och att den första riktiga järnvägen byggdes av George Stephenson mellan Stockton och Darlington 1825. Även om lokomotivets ursprung var helt och hållet brittiskt är det ingen tillfällighet att den nation som frambringade Clausewitz också blev den första att inse järnvägens överlägsna betydelse i krig. Följaktligen påpekade F. W. Harkort 1833 att en järnväg mellan Köln och Minden och en annan mellan Mainz och Wesel skulle innebära ett enormt tillskott till försvaret av Rhenlandet, och C. E. Pönitz förespråkade ett allmänt järnvägsbyggande för att skydda Preussen mot Frankrike, Österrike och Ryssland. Samtidigt påpekade Friedrich List, en enastående genial ekonom, att Preussen, vars svaghet var att riket var centralt beläget mellan mäktiga potentiella fiender, genom järnvägen skulle kunna höja sig från sin ställning från en andra rangens militärmakt till att bli en respektingivande stat. "Hon skulle kunna göras till en försvarsbastion i själva hjärtat av Europa. Den snabba mobiliseringen, den snabbhet med vilken trupper skulle kunna förflyttas från landets mitt till dess periferi och övriga uppenbara fördelar med 'inrikeslinjer' av rälstransport skulle bli till en relativt sett större fördel för Tyskland än för något annat europeiskt land."

År 1833, innan en enda skena hade lagts, planerade denne anmärkningsvärde man ett nätverk av järnvägar för Tyskland som i stort sett är detsamma som finns i dag, och tretton år senare, samma år som han dog, utfördes den första omfattande truppförflyttningen med järnväg, då en 12 000 man stark preussisk armékår med hästar och artilleri transporterades till Kraków. Efter detta experiment lät den preussiska generalstaben göra en uttömmande undersökning av järnvägarnas militära värde. Även om Preussen under revolutionsvågen 1848–1850 erhöll ytterligare erfarenheter av järnvägsförflyttningar, liksom även Österrike och Ryssland gjorde, blev det först med kriget mellan Frankrike och Österrike 1859 som truppförflyttningar med järnväg kan sägas ha blivit fullt etablerade. Så föll det sig att George Stephensons genialitet förverkligade Clausewitz teori om den väpnade nationen, för utan järnvägen skulle massarméerna under senare delen av 1800-talet aldrig ha kunnat bli försörjda.

När Jomini[3] gick igenom dessa förändringar, så långt som de hade nått år 1836, var han av den åsikten att krig skulle komma att bli "en blodig och högst oresonlig kamp mellan stora massor utrustade med vapen av ofattbar kraft. Vi kan åter komma att få se krig mellan folkslag som dem under 300-talet; vi kan komma att tvingas få återuppleva hunnernas, vandalernas och tatarernas århundraden.” Vidare påpekade han att om inte regeringarna gick samman för att förbjuda förintelseuppfinningar skulle infanteriet tvingas ”att åter iföra sig sitt medeltida pansar, utan vilket en bataljon kommer att krossas innan den engagerar fienden. Vi kan då på nytt komma att få skåda de berömda riddarna helt täckta av sina rustningar, och även hästarna kommer att behöva samma skydd.”

Men ur den industriella revolutionen uppstod ändå förändringar som var djupare än dem Jomini kunde förutse. Kroppsarbetets uråldriga grundvalar rycktes snabbt upp med rötterna och arbetare slets från sina hem och byar för att bli förlagda till fabrikerna, det nationella välståndets kraftverk och de sociala revolutionernas baracker.

Det vitt utbredda eländet ledde till utvandring och mellan 1831 och 1852 skedde en veritabel folkvandring, då över tre miljoner människor lämnade Storbritannien och Irland för att bege sig till Förenta staterna, och många av dem som var oförmögna att göra det vände sig till socialismen, den nya kult som den industriella revolutionen skapat.

De som andligen formade denna maktepok var tre män som alla bar samma förnamn, om än i olika namnformer – Carl von Clausewitz, Karl Marx och Charles Darwin. Den förstnämnde förespråkade i sin *Om kriget* (1832) en återgång till det spartanska idealet som förvandlade staten till en militärmaskin, den andre grundade i sin skrift *Kommunistiska manifestet* (1848) sitt sociala teorem på klassmotsättningar och den tredje förde i sin bok *Om arternas uppkomst* (1859) hela den apokalyptiska visionen till dess höjdpunkt i och med hypotesen om den mest anpassningsbares överlevnad till följd av oupphörliga konflikter. Alla tre var de profeter för masskampen – i kriget, i samhällslivet och i biologin.

Även om konsensus medan maskinåldern ännu befann sig i sin ungdom var att den förebådade en tidsålder av fred, ledde markanta skillnader mellan ett land och ett annat till disharmoni och bidrog till en allt intensivare nationalism. Och i takt med att länder utanför Europa industrialiserades blev problemet världsomfattande. Vägen ledde från begränsat till totalt krig, och tidsålderns fördolda filosofi blev totalitarism.

Redaktörens sammanfattning

År 1861 utbröt det amerikanska inbördeskriget mellan nordstaterna (federationen eller unionen) och sydstaterna (konfederationen). Detta var, säger Fuller, "det första obegränsat industrialiserade kriget ... ångålderns första stora konflikt och målet för de norra ... staterna var ovillkorlig kapitulation – det vill säga total seger. Den fick därför karaktär av ett korståg, och på grund av detta, liksom även på grund av att den satte den industriella revolutionens militära utveckling på prov, inledde den ett helt nytt kapitel i krigshistorien."

> Vilka [frågar Fuller] var de strategiska hänsyn som de stridande ställdes inför? I sig själva var de synnerligen enkla: för att återupprätta unionen måste nordstaterna erövra sydstaterna, och för att bibehålla konfederationen och allt det den stod för måste sydstaterna motstå en invasion. På ena sidan var hållningen offensiv, på den andra defensiv. För att erövra nordstaterna var utom all fråga. Sydstaternas attityd tog sig därför uttrycket att man försökte förmå Europa att intervenera och utmatta nordstaterna för att därigenom tvinga unionen att överge kampen. Eftersom det var osäkert vad Europa skulle göra var den senare faktorn viktigast, men lika viktig var följaktligen frågan om hur länge sydstaternas resurser skulle kunna stå emot påfrestningarna, eftersom södern var beroende av såväl nordstaternas som Europas industrier.

Det amerikanska inbördeskrigets mest förvånande särdrag blev i sista hand dess långvarighet: teoretiskt sett borde de industrialiserade nordstaterna med sin betydligt större befolkning genast ha kunnat överväldiga sydstaterna. "Av de 31 443 321 invånare som Förenta staterna hade 1860 befolkades de elva stater som utgjorde konfederationen av uppskattningsvis nio miljoner, av vilka över tre och en halv miljon var slavar ... Nordstaterna var dessutom militärt stärkta till följd av invandringen av unga män från Europa, så att de vid tiden för inbördeskriget hade 4 010 000 vita män i åldern femton till fyrtio år medan sydstaterna endast hade 1 140 000 sådana män."[1] Fuller säger oss att det vid krigsutbrottet fanns "färre än 200 000 musköter i konfederationens arsenaler, som helt saknade maskiner av 'bättre sort än en fottrampad svarv'". Ändå varade kriget i 48 månader – endast tre månader färre än första världskriget. Detta faktum är ett annat viktigt skäl till att de båda krigen kan jämföras. Det är tydligt att det, liksom mellan 1914 och 1918, på något sätt upprättades en styrkebalans mellan utåt sett ytterst ojämbördiga styrkor. Det är fortfarande svårt att exakt avgöra anledningarna till detta.

Ett element i styrkebalansen var den konfedererade soldatens stridsegenskaper. "Frånsett bristen på disciplin", säger Fuller, "var sydstatssoldaten förmodligen sin tids finaste individuelle stridsman." Och han tillägger: "Kort sagt var nordstatssoldaten halvreguljär medan den konfedererade var till hälften gerillasoldat. Den ene eftersträvade disciplin, den andre gav initiativförmågan fritt spelrum." Den analysen kräver en del ifrågasättanden. I vissa avseenden blev nämligen de konfedererade mer "reguljära" än nordstatarna – deras militära system tillät dem åtminstone att skapa veteranförband, medan nordstaterna ända till slutet fortsatte att föra nyuppsatta, gröna regementen i fält, medan de stridsvana formeringarna vittrade bort. Den verkliga skillnaden i egenskaper mellan de båda arméernas soldater verkar av allt att döma ha legat i det faktum att majoriteten av de konfedererade var lantbor med uppövade fältinstinkter, medan majoriteten av nordstatarna inte var det. Men det var alltid en marginell skillnad, eftersom båda sidor gjorde såväl ytterst goda som ytterst dåliga prestationer. "I själva verket visade sig nordstatstrupperna", som en historiker har sagt, "vara lika modiga, pålitliga och hjältemodiga i strid som sydstatssoldaterna."[2]

En mer uppenbar fördel för sydstaterna låter sig urskiljas i officerarnas egenskaper, i synnerhet generalspersoner. Detta handlade inte om träning eller militär utbildning, eftersom båda sidorna hade samma professionella bakgrund: "De flesta kompetenta officerare på båda sidorna var utbildade vid West Point och många hade stridit i mexikanska kriget. I den konfedererade armén fanns 304 officerare med examen från West Point, däribland 148 generaler. Nordstatsarmén hade uppskattningsvis dubbla antalet generaler som var utexaminerade från West Point." Sydstaternas fördel låg i det urval som gjordes för det högre befälet. President Jefferson Davis var inte bara mindre utsatt för politiska påtryckningar än president Lincoln, utan han var också mindre benägen att ständigt genomföra ändringar, vilket ledde till att sydstatsofficerarna kunde utveckla sin expertis genom kontinuerlig erfarenhet. Som Fuller har uttryckt det i ett annat sammanhang: "Davis valde till officerare män som han ansåg vara kompetenta och handlingskraftiga, oavsett senioritet, och han gjorde sig på det hela taget skyldig till få misstag."[3] En konfedererad officer som förtjänar att omnämnas (men som ytterst sällan får det erkännande han är förtjänt av) var general Josiah Gorgas, generalfälttygmästaren, vars åligganden var att förse de konfedererade styrkorna med vapen och ammunition. Det faktum att de lyckades hålla sig kvar i fält under fyra år berodde till stor del på hans häpnadsväckande förmåga att skapa en krigsmaterielindustri av ingenting och upprätthålla en effektiv utrikeshandel (genom blockadbrytare) trots nordstaternas överväldigande överlägsenhet till sjöss.

Själva kriget påverkades, som Fuller säger, fundamentalt av de vapenförändringar som hade ägt rum under de båda föregående årtiondena, och förmodligen gynnade dessa förändringar på det hela taget de konfedererade mer än nordstaterna.

> Under Napoleonkrigen överträffades flintlåsmusköten, som hade en effektiv räckvidd på mindre än etthundra meter, avsevärt av kanoner som avfyrade druvhagel eller kartescher, och kanonen var därför ett överlägset vapen. Men 1861 hade musköten lämnat plats för det mynningsladdade geväret med knallhatt, ett vapen med en effektiv räckvidd på omkring femhundra meter som därmed överträffade räckvidden för druvhagel eller kartescher som avfyrades från slättborrade eller räfflade kanoner. Hela eldgivningstaktiken genomgick en djupgående förändring. Man tvingades dra tillbaka kanonen bakom infanteriet och göra den till ett understödjande vapen, och infanteriets eldstrider inleddes på ett skotthåll av fyrahundra meter i stället för på mellan femtio och etthundra meter. Följden av dessa långdistanseldstrider var att chock med bajonett dog ut och att individuell skjutskicklighet blev effektivare än avfyrandet av salvor, och för att uppnå största möjliga effektivitet krävde detta initiativförmåga och spridd ordning. Geväret med knallhatt svarade därför väl mot den konfedererade taktiken och sydstatssoldatens karaktär.

Som vi ser var det alltså snarare en mängd olika större och mindre orsaker än en enda övergripande faktor som gjorde att sydstaterna under så lång tid kunde utjämna nordstaternas fördelar. Men om inte något oförutsett skulle ha hänt – ett politiskt sammanbrott i nordstaterna eller europeisk intervention – rådde det ändå knappast något tvivel om den slutliga politiska utgången. I slutet av 1862 var möjligheten till europeiskt stöd för konfederationen helt utesluten. Den avgörande händelsen var slaget vid Antietam den 17 september. Själva slaget var ett resultat av den första av två invasioner av nordstaterna som utfördes av general Robert E. Lees Northern Virginia-armé. De konfedererade styrkorna, som angripits av betydligt överlägsna unionsstyrkor ur Potomacarmén under befäl av general George B. McClellan, höll stånd hela den långa dag som har kallats "det blodigaste endagsslaget under hela kriget".[4] Men på kvällen den 18 september slank Lees armé i tysthet undan rakt under näsan på sina fiender, gick över Potomac och lämnade nordstaternas territorium.

> Vem vann vid Antietam? Taktiskt sett var det Lee. McClellan, vars stormanfall kastades tillbaka, hade inte vågat göra några fler angrepp, eftersom sydstatarna hånfullt höll sina ställningar den 18 september. Strategiskt sett blev det en unionsseger med vittgående följder, eftersom Lees invasion av nordstaterna var över och Northern Virginia-armén sedan retirerade från slagfältet. President Lincoln använde den som en språngbräda för sin preliminära emancipationsproklamation, som varit fördröjd sedan länge i väntan på just ett sådant tillfälle. England, som nu ställdes inför det faktum att varje handling till stöd för sydstaterna *ipso facto* skulle innebära ett stöd för slaveriet, skulle komma att avböja Napoleon III:s senare förslag om att Europa borde tvinga fram en vapenvila mellan nord- och sydstaterna. Kriget blev uteslutande en amerikansk affär, och de konfedererade förhoppningarna om europeisk intervention gick om intet.

Följande år, 1863, skulle komma att markera konfederationens oundvikliga undergång. Juli blev den ödesdigra månaden. Ännu en gång hade Lee djärvt fört kriget in i nordstaterna och den här gången ägde den avgörande sammandrabbningen rum vid Gettysburg i Pennsylvania. Under ett tre dagar långt slag, där Lees taktiska förmåga inte visade sig från sin mest fördelaktiga sida, slösade den lysande Northern Virginia-armén bort sina trupper i okoordinerade stormanfall mot unionstruppernas ställningar. Den 3 juli uttömde Lee sina sista krafter – och misslyckades. Men även denna gång (liksom McClellan vid Antietam) saknade hans motståndare, general George G. Meade, det självförtroende och den handlingskraft som krävdes för att krossa de konfedererade styrkorna genom ett motanfall. Ännu en gång höll Lee stånd under en hel dag, trotsade sina fiender och slank sedan undan. Men följden blev åter ett obestritt strategiskt nederlag, till ett pris som Konfederationen inte längre hade råd att betala.

Samma dag som Lee stod och begrundade sina grusade förhoppningar och de dystra utsikterna av en reträtt, den fjärde juli 1863, sträckte långt borta vid Mississippi en hel konfedererad armé om 31 000 man vapen. Det var ett triumfartat resultat av general Ulysses S. Grants lysande operationer mot fästningen Vicksburg. Grants stjärna var nu i uppåtstigande och i och med en annan framgång vid Chattanooga i Tennessee, det centrala operationsområdet, försäkrade han sig fem månader senare om att den så skulle förbli. Fuller skriver:

> Grants segrar vid Vicksburg och Chattanooga beseglade Konfederationens slutliga undergång. Den ena skar av staterna öster om Mississippi från dem som låg väster om floden medan den andra blockerade huvudleden norrut in i Tennessee och öppnade vägen mot Atlanta – bakdörren för Lees armé i Virginia.
>
> Den 3 mars 1864 kallade Lincoln, som äntligen hade funnit den typ av fältherre som han hade sökt, Grant till Washington och utnämnde honom till överbefälhavare. Grant ankom dit den 9 mars och satte genast igång med att utarbeta den plan som skulle leda till krigets slut. Den innebar att genom oupphörliga anfall hålla Lee kvar i Virginia medan Sherman från Chattanooga intog Atlanta och sedan opererade i Lees rygg. Kort sagt att inleda ett anfall på två fronter mot det som återstod av konfederationen och knipa ihop den tills den försvann.

Planen var förnuftig, dess utförande obarmhärtigt. Men ställda inför de skickliga sydstatsgeneralerna – Lee i öster och Joseph E. Johnston i väster – tog det ändå nordstaterna ytterligare ett år att få den att bära frukt. Under det året övervanns den sista stora faran: en politisk kris i nordstaterna. Presidentval skulle hållas 1864 och under de förhållanden som rådde i de krigströtta nordstaterna fanns det ingen garanti för att Lincoln skulle vinna på nytt. Grants strategi var lika mycket utformad för att stärka presidenten med framgångar i fält som för att besegra de konfedererade arméerna. Hans två huvudinstrument för att lyckas var general William T. Shermans marsch genom Georgia, in i själva hjärtat av konfederationen, och general Philip H. Sheridans operationer i Shenandoahdalen, som slutligen befriade Washington från rädslan för ett sydstatsanfall. I sin biografi över Grant skriver Fuller:

> Sedan infann sig den 8 november, en grå regnvädersdag i Washington, och Lincoln återvaldes, efter att ha fått tvåhundratolv elektorsröster medan endast tjugotvå gick till McClellan. Även om denna händelse ”var en större triumf över rebellernas principer än en militär seger någonsin skulle ha kunnat bli”, får man inte förbise att den i huvudsak hade militära orsaker, av vilka den viktigaste var intagandet av Atlanta och Sheridans framgång i Shenandoahdalen, som var en framgång så nära det fysiska Washington att stadens moral återupplivades som genom ett trollslag.[5]

Kombinationen av Lincolns politiska seger och Grants stadiga militära framsteg var oemotståndlig och den 9 april 1865 kapitulerade Lee med återstoden av Northern Virginia-armén inför Grant vid Appomattox – ”7 872 infanterister med vapen, 2 100 kavallerister, 63 artilleripjäser men inte en enda ranson”.[6] Konfederationen var krossad. Fuller summerar:

> Efter fyra års inbördeskrig hade Nordstaterna bekräftat sin ställning och ett mäktigt imperium föddes, som med Atlanten och Stilla havet som vallgravar var praktiskt taget omöjligt att angripa. Genom att sammanlänka Europa i öster med Asien i väster höll den i sina händer världens slutgiltiga maktbalans.
>
> Även om kriget innebar ödeläggelse och kaos för sydstaterna, och även om dess olyckor förvärrades till följd av rekonstruktionsårens hämndlystnad, innebar det för nordstaterna en seger och ett välstånd som saknade motstycke. ”Aldrig förr”, skriver Morison och Commager, ”hade det amerikanska folket åtföljts av en mer vårdslös ansvarslöshet. För generationen som hade räddat unionen verkade allt möjligt: det fanns inga världar som inte kunde erövras, utom andevärlden. Människorna kastade sig över kontinenten med hänsynslös nonchalans för att plundra den på all dess rikedom.”[7]

Det nya imperiets resurser var så gott som outtömliga: järn, kol, olja, arbetskraft och individuell energi fanns i överflöd. Uppfinningar strömmade från dess ritbord, varor från fabriker och vete från åkrarna, medan hundratusentals emigranter strömmade in i städerna och ut över landet. Medan Förenta staterna 1865 hade 56 000 kilometer järnväg hade den sträckan 1900 stigit till 320 000, mer än vad som fanns i hela Europa.

Man har uppskattat att kriget kostade de stridande parterna tjugo miljarder dollar, och som Marx har påpekat lämnade det ”efter sig en kolossal statsskuld, med påföljande ökat skattetryck, skapandet av en ekonomisk aristokrati av värsta sort, överlämnandet av en enorm andel allmän jord till spekulationsbolag för att exploateras genom järnvägar,[8] gruvor m.m. – kort sagt: centralisering av kapital i besinningslös takt”.[9]

Inom två generationer efter krigsslutet hade Förenta staterna blivit världens främsta såväl kapitalistiska som industriella makt. Stephen Vincent Benét kallar landet ”Det stora metalliska odjuret” och beskriver dess framväxande ur inbördeskrigets titaniska kamp i dessa fantastiska rader:

John Browns muskelmassa reste skyskrapor mot skyn,
ur hans starka hjärta nya tempel växte fram,
rökmoln varje dag, i natten eldars sken,
staden av stål sig tornar upp i rök och damm.
En herkulisk bur, som snurrar utan frid,
upplyst av elektriskt ljus, kallt som ädel sten.
Askgrå av sorg i sin svartglänsande skrud,
höljd i vit damast, som en sideninsvept brud,
i stålsolars ljus i motordriven tid.
Anden vi fostrat att härska i vår värld ...[10]

Motsatsen till denna drift och makt att producera i fredstid är driften och makten att förstöra i krigstid, och på grund av detta – för att återvända till något som redan har berörts – blev krigets syfte för första gången i modern historia inte bara att krossa fiendens väpnade styrkor, utan också dess grundvalar – hela dess politiska, sociala och ekonomiska ordning. Lees egenskaper påminde, som Rhodes säger,[11] i allt väsentligt om Washingtons, och genom att han andligt påminde om honom tillhörde han 1700-talet – historiens jordbruksepok. Sherman hörde, liksom i mindre grad Grant, Sheridan och andra nordstatsgeneraler, andligt och moraliskt till den industriella revolutionens tidsålder. Deras vägledande princip var densamma som återfanns hos maskinen som formade dem – nämligen effektivitet. Och eftersom effektivitet styrs av en enda lag – att ändamålet helgar medlen – får inga moraliska eller andliga uppfattningar eller traditionella beteenden stå i dess väg. Sherman måste rankas som den förste moderne totalitäre fältherren. Han gjorde kriget allomfattande genom att föra det mot fiendens folk, inte bara mot dess beväpnade män, och han gjorde terror till stöttepelaren i sin strategi. Mer än någon annan man bar han skulden för det hat som växte fram ur inbördeskriget.

Inom taktiken blev den offensiva krigföringen allt svårare, eftersom geväret gjorde den defensiva till den starkare krigsformen. Överste Theodore Lyman beaktar detta när han säger följande: ”Placera en man i en skyttegrop och ett bra batteri på en höjd bakom honom, så kommer han att kasta tillbaka tre gånger så många, även om han inte är någon särskilt bra soldat.”[12] Och Frank Wilkeson skrev: ”Innan vi lämnade North Anna upptäckte jag att vårt infanteri hade tröttnat på att anfalla grävda skyttevärn. De vanliga meniga försäkrar att en bra man i ett grävt skyttevärn motsvarar tre bra män utanför ett sådant.”[13] Detta ledde till att arméerna ständigt ökade i styrka.

Andra förändringar – och många av dessa förblev ouppmärksammade under många år efter kriget – var att kavallerichocken hade blivit kraftlös, att den räfflade kanonen alltmer kom i förgrunden och att bajonettens detronisering var slutförd. ”Jag tror inte att en enda av dem blev nedstucken med bajonett”,[14] skriver ett ögonvittne. General John B. Gordon säger: ”Glittret från bajonetternas uppstickande uddar var skräckinjagande att beskåda när de fälldes framför en linje som gjorde chock; men de färgades sällan röda av blod. Bajonettens dagar är räknade.”[15] Och militärläkaren major G. Hart skriver att han såg få bajonettsår ”med undantag för sådana som tillkommit genom olyckor … jag tror att ett halvdussin är nog för att täcka samtliga sår av denna art som jag har skött om”.[16]

Det är lätt att kritisera den taktiska kompetensen hos Grant, Lee och andra generaler i detta krig, men man bör komma ihåg att de hade få föregångare som kunde vägleda dem. I allt väsentligt var geväret ett nytt vapen. Och när vi faktiskt kritiserar dem bör vi erinra oss att sju av åtta yrkessoldater år 1914 – femtio år efter inbördeskriget – fortfarande trodde på bajonetten.

Det krig som utkämpades av Grant och Lee, Sherman och Johnston med flera påminde mycket om första världskriget. Inget annat krig, inte ens det rysk-japanska kriget 1904–1905, utgör en så exakt parallell. Det var ett krig av gevärskulor och skyttegravar, av huggvapen, förhuggningar och till och med taggtrådshinder – ett hinder som de konfedererade kallade ”ett djävulskt påfund som ingen utom en yankee kunde komma på”, eftersom de vid Drewry's Bluff hade fastnat i dem och blivit ”slaktade som rapphöns”.[17] Det var ett krig som var häpnadsväckande i sin modernitet med strängade granatkastare i trä, hand- och vinggranater, raketer och många olika slags försåtliga bomber. Magasinsgevär och Requas kulspruta introducerades och ballonger användes på båda sidor, även om de konfedererade inte hade mycket till övers för dessa.[18] Explosiva kulor omnämns[19] och även en eldkastare,[20] och i juni 1864 frågade general Pendleton generalfälttygmästaren i Richmond om denne kunde förse honom med ”stinkgranater” som kunde avge ”motbjudande gaser” och framkalla ”kvävande verkningar”. Svaret han fick var: ”Inga stinkgranater tillgängliga; för dem inte; kommer att framställas vid rekvisition.”[21] Inte heller upphörde moderniteten där: pansrade fartyg, pansrade tåg, landminor och torpeder[22] användes såväl som signalflaggor och fälttelegrafer. En ubåt byggdes av Horace L. Hunley i Mobile. Den var sex meter lång, en och en halv meter djup och en meter bred och ”drevs fram av en skruv som sköttes från insidan av sju eller åtta man”.[23] Den 17 februari 1864 sänkte hon *U.S.S. Housatonic* utanför Charleston och sjönk tillsammans med henne.

Hade Europas nationer studerat lärdomarna från amerikanska inbördeskriget och allvarligt begrundat dem skulle de inte under 1914–1918 ha gjort sig skyldiga till de enorma taktiska misstag som det kriget vittnar om.

KRÖNIKA

Preussens expansion

Medan de halvsuveräna amerikanska delstaterna genom sina motsättningar höll på att svetsas samman till ett federalt imperium blev Centraleuropa skådeplatsen för en annan skapelseprocess. Den uppstod ur det tomrum som hade skapats till följd av Tysk–romerska rikets upplösning och som Wienkongressen 1815 hade hoppats fylla genom att upprätta Tyska förbundet, ett statsförbund bestående av 38 suveräna stater. Målet var att garantera Tysklands yttre och inre fred och dess högsta myndighet blev förbundsdagen med permanent säte i Frankfurt am Main, där varje stat fanns representerad. I själva verket förblev förbundsdagen maktlös, eftersom den var en senat utan representanthus – en konferens, inte ett parlament.

Mer betydelsefull än Tyska förbundet blev upprättandet av den preussiska tullföreningen *(Zollverein)*. Tanken hade sitt ursprung hos Friedrich List, som insåg att ända tills man avlägsnade tullhindren som skilde de olika staterna åt skulle brittiska varor fortsätta att översvämma Tyskland, vars egna restriktioner skulle förhindra landet från att bli industrialiserat. För att man skulle få ett slut på denna absurda situation avskaffades 1818 samtliga tullavgifter inom Preussen, av vilka det fanns 67 som påverkade nästan 3 000 olika artiklar, och i oktober följande år undertecknades det första tullfördraget mellan Preussen och den lilla suveräna staten Schwarzburg-Sonderhausen. Detta gav snart upphov till två tullföreningar, en nordlig och en sydlig, som 1829 enades om att avlägsna alla tullar gällande det ömsesidiga utbytet av varor fram till 1841. Det året bekräftades Tyska tullföreningen och den skulle tre år senare komma att omfatta hela Tyskland med undantag för de österrikiska besittningarna. Enheten i handel ledde ofrånkomligen i riktning mot politisk kontroll, och därför också i riktning mot ömsesidig militär säkerhet.

Även om vi ofta får höra talas om *Pax Europa* blev de fyrtio år som följde efter Waterloo en period av mardrömmar och delirium, där reaktion och revolution jagade varandra. Ludvig XVIII hade inte mer än hunnit bli återinsatt på tronen i Paris förrän de reaktionära krafterna på nytt satte sig i sadeln. I Frankrike avskaffades trikoloren liksom även skilsmässan, i Spanien krävde kyrkan att inkvisitionen skulle återinföras vilket också beviljades, i Österrike ville kejsar Frans I varken gå framåt eller bakåt och furst Metternich, hans förste minister, såg på Tysklands enande som ett ”tarvligt ändamål”. I England krävde whigs och tories, omedvetna om den industriella revolutionens anstormning, att jordbruksintressena skulle skyddas och att handeln inom imperiet skulle bevakas strängt. Samtidigt övertalade Alexander I av Ryssland, en religiös fanatiker, Frans I av Österrike och Fredrik Vilhelm III av Preussen att tillsammans med honom i ”den odelbara treenighetens” namn underteckna ett fördrag kallat Heliga alliansen, som lämpade sig väl för ytterligare rysk expansion. Senare anslöt sig alla de ledande monarkerna till detta fördrag, med undantag av Englands prinsregent, och de enda potentaterna som inte ombads göra det var sultanen och påven.

Även om de tjugo år som följde på detta ”mycket väsen för ingenting”, som Metternich kallade det, inte såg ett enda stort slag så ledde den våg av nationalism som vällde fram mot de reaktionära krafterna dessa år till några av de blodigaste i hela den västerländska historien. De spanskamerikanska kolonierna revolterade mot Spanien och Brasilien mot Portugal, revolutioner svepte fram över såväl Spanien som Portugal och i Heliga alliansens namn invaderade Frankrike Spanien. I Ryssland följdes Alexander I:s död av dekabristupproret, och grekerna revolterade mot turkarna. År 1827 intervenerade England, Frankrike och Ryssland till förmån för grekerna och den 20 oktober tillintetgjordes den turkiska flottan i Navarinobukten. Ryssland invaderade Persien (Iran), förklarade 1828 krig mot Höga porten (Turkiet) och invaderade Bulgarien. År 1830 infann sig till sist räkenskapens dag: Paris skakades av julirevolutionen, Karl X avsattes och Ludvig Filip kom till makten; Belgien gjorde uppror mot Holland; Polen mot Ryssland; Hannover och Hessen-Kassel kokade över i rent kaos; oroligheter skakade Österrike, Ungern, Schweiz och Italien. År 1831 besegrades polackerna vid Ostrołęka och deras författning upphävdes, medan Kyrkostaten, som revolterade mot Österrike, krossades. År 1832 belägrade Frankrike Antwerpen, 1833 tillintetgjorde sir Charles

Napier med enastående djärvhet dom Miguels portugisiska flotta utanför Kap Sankt Vincent och 1834 inleddes carlistkrigen i Spanien, som under sju år dränkte Pyreneiska halvön i blod. År 1837 inföll till sist, i och med drottning Victorias uppstigande på Englands tron, en tio år lång period av relativt lugn.

Nästa revolutionära utbrott skedde 1848. Målet var nu inte längre att ändra regeringsformen, utan den nationella strukturen i samhällets bottenskikt där levnadsomständigheterna stadigt hade försämrats i takt med industrialismens framväxt. År 1847 bildade Marx och Engels Kommunisternas förbund i London och från och med dess inauguration övergick "Marseljäsen" till bourgeoisien och en mer respektingivande kampsång – "Internationalen" – vibrerade från arbetarnas strupar:

Upp, trälar uti alla stater,
som hungern bojor lagt uppå.
Det dånar uti rättens krater,
snart skall utbrottets timma slå.
Störtas skall det gamla snart i gruset.
Slav, stig upp för att slå dig fri!
Från mörkret stiga vi mot ljuset,
från intet allt vi vilja bli.

Den 22 februari 1848 slank Ludvig Filip och hans drottning genom en bakdörr ut ur Tuilerierna och flydde till England som mr och mrs Smith.

Sällan har en revolution börjat med så lite blodsutgjutelse. Rätten till arbete fastställdes som den ledande reformprincipen, och för att garantera den slogs nationalgardet ner och arbetarna beväpnades. I juni utnämndes general Cavaignac till diktator och ledde Paris västra stadsdelar mot arbetarklassens östra, som leddes av Pujol, och krossade revolten med sina kanoner. "Kombatanterna", skriver C. A. Fyffe, "kämpade inte för en politisk princip eller regeringsform, utan för bevarandet eller störtandet av ett samhälle grundat på företeelsen privat egendom." Inte desto mindre blev Frankrike så illa skakat att hertigen av Wellington skrev: "Frankrike behöver en Napoleon! Jag kan ännu inte se honom ... Var finns han?"

I England var uppståndelsen stor, men chartistdemonstrationerna sprakade till och slocknade. År 1849 upphävdes spannmålslagarna och Storbritannien halkade in i frihandel. Under tiden utbröt en revolution i Wien, som följdes av allmänt kaos i hela kejsardömet. Övertalad av Cavour och med hela Italien, frånsett påven, bakom sig beslutade sig Karl Albert av Piemonte-Sardinien för krig, vilket skulle komma att stå honom dyrt. Efter att ha blivit besegrad vid såväl Santa Lucia som Custoza krossades han slutligen den 23 mars 1849 vid Novara och tvingades abdikera till förmån för sin son Viktor Emanuel II (1849–1878). Under tiden flammade Ungern upp i lågor, tjeckerna reste sig i Böhmen och serberna och kroaterna grep till vapen. Dessa revolter ledde till en ny revolution i Wien och till att Ferdinand I abdikerade till förmån för sin brorson Frans Josef I (1848–1916), en pojke på arton år. Inte desto mindre vägrade Ungern att erkänna honom, och eftersom den österrikiska regeringen inte förmådde undertrycka revolten inkallades i Heliga alliansens namn Ryssland. Den 9 augusti 1849 tillintetgjordes ungrarna vid Temesvár och upproret slogs brutalt ner.

Även om arbetarna i Tyskland, som följde det exempel som fransmännen satt, ställde högljudda krav på en större del av profiten från sina herrar antog upproret där en nationell karaktär snarare än en social. I februari 1847 hade Fredrik Vilhelm IV (1840–1861) tvingats inkalla en ”förenad lantdag”, som genast upphävde den gamla förbundsdagen av år 1815, och bemyndiga att en tysk nationalförsamling skulle samlas i Frankfurt för att av förbundsstaterna bygga upp ett nytt Tyskland. Mitt under dess debatter gjorde Slesvig–Holstein uppror mot den danska kronan och en preussisk armé sändes för att bistå slesvig–holsteinarna. Ryssland stödde danskarna och Fredrik Vilhelm IV, som blev förskräckt, trotsade nationalförsamlingen genom att gå med på en vapenvila. Trots denna motgång erbjöd sig nationalförsamlingen att göra Fredrik Vilhelm II till kejsare av Tyskland och om han hade accepterat det erbjudandet skulle han, i och med den villervalla som rådde i Österrike, förmodligen inte ha mött någon opposition. Men eftersom han avskydde nationalförsamlingens demokratiska politik avböjde han erbjudandet såvida man inte först lyckades få furstarna och de fria riksstäderna att sanktionera det. Det blev dödsstöten för de tyska patrioternas förhoppningar.

För att uppväga denna blunder slöt Fredrik Vilhelm IV ett fördrag med kungarna av Hannover och Sachsen, så att man skulle kunna enas om en ny författning. Förslaget var att man i stället för en kejsare skulle tillsätta en högste ledare bistådd av ett furstekollegium. Förslaget godtogs och antog namnet Unionen. Men olyckligtvis för Fredrik Vilhelm IV hade det gynnsamma tillfället gått honom förbi, eftersom Österrike nu hade återhämtat sig och lyckades få Sachsen och Hannover att bryta med Unionen. Detta ledde till att Tyskland delades upp i två fientliga partier – där det ena stödde Preussen och det andra Österrike. Oroligheterna i Hessen-Kassel förde dem till randen av krig, men eftersom Fredrik Vilhelm IV på intet sätt var beredd att ge sig in i ett sådant gav han vid Olmütz (Olomouc) den 29 november 1850 praktiskt taget helt vika för Österrike. Unionen upplöstes och Preussen tvingades erkänna den gamla förbundsdagen i Frankfurt. Inte sedan den svarta dagen vid Jena hade Preussen hamnat så i skuggan.

Under tiden regerade i Frankrike Cavaignac som diktator efter ”junidagarna”, men eftersom han inte lyckades upprätta en stabil regering förlorade han den 10 december 1848 mot Ludvig Napoleon i presidentvalet. Äntligen hade den man framträtt som Wellington mindre än ett år tidigare förgäves hade sökt.

Ludvig Napoleon var den tredje sonen till Ludvig Bonaparte och Hortense de Beauharnais, Joséphines dotter, och därför såväl brorson som styvsonson till Napoleon I. Eftersom han var en slug, opportunistisk politiker tänkte han på alla sätt dra fördel av sin framstående farbrors glans. När nationalförsamlingen i maj 1850 besinningslöst minskade antalet röstberättigade från nio till sex miljoner – en högst impopulär handling – såg Ludvig Napoleon sin chans. Trots att han bara ett eller ett par år tidigare hade utgivit sig för att försvara allmän rösträtt tog han nu nationalförsamlingens parti i avsikt att påskynda dess undergång. När en vän sade till honom: ”Men du kommer att gå under tillsammans med den”, svarade han: ”Tvärtom, när nationalförsamlingen hänger över avgrunden ska jag skära av repet.”

Efter att ha misskrediterat församlingen smickrade han prästerskapet, utlovade välstånd åt borgerskapet och rikedom åt arbetarna och delade ut cigarrer och korv till soldaterna, ända tills han i folkets ögon hade förvandlats från en ”enkel medborgare” till ”vår furste”. När han väl hade förberett allting noga störtade han den 21 december 1851 regeringen och valdes ett år senare genom en folkomröstning till fransmännens kejsare under namnet Napoleon III.

Medan han slipade sina planer hölls världsutställningen i London. ”Den verkade”, skriver Fyffe, ”vara en sinnebild för och ett förebud om en ny tidsålder i mänsklighetens historia, under vilken krigen skulle upphöra … ändå skulle den tidsålder som Europa just då höll på att träda in i komma att visa sig bli en i allra högsta grad krigets tidsålder. Under det följande kvartsseklet var det inte en enda av stormakterna som inte var inlåten i väpnad kamp med sina rivaler.”

Den första av dessa konflikter var Krimkriget, och även om förevändningen för krigsutbrottet var Napoleon III:s återupplivande av Frankrikes anspråk på förmyndarskap över de heliga platserna i Palestina, så var den dolda orsaken Rysslands expansionistiska politik och Nikolaus I:s (1825–1855) åstundan att få kontroll över Dardanellerna. När Turkiet väl kände sig säkert på västmakternas stöd förklarade man i oktober 1853 Ryssland krig och följdes i början av 1854 av Frankrike och Storbritannien, och senare även av Sardinien.

Detta krig avslutade de fyrtio år av fred som följt på Waterloo och ledde till ödesdigra följder för freden i Europa. Från 1856 till 1878 drabbades Europa av fem stora krig, vilka samtliga hade sina rötter i Krimkonflikten.

Omedelbart efter Krimkriget, då Ryssland var hjälplöst och Storbritannien hade händerna fulla med sepoyupproret, kläcktes en konspiration om att mörda Ludvig Napoleon i London av revolutionären Felice Orsini. Detta orsakade inte bara akut friktion mellan Frankrike och Storbritannien utan gjorde kejsaren så till den grad skräckslagen att han övertygade sig om att han, om han inte grep till vapen till förmån för Italiens frigörelse, skulle bli utsatt för andra attentatsförsök. Resultatet blev det fransk-österrikiska kriget 1859, som efter den fransk-sardinska segern vid Solferino avslutades i och med fredsavtalet i Villafranca den 11 juli och freden i Zürich den 10 november. Enligt villkoren erhöll Frankrike Savojen och Nice, och med undantag för Venetien och Rom enades hela Italien under Viktor Emanuel I.

Under dessa båda krig är följande militära utvecklingar av intresse. På Krim användes första gången kloroform och för första gången åtföljdes arméerna av korrespondenter från tidningspressen, vilken började få ett avgörande inflytande. James Cowen, en filantrop, föreslog att man skulle använda pansrade lokomobiler försedda med liar för att åstadkomma bräscher i fiendens infanteri, tysken Bauer byggde 1855 för Rysslands räkning en undervattensbåt – *Le Diable Marin* – och lord Dundonald återupplivade sitt projekt från 1812 om att använda brinnande svavel för att kväva garnisonerna i kustfästningar. Även om hans plan aldrig genomfördes, förutspådde han att giftgas som vapen "till sist skulle komma att bli till ett erkänt medel för krigföring". År 1859 användes för första gången järnvägar i någon större omfattning. Räfflade kanoner användes i stort antal, och till följd av de sårades lidande vid Solferino tillkom 1864 den första Genèvekonventionen.

Preussen hade återhämtat sig efter den förödmjukande kapitulationen vid Olmütz och efter Vilhelm I:s (1861–1888) trontillträde den 2 januari 1861 skedde en snabb renässans.

Vilhelm I föddes 1797 och hade 1814 deltagit i slaget vid Arcis-sur-Aube. Han var såväl född som utbildad till soldat och vid sitt första trontal tillkännagav han: "Den preussiska armén kommer i framtiden även att bli den väpnade preussiska nationen" – ord som skulle komma att ändra Europas öde, och därigenom också världens. Han satte genast igång med att omorganisera den preussiska armén med syftet att skapa en tjänsteduglig krigsstyrka om 371 000 man, understödd av en reserv om 126 000 och ett lantvärn om 163 000. Han utnämnde greve von Roon till krigsminister, greve von Moltke till generalstabschef och gjorde 1862 Otto von Bismarck till ministerpresident.

Bismarcks politik var enkel och rak på sak – att driva ut Österrike ur Tyskland – och eftersom Ryssland inte hade återhämtat sig efter Krimkriget och Frankrike, även om kejsardömet var en respektingivande makt, var upptaget av ett hopplöst företag i Mexiko, låg inga hinder i hans väg och han var fast besluten att följa den så snart tillfälle bjöds. Tillfället yppade sig 1863, då sachsiska och hannoveranska trupper efter den danske kungen Kristian IX:s trontillträde marscherade in i Holstein. Under förevändning av att vilja återställa freden övertygade Bismarck Österrike om att göra gemensam sak med Preussen. År 1864 följde dansk-tyska kriget, som avslutades i oktober i och med freden i Wien, vilken gav Österrike och Preussen gemensam kontroll över hertigdömena Slesvig, Holstein och Lauenburg.

Bismarck räknade korrekt med att Slesvig–Holstein skulle bli till ett tvistefrö och leda till krig med Österrike. För att isolera kejsardömet lovade han därför Napoleon III att ge denne fria händer i Belgien eller en del av Rhenprovinsen om han i sin tur kunde övertyga Österrike om att sälja Venetien till Italien, vilket Bismarck var väl medveten om att Österrike skulle vägra gå med på. För att irritera Österrike tog han samtidigt på nytt upp frågan om ett tyskt statsförbund. Eftersom Österrike vägrade lämna ifrån sig Venetien undertecknade Italien och Preussen den 8 april 1866 ett fördrag om ett anfalls- och försvarsförbund. Napoleon III, som iakttog den annalkande stormen och som nu trodde att tidpunkten var den rätta för att stryka fördragen av år 1815, erbjöd sig att förena sig med Preussen med 300 000 man i utbyte mot Rhenprovinsen. Men Bismarck hade inte minsta avsikt att lämna den ifrån sig, och när Italien nu fanns med i den preussiska ränseln beordrade han in trupper i Holstein för att påskynda konflikten. Den 12 juni avbröt Österrike de diplomatiska förbindelserna.

Det krig som nu utkämpades var inte ett aggressionskrig i ordets vanliga bemärkelse, inte heller ett erövringskrig, utan ett diplomatiskt krig – ett korrigerande krig. Preussens syfte var inte att förödmjuka eller ens att försvaga Österrike, utan att övertyga kejsardömet om att den tyska nationalismen var en levande, växande kraft som krävde enhet. Bismarck ville under inga omständigheter förvandla Österrike till en hämndlysten fiende, eftersom han visste att Tyskland en dag skulle tvingas strida med Frankrike om Europas hegemoni, och när den dagen kom ville han ha ett neutralt Österrike.

När han fick kännedom om att österrikarna marscherade upp i Mähren för att rycka in i Böhmen, bestämde sig Moltke för att invadera det senare med två arméer, den första under befäl av prins Fredrik Karl och den andra under befäl av kronprins Fredrik. Den ena skulle rycka fram mot Müchengrätz och den andra mot Trautenau-Náchod, varifrån de sedan skulle fortsätta framåt och förena sig vid Gitschin. När prins Fredrik Karl närmade sig Müchengrätz ryckte österrikarna, under befäl av Clam-Gallas, tillbaka mot Gitschin och när kronprinsen besegrade Ramming vid Náchod och Skalitz, beordrade fältmarskalk Benedek, den österrikiske överbefälhavaren, en allmän tillbakaryckning mot Sadowa. Den 30 juni befann sig de båda preussiska arméerna tillräckligt nära varandra för att med kort varsel kunna förenas, och den 3 juli utkämpades slaget vid Königgrätz (även kallat Sadowa). Första armén engagerade österrikarna på morgonen och anföll sedan under eftermiddagen deras högra flank och krossade den. Trots att segern var avgörande – österrikarna förlorade nästan 45 000 man i stupade, sårade och fångar – undkom Benedek med omkring 150 000 man på grund av att de båda preussiska arméerna befann sig i ett så förvirrat tillstånd att någon förföljelse inte var att tänka på. Den 18 juli utfärdade Moltke en order om framryckning mot Wagram, drygt halvannan mil nordöst om Wien, och den 21 anhöll österrikarna om en vapenvila, som också beviljades.

Efter det österrikiska nederlaget vid Königgrätz telegraferade kejsar Frans Josef I till Napoleon III för att be honom intervenera. Men denne var på grund av sina eskapader i Mexiko motvillig att ge sig in i ett krig och han hade dessutom inte alls förväntat sig så snabba preussiska segrar. En fred med Preussen måste komma till stånd, och i enlighet med fördragen i Prag, Berlin och Wien erhöll Italien Venetien, även om den österrikiska monarkin respekterades, medan Preussen annekterade Hannover, Slesvig–Holstein, Hessen, Nassau och den fria riksstaden Frankfurt am Main. Sachsen lämnades intakt och av staterna norr om Main bildades Nordtyska förbundet under överinseende av Preussen, medan staterna söder om floden förblev fristående utan någon förbundsbildning.

För att blidka de liberala stämningarna upprättade Vilhelm I vid sin triumfartade återkomst till Berlin en förbundsriksdag, och ett nytt liberalt parti kallat Tyska nationalföreningen bildades med huvudsyftet att säkerställa en union mellan södra och norra Tyskland. En sådan sammanslutning skulle, trots det tullparlament (*Zollparlament*) som Nordtyska förbundet och de sydtyska staterna nu hade enats om, ha tagit lång tid att åstadkomma om inte Napoleon III hade utövat ett sådant tryck på hela Tyskland att den blev oundviklig. Han gjorde vad Bismarck hade räknat med att han skulle göra. Han hade redan innan Pragfördraget undertecknades gjort anspråk på vänstra Rhenstranden som kompensation för Preussens utökade makt, och nu förnyade han sitt anspråk på denna. Rädslan för Frankrike kastade de sydtyska staterna i armarna på Nordtyska förbundet och man enades om ett hemligt anfalls- och försvarsförbund under ledning av kungen av Preussen. Det enda som nu krävdes för att svetsa samman de avskurna halvorna av Tyskland var ett gemensamt krig mot en gemensam fiende, och inför detta förberedde sig Bismarck stadigt.

Slaget vid Sedan 1870

Orsakerna till det fransk-tyska kriget var å ena sidan Preussens föresats att ena hela Tyskland under sitt ledarskap och å den andra Frankrikes föresats att förhindra ett sådant förbund. Till dessa båda orsaker kunde läggas den uråldriga fientligheten mellan galler och germaner. Få nationer har haft en så dålig granne som Tyskland har haft i Frankrike. Mellan 1675 och 1813 invaderade Frankrike Tyskland vid inte mindre än fjorton tillfällen – i genomsnitt en gång vart tionde år. Dessutom hade Frankrike i århundraden varit *la grande nation*, Europas dominerande makt, och de förtäckta farhågorna om att rikets glans höll på att blekna uppväckte ett hetsigt och snarstucket temperament hos fransmännen. Ända sedan 1789 hade Europas politiska grundvalar befunnit sig i ett tillstånd av ständig förändring. Makt övergick från kungar och hov till demagoger och parlament, för att till sist bli pressens och folkets fjäderboll och de stora ekonomiska och industriella intressenas racket.

Den omedelbara orsaken – den gnista som tände denna väl uppdämda animositet – var föga mer än en ovidkommande tillfällighet, men eftersom den är ett klassiskt exempel på hur krig briserade i demokratins tidsålder är den inte desto mindre av tillräckligt intresse för att beskrivas någorlunda utförligt.

I september 1868 ledde ett myteri i den spanska flottan till att man avsatte drottning Isabella II och utnämnde marskalk Prim till regeringschef. Eftersom folkmassan inte var för en republik erbjöd Prim förgäves den spanska kronan till den ene utländske fursten efter den andre. Till sist inledde han i februari 1870 hemliga underhandlingar med Bismarck, som föreslog en möjlig kandidat i furst Leopold av Hohenzollern-Sigmaringen, en avlägsen släkting till det preussiska kungahuset. Prim satte sig i förbindelse med fursten, som välkomnade förslaget förutsatt att man först erhöll samtycke från Napoleon III och kungen av Preussen. Prim skrev därefter till Vilhelm I, som blev djupt förvånad över brevet eftersom han inte hade haft någon kännedom om de hemliga förhandlingarna. Han motsatte sig förslaget å det bestämdaste och informerade Prim om detta. Därefter följde vidare underhandlingar mellan Prim och Bismarck, men plötsligt avslöjades hemligheten den 3 juli 1870 av den spanska tidningen *Epoca*. Ännu mer överraskad än Vilhelm I blev Napoleon III, som genast skickade en i starka ordalag formulerad protest till både Spanien och Preussen. Paristidningarna publicerade våldsamma artiklar och talade om ett återupplivande av Karl V:s kejsardöme. I Paris rådde sådan hysteri att Édouard Vaillant (en fransk politiker) den 5 juli skrev i sin dagbok: "Det framstår för mig som om det är krig, eller mycket nära ett sådant." Dagen därpå sammankallade den franske kejsaren sitt statsråd. Man diskuterade mobilisering, men på förslag av den franske utrikesministern hertigen av Gramont beslutade man sig för att instruera greve Benedetti, det franska sändebudet i Berlin, att bege sig till Ems, där kungen av Preussen drack brunn, och begära av denne att han skulle övertala Leopold att dra tillbaka sin kandidatur.

Den 9 juli träffade Vilhelm I Benedetti och talade om för denne att han inte hade minsta avsikt att uppmana Leopold att dra tillbaka sin kandidatur och att frågan endast berörde Madrid. Eftersom det svaret inte tillfredsställde Napoleon III, telegraferade Gramont till Benedetti: "Vi kräver att kungen förbjuder fursten att framhärda i sin kandidatur." När Vilhelm I upplystes om detta blev han ytterst irriterad, men han gav inte desto mindre Benedetti tillstånd att telegrafera direkt till Leopold. Vid den tidpunkten befann sig Leopold i Schweiz och telegrammet togs emot av hans far, som genast svarade att han drog tillbaka kandidaturen i sin sons namn. Som furstehusets huvudman hade han all rätt att göra det. Vilhelm I blev förtjust när han fick veta detta och betraktade saken som utagerad. Men det blev inte den franske kejsaren, som sade till Gramont att instruera Benedetti om att träffa kungen igen och erhålla dennes personliga försäkran om att han skulle förbjuda Leopold att förnya sin kandidatur vid ett senare tillfälle.

Den 13 juli klockan 09.00 träffade Benedetti Vilhelm I i parken vid Ems och hälsades hjärtligt välkommen av denne. Kungen sade att han var förtjust över att se att Leopolds avsägelse hade publicerats i den tyska tidningspressen. Benedetti lade därefter fram Napoleon III:s nya krav, på vilket Vilhelm I svarade: ”Mina släktingar är hedervärda människor; om de har dragit tillbaka kandidaturen är det inte i avsikt att förnya den senare.” Han avbröt därefter samtalet.

När Bismarck fick kännedom om vad som ägt rum bad han, via sitt ombud i Ems, kungen att upphöra med dessa inkorrekta personliga sammanträffanden och återgå till den normala förhandlingsordningen via sändebud och ministrar. Kungen gick med på detta, men Benedetti bad på uppmaning av Gramont om en ny audiens. Vilhelm I vägrade träffa honom, sände Bismarck en rapport om vad som ägt rum och lämnade åt honom att avgöra om ambassaderna och tidningspressen skulle underrättas.

Bismarck mottog kungens depesch på kvällen den 13 juli, drog fördel av kungens tillåtelse att publicera den och gjorde en kort sammanfattning av depeschen som lydde: ”Då Frankrikes sändebud av konungen, som befinner sig i Ems, har begärt att denne ska bemyndiga avsändandet till Paris av ett telegram, som tillkännager att han förbinder sig att aldrig ge sin tillåtelse till att kandidaturen förnyas, har Hans Majestät vägrat att ånyo ta emot sändebudet, och har genom en adjutant upplyst denne om att han inte har något vidare att delge honom.”

Att Bismarck skulle ha förfalskat ”Emsdepeschen” är ett rent påfund. Vad han gjorde var att kondensera kungens depesch i telegrafisk form, och originalet var i vilket fall som helst aldrig avsett att publiceras som det var. Bismarck visste att fransmännen var stridslystna, och som han senare sade: ”Det är väsentligt att vi blir angripna … Om jag förmedlar detta utkast till tidningspressen och telegraferar det till ambassaderna kommer det snart att bli känt i Paris … och det kommer att ha samma verkan på den galliska tjuren som ett rött skynke.”[1]

Telegrammet hade inte mer än hunnit publiceras i Paris förrän kejsaren sammankallade sitt råd, och medan man övervägde det inkom en depesch från Benedetti. Den var mer dämpad än Bismarcks, och för att undvika krig föreslog Gramont att man skulle sammankalla en europeisk konferens för att förbjuda regerande familjer att ge sina familjemedlemmar tillåtelse att acceptera utländska kronor. Kejsaren gillade detta förslag, men det gjorde inte kejsarinnan Eugénie, så det lades åt sidan och inget alternativ föreslogs. Därnäst tog Parismobben över. ”Marseljäsen”, som dittills varit förbjuden, sjöngs och man ropade: ”Leve kriget, mot Berlin!” Trots Thiers och Gambettas varningar förlorade nationalförsamlingen jämvikten och gled påhejad av allmänhetens ramaskri snabbt in i ett krig, som officiellt förklarades den 19 juli.

Frankrike, som hade hoppats att få Österrike och Italien som sina allierade, hade 1869 närmat sig båda rikena, men endast erhållit vaga svar. Först när stormen höll på bryta ut skickade Napoleon III ett personligt ombud till Wien för att diskutera en allians, och den 20 juli – dagen efter det att krig hade förklarats – kom svaret: ”Neutralitet!” Även Danmark bestämde sig för att förbli neutralt och England, som hela tiden hade motsatt sig krig, var på intet sätt villigt att stödja Frankrike, i synnerhet inte när Bismarck den 25 juli lät publicera ett brev i *The Times* som avslöjade den franske kejsarens planer från 1866 på att annektera Belgien.

Frankrike stod följaktligen ensamt. Än värre var att landet sedan 1815 andligen hade levt på den napoleonska myten om Frankrikes oövervinnelighet. Denna illusoriska dröm dolde för allmänheten vad som faktiskt existerade – ett kluvet, profitsökande folk, en *bric-à-brac*-regering och ”ett lik kring vilket en svärm av entreprenörer samlades som gamar för att mellan sig fördela statsfinanserna”.[2] ”Medan soldaten höll fast vid sitt uråldriga mod, som bland fransmännen är medfött, hade allt i regeringen, administrationen, befälet, förvaltningen, förberedelserna, vetenskapen, artilleriet och utrustandet av arsenalerna försummats och tillåtits förfalla ... Sådan är materialismen. Den skämmer jorden och hädar himlen!”[3] General Trochu säger i stort sett samma sak: alla revolutioner sedan 1815 hade ”väckt ärelystnad, vållat konkurrens och i massornas medvetande skapat en förvirrad uppfattning om det sanna och osanna, om det rättfärdiga och det orättfärdiga, och hade ersatt patriotismen och allmänhetens väl med egen vinning”.[4]

Att kejsaren och hans rådgivare skulle ha levt i en sådan lycklig okunnighet är nästan obegripligt, eftersom de hade hållits fullt underrättade om förhållandena i Preussen av överstelöjtnant baron Stoffel, den ovanligt observante franske militärattachén i Berlin, och han hade inte varit rädd för att jämföra dessa med dem som rådde i Frankrike. Hans rapporter är så belysande att de förtjänar att citeras ganska utförligt.

> [*26 maj 1868*] Under gudstjänsten är det över kungen och armén, framför alla andra, som prästen nedkallar Den allsmäktiges välsignelse. De framstående statsmännen namnges först efteråt ... Vilken kontrast

utgör inte detta mot den ställning som armén intar i Frankrike, där den endast är en massa av män, utstötta äventyrare, som för varje dag förlorar alltmer av sin disciplin och soldatanda.

[*12 augusti 1869*] De viktigaste frågorna som jag försöker peka på är tydliga:
1. Krig är oundvikligt, och *prisgivet åt ett missöde.*
2. Preussen har inte minsta avsikt att angripa Frankrike; riket söker inte krig, och kommer att göra allt det kan för att undvika detta.
3. Men Preussen är tillräckligt framsynt för att inse att detta oönskade krig helt visst kommer att bryta ut, och gör därför allt som står i dess makt för att undvika att bli överrumplat när det ödesdigra missödet inträffar.
4. Frankrike har till följd av sin vårdslöshet och sitt lättsinne och framför allt genom sin okunnighet om statsangelägenheter inte samma förtänksamhet som Preussen.

Vad ser vi däremot i Frankrike? En kammare som berömmer sig av att representera folket och som, vad beträffar lättsinne och ombytlighet, är dess spegelbild ... vars patriotism utgörs av skadeglada beskyllningar eller uppsåtlig illvilja; som döljer sin oduglighet och vanmakt bakom retorikens prunkande fraser, som låtsas vara ensamma om att måna om landets välfärd, och som, för att vinna partiets popularitet, tvistar med regeringen om en enda soldat, en enda franc ... de söker försvaga Frankrike, de sviker landet och lämnar det i händerna på dess mest fruktansvärda fiende ... en tidningspress, som alltid är fåfäng och innehållslös, och vars ledande tidningar talar vitt och brett om de viktigaste ämnen utan att överhuvudtaget förstå dem i sina försök att tjäna politiska partier, inte Frankrike ... Frankrike har skrattat åt allt; inte ens de mest vördnadsvärda ting respekteras längre: dygd, släktband, fosterlandskärlek, heder, religion, allt detta bjuds en frivol och skeptisk generation som lämpliga föremål för löje ... Är inte dessa ting uppenbara tecken på verkligt förfall?[5]

Sådant var tillståndet i den franska nationen, inte bara som det framställs av utlänningar utan av fransmännen själva, och detta tillstånd återspegades i armén, som i Algeriet, på Krim, i Kina, Italien och Mexiko hade lärt sig att förakta sina officerare och hypnotisera sig till att tro att den franske soldatens geist skulle visa sig oemotståndlig. År 1859 antydde talesättet ”det var den vanlige soldaten som segrade i slaget vid Solferino” att officerarna var av föga betydelse, och den andan underblåstes av den demokratiska pressen.[6]

I Preussen var förhållandena helt annorlunda. Armén var aristokratisk, inte demokratisk, och sedan Vilhelm I:s uppstigande på tronen hade den blivit vad han hade föresatt sig att den skulle bli – den väpnade preussiska nationen. Sedan det förödmjukande avtalet i Olmütz hade generalstaben accepterat Clausewitz *Om kriget* som sitt militära evangelium, och eftersom den från 1866 och framåt djupt påverkade krigets teori och praktik ska vi här sammanfatta dess huvuddoktriner:

> Kriget är blott en fortsättning på politiken med andra medel.[7] ... Vi ser alltså att kriget är inte bara en politisk akt utan ett verkligt politiskt instrument, en fortsättning på den politiska dialogen.[8] ... *kriget är bara en del av den politiska verksamheten – ingalunda någon fristående handling.*[9] ... Är inte krig bara ett annat diplomatiskt språk, en annan form av tal eller skrift?[10] ... Om kriget är en del av politiken, så bestämmer den krigets karaktär. När politiken blir starkare och mäktigare, blir även kriget det.[11]

För det andra, beträffande krigets natur:

> Kriget är ingenting annat än en utvidgad tvekamp.[12] ... Vi vill inte höra talas om fältherrar, som segrar utan blodsutgjutelse.[13] ... Kriget är en våldsakt och det finns inga gränser för användningen av våldet.[14] ... Att förinta fiendens stridskrafter är alltså alltid målet för att nå målet för striden.[15] ... Så länge som vi bortser från alla särskilda syften med striden, kan vi sålunda betrakta fiendens totala eller delvisa förintande som det enda målet för alla strider.[16] ... Ett hat nationer emellan, som i regel föreligger i ett krig, är ett uttryck för en mer eller mindre stark fiendskap mellan enskilda individer.[17]

Detta leder, för det tredje, till offensiven:

> Krig i dess verkliga betydelse är detsamma som strid. Ty endast striden är det aktiva elementet i den mångfaldiga verksamhet, som man i vid bemärkelse kallar krig.[18]

Vilket, för det fjärde, kräver numerär överlägsenhet:

> Den bästa strategin är alltid att *vara mycket stark.*[19] ... Den [överlägsenheten i antal] skall betraktas som den grundläggande principen, som man eftersträvar överallt och i största utsträckning.[20] ... Folkkriget är i de uppodlade delarna av Europa en företeelse från 1800-talet.[21]

Och kriget, för det femte, kräver moralisk och intellektuell överlägsenhet:

> I farans stund är modet den förnämsta själsegenskapen.[22] ... De moraliska huvudkrafterna är fältherrens talang, arméns stridsmoral och dess patriotiska anda.[23] ... Hos soldaten måste individens inneboende drift till otyglad aktivitet och kraftansträngning ge vika och underordna sig krav av högre slag – krav på lydnad, disciplin, regler och metoder.[24]

För det sjätte, beträffande taktik:

> ... geväret utgör grunden för all taktik[25] ... *försvaret är i sig en starkare form av krigföringen än anfallet* ... ehuru med ett negativt syfte.[26] ... Försvaret har ett negativt syfte att *vidmakthålla* och anfallet ett positivt att *erövra.*[27] ... Endast stora och allomfattande strider ger stora framgångar.[28]

Till sist, organisation:

> Om vi nu söker sammanfatta huvuddelen av vår granskning, finner vi att de i kriget förekommande aktiviteterna kan indelas i två huvudgrupper: de *som enbart utgör förberedelser för kriget* samt *själva kriget.*[29] ... I krig är allt mycket enkelt, men även det enklaste är svårt[30] ... Vi hävdar alltså att kriget inte tillhör konstens och vetenskapens område utan hör hemma i samhällslivet.[31]

Även om von Moltke var genomsyrad av Clausewitz idéer följde han honom inte blint, utan anpassade hans teorier till sin egen tids förhållanden, vilka skilde sig mycket från dem som rådde under Napoleontiden, vars fälttåg *Om kriget* var baserad på. Järnvägen höll nu på att revolutionera logistiken, och med den växte arméerna i storlek, något som krävde en alltmer välutbildad generalstab. Dessutom hade Moltke blivit lika förskräckt över kaoset vid Königgrätz som han blivit upphetsad över det stora flankangreppets framgång. Redan 1861 hade han ansett att infanteriet var omöjligt att angripa från fronten, och hade jämfört en öppen slätt med ett vått dike som inte kunde stormas. Efter 1866 insåg han att en man som skjuter i vila har en fördel framför en man som avfyrar medan han rycker fram, och därför också att den napoleonska principen om en styrkekoncentration före slaget kunde kompletteras med principen om en styrkekoncentration under slaget. Vidare att den storslagna napoleonska genombrytningstaktiken måste ge vika för det avgörande flankangreppet.

År 1869 utgav han en rad "Instruktioner för truppernas överbefälhavare", i vilka vi kan läsa:

> Mycket stora uppmarscher är i sig själva ett elände. Den armé som är koncentrerad vid en enda punkt är svår att försörja och kan aldrig inkvarteras; den kan inte marschera, den kan inte operera, den kan överhuvudtaget inte existera under någon längre tidsrymd; den kan endast strida.
>
> Att under operationen förbli åtskild så länge som möjligt och sedan marschera upp i god tid för det avgörande slaget, det är uppgiften för chefen för stora truppmassor ... Av *blott ett frontanfall* kan föga framgång förväntas, men högst sannolikt stora förluster. *Vi måste därför rulla upp fiendeställningens flanker.*[32]

En allvarlig fråga som Moltke aldrig grep sig an var den om att utrusta det preussiska infanteriet med ett effektivare gevär än Dreyses tändnålsgevär, som även om det hade förbättrats hade tjänstgjort ända sedan 1841. Under kriget 1866 hade dess skottvidd visserligen kraftigt överträffats av det österrikiska mynningsladdade Lorenzgeväret, men det hade tack vare att det gick snabbare att ladda i framstupa läge ändå visat sig vara det överlägsna vapnet. Inte desto mindre kunde mycket av dess överlägsenhet ha motverkats om österrikarna hade dragit större nytta av den räfflade fältkanon som de hade anammat 1863, eftersom denna hade en effektiv skottvidd för kartescher på 500 meter, vilket var lika långt som tändnålsgevärets effektiva skottvidd. Detta insåg Moltke, och eftersom han var medveten om att det franska infanteriet var beväpnat med det bakladdade Chassepotgeväret, som hade en räckvidd på 1 200 meter, det vill säga dubbla avståndet mot tändnålsgeväret, hoppades han uppväga det senares brister genom den överlägsenhet som den preussiska bakladdade fältkanonen i järn hade över den franska mynningsladdaren i brons. Fransmännen hade behållit den senare därför att de hade ett hemligt vapen i sin taktiska rockärm. Det var Reffyes mitraljös, en kulspruta med 25 axelgrupperade pipor med en räckvidd på 1 200 meter som kunde avfyra 125 skott i minuten. Man planerade att använda den i stället för kartescher, men den hölls så hemlig att den inte delades ut till armén förrän några dagar före krigsutbrottet, och enligt Reffye användes den då ”på ett fullständigt idiotiskt sätt”.

De båda arméernas främsta svaghet och styrka låg inte i deras beväpning utan i deras respektive generalstaber. I den franska armén var frånvaron av en effektiv generalstab, som vi har sett, en av de främsta anledningarna till Napoleon I:s slutgiltiga fall. Detta insåg man inte till fullo i Frankrike efter 1815, så när kriget bröt ut 1870 finner vi att andra kejsardömets generalstabsofficerare var föga mer än pratmakare och bokhållare, antingen unga ”snobbar” som saknade kontakt med armén eller gråskägg som var överväldigade av rutinmässiga detaljer. Marskalk Bazaine misstrodde sin generalstab så till den grad att han förbjöd dess officerare att beträda slagfältet och i stället använde sin personliga stab, så som Napoleon hade gjort 60 år tidigare. Och detta trots det faktum att Stoffel den 25 februari hade rapporterat:

> Men av alla de överlägsna faktorer som Preussen i händelse av ett krigsutbrott kommer att vara i besittning av blir den som erhålls genom sammansättningen av dess kår av stabsofficerare den största och mest oförnekliga ... våra kan inte jämföras med den ... Sammansättningen av den preussiska staben kommer i nästa krig att utgöra den mest respektingivande överlägsna faktorn till den preussiska härens fördel.[33]

Sedan den tid då Scharnhorst och Massenbach först organiserade en underrättelsestab och systematiserade stabsplikterna hade den preussiska generalstaben utvecklats så snabbt att dess maktbefogenhet 1866 hade blivit totalt dominerande. Vad gäller ansvarsordningen finner vi 1870 följaktligen att Moltke, generalstabschefen, hade högre rang än överbefälhavaren – kungen. Detta ledde till att allt fler initiativ, i och med att överbefälet blev mindre personligt, överflyttades från överbefälhavaren till de underordnade armé- och armékårscheferna, vilket fick till följd att en enhetlig doktrin blev av fundamental betydelse för att kunna harmonisera de underordnade officerarnas handlingar. Krigskonsten blev kort sagt mekanisk och doktrinär.

Stabsbefälets rutinmässiga karaktär förklaras på följande sätt av general von Verdy du Vernois:[34] Varje morgon hölls under stabschefens ordförandeskap ett stabssammanträde vid vilket situationen diskuterades och beslut fattades. Dessa lades sedan fram för kungen och om han godkände dem skickades de ut till de berörda underordnade befälhavarna.

Detta mekaniska befälssystem hade en viktig brist: det tog föga eller ingen hänsyn till det oväntade och lämnade lokala beslut i händerna på dem som befann sig på platsen, vilket ibland hade en benägenhet att få generalplanen att gå i baklås.

Den preussiska generalstabens krigsplan hade utarbetats redan 1867, och hade sedan dess regelbundet reviderats. Dess karaktär var ytterst offensiv och grundtanken var hur enkel som helst: allmän inriktning: Paris; mål: fienden var den än påträffas. Tre arméer skulle användas:

1:a armén: general von Steinmetz, VII. och VIII. armékåren samt en kavalleridivision (60 000 man).

2:a armén: prins Fredrik Karl, III., IV. och X. armékåren, Gardet och två kavalleridivisioner (131 000).

3:e armén: kronprins Fredrik av Preussen, V. och XI. preussiska armékåren samt I. och II. bayerska armékåren, Württemberg- och Badendivisionerna samt en kavalleridivision (130 000).

Reserven: kungen av Preussen, IX. armékåren och XII. sachsiska armékåren (60 000 man vid Mainz).

Förutom de ovanstående kvarhölls även I., II. och IV. armékåren, en reguljär division och fyra lantvärnsdivisioner för att bevaka danska kusten och österrikiska gränsen.

Moltke räknade korrekt med att fransmännen inte skulle lyckas föra mer än 250 000 man i fält mot hans egna 381 000, och att de på grund av järnvägsförbindelserna skulle tvingas samla sina styrkor omkring Metz och Strasbourg, vilket innebar att de skulle skiljas åt av Vogeserna. Han beslutade sig därför för att samla sina tre arméer bakom mellersta Rhens fästningar. Första armén omkring Wittlich, tredje armén nära Landau och Rastatt samt andra armén mellan Homburg och Neuenkirchen för att fungera som en förenande länk mellan första och tredje armén. Skulle fransmännen sedan försöka sig på ett överrumplingsanfall innan deras egen mobilisering var slutförd, vilket han misstänkte att de skulle göra, räknade han med att han – eftersom deras båda armégrupper skulle vara skilda åt av Vogeserna – skulle befinna sig i ett läge där han kunde förstärka antingen sin center eller sina flanker snabbare än dessa båda grupper skulle kunna sammanföras i antingen Lorraine eller Alsace. Om sin avsikt säger han:

> Men krigsplanen var framför allt grundad på föresatsen att genast angripa fienden, var vi än fann den, och hålla de tyska styrkorna så tätt sammanhållna att en överlägsen styrka alltid skulle kunna föras i fält. Med vilka särskilda medel dessa planer skulle verkställas överlämnades till beslut för stunden; endast frammarschen till fronterna var in i minsta detalj bestämd i förhand.[35]

Mot denna plan stod den franske kejsarens, som kan beskrivas som förvanskat napoleonsk eftersom den, även om den såg bra ut på papper, var i så hög grad spekulativ och riskfylld att den rent av kunde betraktas som självmordsbenägen. Marskalk Lebæuf, krigsministern, hade beräknat – eller snarare gissat – att man på mobiliseringens nionde dag skulle kunna samla 150 000 män i Lorraine och 100 000 i Alsace samt att den sammanlagda siffran snabbt kunde höjas till 300 000. Eftersom kejsaren visste att den preussiska hären skulle överträffa hans med uppskattningsvis 100 000 man, bestämde han sig för ett överrumplingsanfall innan hans egen mobilisering ens var slutförd. Han hade i sitt huvud den fixa idén att ett plötsligt anfall österut skulle tvinga de sydtyska staterna att överge Preussen och få Österrike och möjligen också Italien att komma till hans stöd. Han bestämde sig därför för att samla 150 000 man vid Metz, 100 000 vid Strasbourg och 50 000 vid Châlons-sur-Marne, låta de båda första marschera fram, förena dem, gå över Rhen, tvinga de sydtyska staterna att förhålla sig neutrala, förena sig med Österrike och sedan via Jena tåga mot Berlin, medan hans flotta hotade Elbe och Östersjön.

Denna storslagna plan krävde självfallet de mest noggranna förberedelser och minutiös tidsplanering, men så snart krig hade förklarats härskade ändå fullständigt kaos i den franska armén medan den preussiska mobiliseringen fungerade som ett vältrimmat urverk. Inget hade ordnats: inga läger hade slagits eftersom ingen visste var tälten fanns; inga tidtabeller för järnvägen hade utarbetats; somliga formeringar saknade vapen, vissa transport, andra ambulanser; ammunitions- och proviantförråden visade sig vara tomma och fästningarna saknade förnödenheter. Den 10 augusti, samma dag som greve de Palikao kallades till Paris för att bli krigsminister,[36] erhöll han ett brev från en general vid fronten som upplyste honom om följande:

> I förrådsdepåerna inga kantiner, matkärl eller fältkök; inga fältflaskor för ambulanserna och inga klövjesadlar; kort sagt inga ambulanser för vare sig divisioner eller kårer. Fram till den 7:e var det näst intill omöjligt att erhålla en mulbår för de sårade. Den dagen lämnades tusentals sårade kvar i fiendens händer; inga förberedelser hade gjorts för att föra bort dem ... Om våra soldater under fyra dagar levde på invånarnas välgörenhet, om våra vägar är översållade med eftersläntrare som är döende av svält så är det administrationen som bär skulden ... Den 6:e utfärdades en order om att spränga en bro, men inget krut stod att finna i hela armékåren, vare sig hos ingenjörerna eller hos artilleristerna![37]

Efter hand som förvirringen blev allt värre övergavs tanken på att invadera Sydtyskland och flottan begav sig till Elbe utan trupper. Armékårernas skingrade tillstånd[38] övertygade till sist Napoleon III om att formera dem i två arméer: den första bestod av I. armékåren och en division ur VIII. (35 000 man under befäl av marskalk de Mac-Mahon runt Strasbourg), medan den andra, den så kallade Rhenarmén, utgjordes av II., III., IV. och V. armékåren samt Kejsargardet (128 000 man under kejsarens eget befäl runt Metz). Den VI. kåren, som bestod av 35 000 man under befäl av marskalk Canrobert, skulle ligga i reserv vid Châlons-sur-Marne, medan återstoden av VII. kåren skulle lämnas vid Belfort för att bevaka vägarna ut ur Schwarzwald. När kejsaren den 28 juli övertog överbefälet var inte en enda kår redo att föras i fält.

Den villrådighet som rådde gjorde att strategin genast lämnades i Parismobbens händer. Boulevarderna myllrade av människor som ropade och ställde högljudda krav på att Tyskland genast skulle invaderas. Uppståndelsen tvingade kejsaren att bekänna färg, och i augusti påbörjade han en truppförflyttning mot Saar, som anförtroddes marskalk Bazaine. Förutom

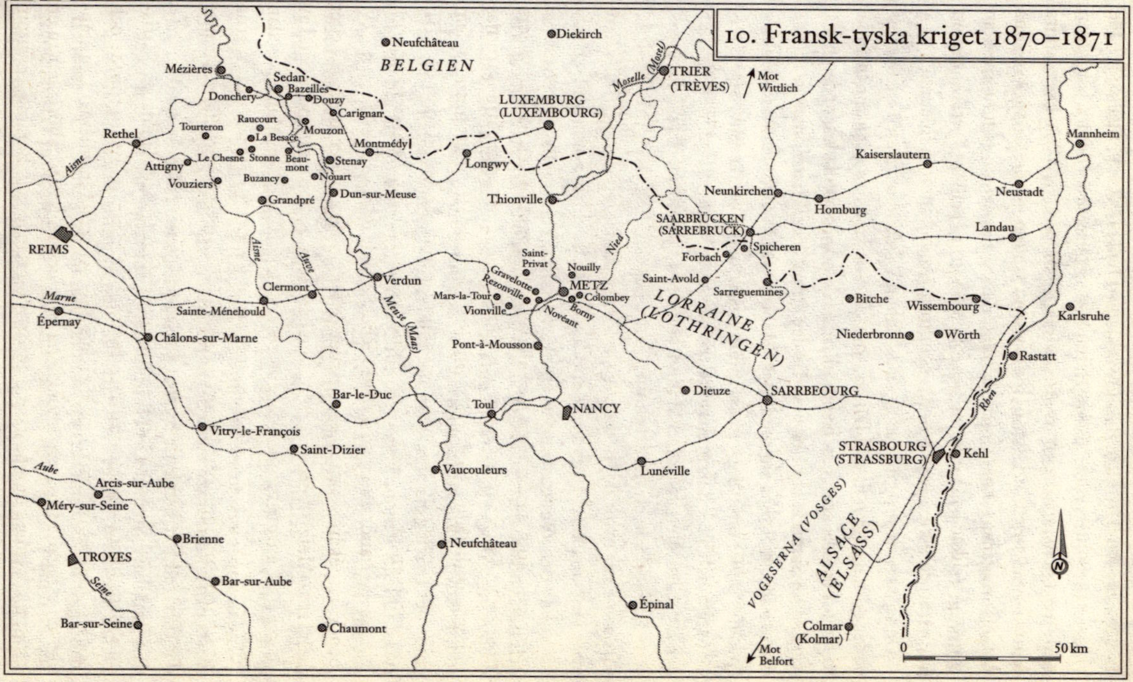
10. Fransk-tyska kriget 1870–1871
BELGIEN
Neufchâteau
Diekirch
Mézières
Sedan
Bazeilles
Donchery
Douzy
Carignan
Raucourt
Tourteron
Mouzon
La Besace
Rethel
Aisne
Le Chesne
Stonne
Beau-mont
Attigny
Stenay
Montmédy
Vouziers
Buzancy
Nouart
Dun-sur-Meuse
Grandpré
LUXEMBURG
(LUXEMBOURG)
Longwy
Thionville
Moselle (Mosel)
TRIER
(TRÈVES)
Mot Wittlich
Mannheim
Kaiserslautern
Neunkirchen
Homburg
Neustadt
SAARBRÜCKEN
(SARREBRUCK)
Spicheren
Landau
Forbach
Saint-Avold
Sarreguemines
Bitche
Wissembourg
Karlsruhe
Niederbronn
Wörth
Rastatt
REIMS
Nied
Saint-Privat
Nouilly
Gravelotte
Rezonville
METZ
Colombey
Mars-la-Tour
Vionville
Borny
Novéant
Verdun
Clermont
Auve
Marne
Épernay
Sainte-Ménehould
Châlons-sur-Marne
Meuse (Maas)
Pont-à-Mousson
LORRAINE
(LOTHRINGEN)
Dieuze
SARRBEOURG
Bar-le-Duc
Toul
NANCY
Vitry-le-François
Saint-Dizier
Rhen
STRASBOURG
(STRASSBURG)
Kehl
Lunéville
Vaucouleurs
Aube
Arcis-sur-Aube
Méry-sur-Seine
VOGESERNA (VOSGES)
ALSACE
(ELSASS)
Brienne
Neufchâteau
TROYES
Bar-sur-Aube
Seine
Épinal
Bar-sur-Seine
Chaumont
Colmar
(Kolmar)
Mot Belfort
0
50 km

sin egen kår, den III., hade Bazaine under sitt befäl II. och V. kåren. Han lät V. kåren (de Failly) rycka fram och när den vid Saarbrücken den 2 augusti stötte på ett detachement av preussiska första arméns VIII. kår, ryckte den sistnämnda tillbaka. Moltke gav därpå Steinmetz anvisningar om att låta sin armé marschera upp i riktning mot andra armén och beordrade samtidigt tredje armén att överskrida gränsen och hindra fransmännen från att förflytta trupper från Alsace till Lorraine.

Den 3 augusti intog marskalk Mac-Mahon Wissembourg med en division under befäl av general Abel Douay, som var omedveten om den annalkande tredje preussiska armén och som följande dag överrumplades medan hans styrkor fortfarande låg i bivack. Douay stupade och hans division ryckte tillbaka för att förena sig med Mac-Mahon nära Wörth, där Mac-Mahon lyckades samla omkring 32 000 infanterister och 4 500 kavallerister. Den 5 augusti nalkades den preussiska tredje armén med 72 000 infanterister och 4 500 kavallerister. Mac-Mahon, som var vagt informerad om fiendens styrka, planerade en framryckning den 7 augusti, och kronprins Fredrik, vars armé var utspridd, beslutade sig för att skjuta upp sitt anfall tills han hade låtit sina kårer marschera upp. Detta skulle aldrig komma till stånd, för tidigt den 6 augusti ägde en skärmytsling rum mellan förposterna och påskyndade därmed slaget vid Wörth, som blev krigets första större drabbning. Trots att de tyska anfallen var osammanhängande lyckades fransmännen, efter att ha uppvisat sin sedvanliga tapperhet, ändå inte stå emot det överlägsna antal som de ställdes inför utan tvingades i all hast rycka tillbaka genom Vogeserna till Neufchâteau, som de nådde den 14 augusti. Därifrån skickades Mac-Mahons grupp med järnväg till Châlons-sur-Marne, dit den ankom den 19 augusti. I detta oförutsedda slag förlorade vardera sidan mellan 10 000 och 11 000 i stupade och sårade, och tredje armén var så oförberedd på strid att det inte blev någon förföljelse.

Innan slaget vid Wörth utkämpades hade Moltke haft för avsikt att låta första och andra armén marschera upp bakom Saar den 6 augusti och vänta där tills tredje armén hade tryggat passagerna genom Vogeserna. Men när den impulsive Steinmetz fick kännedeom om striderna vid Saarbrücken ryckte han fram, vilket även tätförbanden av prins Fredrik Karls andra armé gjorde. Saarbrücken var vid den tidpunkten besatt av Frossards II. kår, men när Frossard fick vetskap om Douays katastrof vid Wissembourg ansåg han att hans ställning var alldeles för utsatt och ryckte därför den

5 augusti tillbaka till höjderna vid Spichern–Forbach, några kilometer åt sydväst. Tidigt den 6 augusti besköts andra arméns framskjutna kavalleri av Frossards förposter, och strax efteråt anslöt sig von Kamekes 14. division. Eftersom Kameke var övertygad om att han skulle erhålla understöd och trodde att han bara stod inför en eftertrupp väntade han inte på order utan skickade fram en enda brigad för att storma Rotherberg i centern av Frossards ställning. Och återigen, liksom vid Wörth, inleddes slaget innan preussarna var redo. Inte desto mindre lyckades Kameke, efter hand som ytterligare truppstyrkor anlände till slagfältet, fortsätta stormningen av Rotherberg, och Frossard, som trodde att hans styrkor var underlägsna i antal – vilket de inte var – beordrade reträtt. Inte heller denna gång blev det till någon förföljelse, eftersom det preussiska kavalleriet låg långt efter. Spichern–Forbach kostade fransmännen nästan 4 000 i stupade och sårade och preussarna omkring 5 000.

Dessa båda katastrofer, Spichern–Frobach och Wörth, fick det franska kejserliga högkvarteret vid Metz att gripas av panik, och man utfärdade en order om att rycka tillbaka mot Chalôns-sur-Marne. När detta blev känt i Paris, förklarade regeringen, under kejsarinnan Eugénies regentskap, att huvudstaden skulle revoltera om armén retirerade. Följaktligen ändrades planen den 9 augusti och samtliga trupper öster om Metz beordrades göra halt, eftersom Metz skulle hållas till varje pris. Detta ledde till en uppdelning av styrkorna, för medan Bazaine gjorde halt var Mac-Mahon i full färd med en tillbakaryckning.

Samma dag föll Olliviierministären och kejsarpartiet, lett av kejsarinnan, överlämnade regeringsmakten till de Palikao, den general som vid krigsutbrottet hade fört befäl över IV. armékåren vid Lyon. Följande dag, den 10 augusti, övertog han ledningen för kriget, och strategin blev i fortsättningen ett politiskt redskap. Hans ”apologi”, som publicerades 1871,[39] är belysande eftersom den visar en svagt ledd demokratisk församlings oförmåga att föra krig. Han låter oss till exempel veta att man varje morgon klockan åtta höll ett ministerråd under vilket man förde oändliga diskussioner. Den 9 augusti enades man om att uppbåda 500 000 soldater på åtta dagar, och den 10 augusti uttrycktes farhågor om att dessa, om de beväpnades, skulle kunna visa sig vara betydligt farligare än preussarna. Den 11 augusti antogs en resolution om att man skulle offra sista écu och siste man, men den 18 och 23 augusti skrek monsieur Jules Favre fortfarande: ”Det är vapen vi behöver!" Varpå vänstern skrek: "Vapen! Vapen!" eftersom deras enda mål var att störta regeringen.[40] Sådant var det politiska instrument som ledde krigsoperationerna.

Den 12 augusti överlämnade kejsaren överbefälet till marskalk Bazaine, även om han själv förblev kvar i armén. Denna förändring skedde i ett avgörande ögonblick eftersom Steinmetz första armé, på preussarnas högra flygel, den 13 augusti nådde fram till floden Nied, öster om Metz. Fredrik Karls andra armé säkrade ett brohuvud över Moselle (Mosel) vid Pont-à-Mousson, och det framskjutna gardet av kronprins Fredriks tredje armé närmade sig Nancy och Lunéville. Alla tre arméerna höll på att stråla samman mot Bazaine från öster och söder, och även om denne på intet sätt var fullt medveten om detta bestämde han sig, när han fick veta att Metz var dåligt försörjt, för att överge Mosellinjen och rycka tillbaka till Meuse (Maas) i trakten kring Verdun.

För att underlätta återtåget beordrade han att broar skulle slås över Mosel, men olyckligtvis fick ett kraftigt regn floden att svämma över och flera av broarna sveptes bort, vilket ledde till att större delen av hans armé den 14 augusti fortfarande befann sig öster om Metz. Där anfölls den vid Colombey och Borny av Steinmetz VII. kår, men lyckades i skydd av natten gå över Mosel och gå i ställning på ömse sidor om vägen Metz–Verdun med fronten mot sydväst. Detta innebar att man, om man inte lyckades besegra preussarna, skulle tvingas överge återtåget mot Verdun, och att den enda reträttlinje som låg öppen skulle vara den via vägen Metz–Briey–Montmédy, som antingen ledde till Rethel eller Sedan. I själva verket var Bazaine, även om han vid den här tidpunkten fortfarande var omedveten om det, redan mer än till hälften inträngd i ett hörn: han kunde inte fortsätta sitt återtåg utan strid och att försöka rycka tillbaka via vägen Metz–Montmédy, som skulle innebära en flankmarsch framför en segerrik fiende, var minst sagt en högst riskabel manöver.

Under tiden som Bazaine ställde upp sin armé, gick 5. kavalleridivisionen av Fredrik Karls andra armé över Mosel vid Pont-à-Mousson och stötte den 15 augusti på franskt kavalleri nära Vionville och Rezonville. Vid mörkrets inbrott hade även X. kåren gått över Mosel vid Pont-à-Mousson och III. kåren vid Novéant. Följande dag klockan 09.00 påskyndade ett våldsamt anfall av von Alvenslebens III. kår slaget vid Vionville, även känt som Mars-la-Tour. Det blev en desperat utkämpad drabbning under

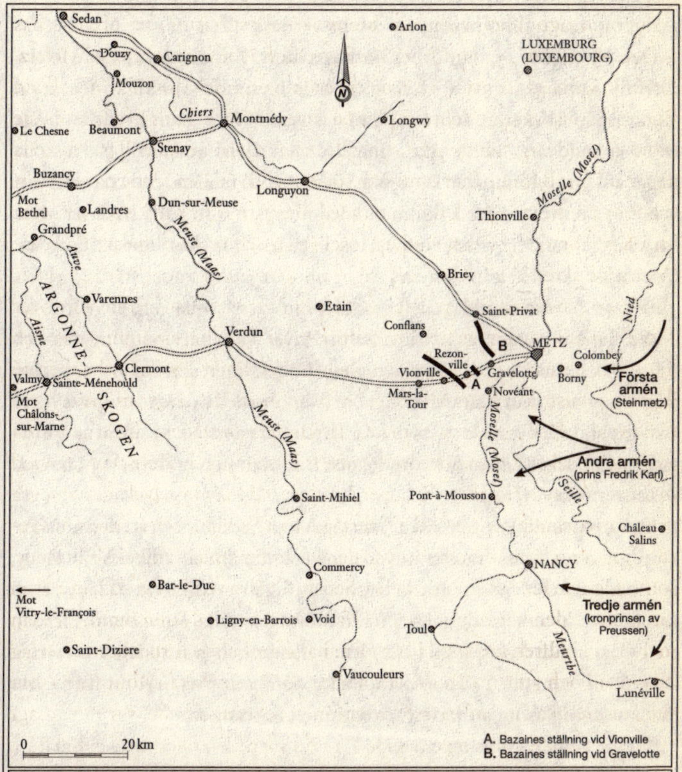

11. Slagen vid Vionville och Gravelotte 1870

vilken preussarna understundom var hårt ansatta. Även om slaget slutade oavgjort blev det strategiskt avgörande för Moltke, eftersom det tvingade Bazaine att överge alla vidare tankar på att rycka tillbaka till Meuse. Denne beordrade i stället sin armé att rycka tillbaka mot en stark ställning mellan Saint-Privat och Gravelotte, nordväst respektive väst om Metz. Förlusterna i slaget uppgick till omkring 16 000 på vardera sidan.

Den 17 augusti genomfördes Bazaines återtåg utan störningar. Moltke var fullt upptagen med att föra fram hela första och andra armén, med undantag av IV. kåren, som var på väg i riktning mot Toulons för att bilda en förenande länk med tredje armén. Dagen därpå utkämpades det stora slaget vid Gravelotte, även känt som Saint-Privat, mellan 200 000 preussare och 140 000 fransmän. Liksom vid Valmy 1792 stod båda härarna inför sina stödjepunkter, vilket innebar en katastrof för den som besegrades. Övertaget böljade från den ena sidan till den andra under hårda strider, men sent på eftermiddagen lyckades preussarna rulla upp den franska högra flanken genom att storma Saint-Privat, och Bazaine tvingades dra sig tillbaka innanför Metz befästningar. Följaktligen skar han av sin armé från Paris och från Mac-Mahon, som Napoleon III den 16 augusti hade anslutit sig till. Gravelotte blev krigets blodigaste slag: preussarna förlorade över 20 000 i döda och sårade, och fransmännen omkring 13 000 och dessutom 5 000 fångar.

Den ursprungliga preussiska fälttågsplanen hade inte givit utrymme för möjligheten att den franska huvudarmén skulle dra sig tillbaka till Metz, och hade därför endast låtit belägra fästningen med ett antal lantvärnsdivisioner. Eftersom detta oväntade återtåg krävde att man formerade en belägringsarmé ställdes hela första armén och huvuddelen av andra armén, allt som allt 150 000 man, under befäl av prins Fredrik Karl, som fick anvisningar om att innesluta Bazaine i fästningen.

Tredje armén, som nu räknade 85 000 man, kvarstod under befäl av kronprins Fredrik av Preussen, medan man av Gardet, IV. och XII. (sachsiska) armékåren, som bestod av 138 000 man, formerade den så kallade Maasarmén under befäl av kronprinsen av Sachsen. Den 20 augusti ryckte den senare på bred front fram mellan Briey och Commercy i riktning mot Verdun, medan tredje arméns förtrupper gick över Meuse vid Void och trängde fram i riktning mot Ligny-en-Barrois och Bar-le-Duc. Båda tågade mot Paris för att tvinga fransmännen att leverera batalj öster om sin huvudstad. Den 23 augusti nådde Maasarmén fram till Meuses högra strand i närheten av Verdun, men misslyckades med att inta fästningen genom överrumpling och lät därför sitt framskjutna kavalleri tränga vidare till Clermont och Sainte-Ménehould.

Under tiden fick marskalk de Mac-Mahon vid Châlons-sur-Marne order om att formera en ny armé, som skulle komma att kallas Châlonsarmén, vilket han den 18–20 augusti också gjorde. Det var en heterogen styrka bestående av I. armékåren (Ducrot) 32 000 man, V. (de Failly) 22 000, VII. (Félix Douay) 22 000, XII. (Lebrun) 41 000 samt två kavalleridivisioner. Förutom dessa fanns det några nyformerade infanteridivisioner, en marinkår, flyktingar från Wörth och trupper ur det parisiska mobilgardet, som vid den tidpunkten befann sig i ett tillstånd av myteri. Allt som allt utgjordes denna armé av 166 bataljoner, 100 skvadroner och 380 artilleripjäser och uppgick till sammanlagt 130 000 man. Många av dess förband var så otränade att general Lebrun upplyser oss om att han delade ut fem skott till var och en av sina män för att göra det möjligt för officerarna och underofficerarna att visa dem hur de skulle ladda sina gevär och sikta.[41]

Vid Châlons-sur-Marne bestämde sig Mac-Mahon för att rycka tillbaka mot Paris, och fick i detta stöd av general Trochu, som den 16 augusti hade ankommit för att överta befälet för XIII. kåren, som då höll på att formeras. Den 10 augusti hade Trochu skrivit till en av kejsarens förtrogna och sagt att Bazaines armé borde rycka tillbaka mot Paris, och även om kejsaren instämde hade de Palikao återkallat truppförflyttningen.[42] Den 17 augusti, samma dag som Napoleon III ankom från Metz, hölls en överläggning vid vilken det beslutades att kejsaren, eftersom han hade överlämnat överbefälet till Bazaine, borde återvända till Paris och gripa sig an regeringen. Han gick med på att göra det och utnämnde Trochu till guvernör av Paris. Därefter beordrade han denne att återvända till huvudstaden och tillkännage hans ankomst, medan Mac-Mahon ryckte tillbaka mot Paris. Trochu inledde sedan återfärden.[43]

Han ankom till Paris på kvällen den 18 augusti och mottogs genast av kejsarinnan, som när hon fick veta meningen med hans uppdrag utbrast: "General, endast kejsarens fiender kan ha givit honom rådet att återvända till Paris; han kommer inte att kunna ta sig in i Tuilerierna med livet i behåll ... Nej, general, kejsaren får inte bege sig till Paris, han måste stanna i Châlons ... och ni ska försvara Paris; ni måste uppfylla ert uppdrag utan kejsaren."[44]

Efter viss tvekan instämde Trochu. Han inställde sig hos de Palikao, men blev illa bemött. Han informerades om att hans strategiska idéer var befängda och att de Palikao under inga omständigheter skulle gå med på att låta Mac-Mahon retirera mot Paris.[45] Trochu skulle i fortsättningen komma att stöta på alla tänkbara hinder.

Medan Trochu utförde sitt uppdrag förberedde Mac-Mahon reträtten och ryckte den 21 augusti tillbaka till Reims, medan hans män lämnade leden och retade upp landsbygdsbefolkningen. Armén stannade den 22 augusti kvar i Reims, och under uppehållet ankom monsieur Rouher, senatens ordförande och de Palikaos sändebud, till det kejserliga högkvarteret för att övertala Napoleon III att inte återvända till Paris. Han uppmanade honom att ge Mac-Mahon order om att tåga mot Metz. När Mac-Mahon fick kännedom om detta telegraferade han till Paris: ”Hur ska jag kunna tåga i riktning mot Bazaine när jag svävar i fullständig ovisshet om hans belägenhet, och när jag inte vet något om hans avsikter?”[46]

Olyckligtvis hann detta meddelande inte mer än avsändas förrän två telegram anlände. Det ena var från Bazaine, som sade att han räknade med att dra sig tillbaka i nordlig riktning, medan det andra, som kom från den tillförordnade regeringen, var adresserat till kejsaren och lydde: ”Enhälligt beslut, mer angeläget än någonsin … Att inte understödja Bazaine kommer att få de mest bedrövliga följder i Paris. Inför en dylik katastrof är det tvivelaktigt om huvudstaden kommer att kunna försvaras.” På detta svarade kejsaren: ”Vi beger vi oss till Montmédy i morgon.”[47] Den 23 augusti tågade armén därför till Bétheniville, medan dess män genomsökte landsbygden efter proviant, och den 24 augusti till Rethel, där den blev kvar under den 25 augusti. Den 26 augusti marscherade Mac-Mahon fram till Tourteron och dagen därpå till Chesne-Populeux, där han blev upplyst om att kronprinsen av Sachsen hade tagit sig över Vogeserna, ryckt fram mot Nancy och sedan vänt sig mot nordväst. Mac-Mahon beordrade följande truppförflyttningar för den 28 augusti: XII. kåren mot La Besace, V. kåren mot Nouart eller Buzancy, VII. kåren mot Stonne samt I. kåren mot Raucourt.

Under tiden som Mac-Mahon gjorde en vid omväg österut för att kunna slinka förbi fiendens högra flank och förena sig med Bazaine, ryckte Maasarmén och tredje armén fram västerut med order om att nå fram till linjen Vitry–Sainte-Ménehould den 26 augusti. Det preussiska kavalleriet genomsökte landsbygden framför dem och trädde den 24 augusti in i

Châlons-sur-Marne, bara för att upptäcka att staden hade utrymts. Man hittade brev som tydde på att Mac-Mahon var på väg för att undsätta Metz, och att han befann sig i Reims med 150 000 man. Den här nyheten överraskade Moltke, eftersom han inte kunde tro att fienden skulle begå ett så flagrant misstag som att lämna Paris oskyddat och marschera tvärs över en fientlig front med sin vänstra flank nära belgiska gränsen. Men dagen därpå bekräftades uppgifterna genom ett telegram från London, liksom av Paristidningarna – i synnerhet *Le Temps*, som inte hemlighöll något[48] – och den 26 augusti utfärdades order till båda arméerna om att vända norrut. Samma dag flyttades det preussiska högkvarteret från Bar-le-Duc till Clermont, och den 17 augusti beordrades den främsta kåren, den XII. (sachsiska) av Maasarmén, att tåga mot Stenay men att inta en icke-offensiv attityd tills tredje armén ankom. Två dagar senare tillfångatogs en fransk stabsofficer medan han var på väg med order från Mac-Mahon till två av dennes kårer. Dessa försåg det preussiska högkvarteret ”med en fullständig bekräftelse på att den franska arméns truppförflyttningar överensstämde med dem som man hade förmodat.”[49] Tredje arméns fyra kårer hade nu slutit upp och 5. kavalleridivisionen blev framskjuten till Attigny, tvärs över fiendens kommunikationslinjer, medan 6. kavalleridivisionen följde fransmännen i hälarna. Det kungliga högkvarteret flyttades till Grandpré och man fattade beslut om att anfalla fransmännen följande dag innan de hann överkorsa Meuse.[50] Maasarmén beordrades mot Beaumont och tredje armén till området mellan Beaumont och Le Chesne.

När Mac-Mahon fick veta att Bazaine inte hade avtågat från Metz och att två fiendearméer var på väg i riktning mot hans förbindelselinjer, övergav han framryckningen och beordrade sin armé att rycka tillbaka till Mézières. Den 28 augusti mottog han ännu en brådskande depesch från Paris, som uppmanade honom att återuppta marschen mot Montmédy. Vid det här laget hade hans män blivit fullständigt demoraliserade av alla dessa order och kontraorder. Den 30 augusti, då kontakt upprättades med fienden, överrumplades de Faillys V. kår vid Beaumont av den preussiska IV. kåren medan männen mottog sina matransoner och gav artillerihästarna vatten.[51] Överrumplingen kostade Mac-Mahon omkring 5 000 man och 42 artilleripjäser. Han kom fram till att han inte längre förmådde fortsätta framåt, så mellan klockan 20.00 och 21.00 beordrade han Lebrun att med XII. kåren tåga till Sedan. Han sade till honom: ”Det här har varit en olycksalig dag ... men situationen är ändå inte helt hopplös. Den tyska armén som står inför oss räknar som mest sextio- till sjuttiotusen man. Om vi blir anfallna, desto bättre, eftersom jag räknar med att kunna driva ut dem i Meuse."[52] Denna feluppskattning av fiendens styrka skulle leda till hans undergång.

Samma natt utfärdade Moltke följande order:

> Frammarschen ska ... återupptas i morgon så tidigt som möjligt, och fienden ska utsättas för häftiga anfall var den än befinner sig på denna sida [den västra] om Maas; den ska trängas in i smalast möjliga område mellan floden och belgiska gränsen.
>
> Hans kungliga höghet kronprinsens av Sachsen armédetachement har det särskilda uppdraget att förhindra att fiendens vänstra flygel undkommer österut. För detta ändamål är det tillrådligt att, om möjligt, två kårer tränger fram på Maas högra strand för att i flank och rygg anfalla varje fiende som är posterad mitt emot Mouzon.
>
> På samma sätt ska tredje armén ta sig an fiendens front och flank. Så starka artilleriställningar som möjligt ska överföras till denna strand för att störa fiendekolonnernas marsch och bivackering i dalslätten på högra stranden från Mouzon och vidare nedåt.
>
> Om fienden skulle förflytta sig in på belgiskt territorium utan att genast avväpnas måste denne förföljas utan omsvep.[53]

Under tiden hade i Algeriet ödet lagt sin hand på den man som skulle komma att besegla Frankrikes undergång.

Klockan 20.35 den 22 augusti erhöll general de Wimpffen, som förde befälet över styrkorna i Oran, ett telegram från de Palikao, som beordrade honom att genast bege sig till Paris. Han avreste med båt den 24 augusti, debarkerade i Marseille den 27 augusti och ankom klockan 20.00 följande dag till huvudstaden. Men de Palikao var upptagen fram till midnatt och träffade honom därför inte förrän klockan 13.00 följande dag, då han informerades om att Bazaine utförde ett frontanfall mot prins Fredrik Karl medan Mac-Mahon hade anfallit honom i ryggen![54] Greve de Palikao ville att de Wimpffen skulle ersätta general Trochu, eftersom denne "i alltför hög grad försöker framhäva sin personlighet".[55] Men de Wimpffen vägrade och utsågs därför till att efterträda de Failly som befälhavare för V. kåren. Han erhöll sedan en rulle kartor över fel trakt, och just som han på morgonen den 29 augusti skulle stiga in i sin järnvägsvagn för att bege sig till fronten kom en budbärare framrusande och tryckte i hans hand ett brev undertecknat av Palikao med följande lydelse:

> För den händelse att marskalk Mac-Mahon skulle bli försatt ur stridbart skick ska ni överta befälet över de trupper som för tillfället är placerade under hans befäl. Jag kommer att sända er ett officiellt brev som förordnar detta, vilket ni ska göra bruk av om omständigheterna så kräver.[56]

General de Wimpffen ankom till Reims vid middagstid. Vid Rethel begav han sig, eftersom linjen var osäker, klockan 19.00 med häst och vagn till Mézières, dit han ankom klockan 08.00 den 30 augusti. Från Mézières tog han tåget till Bezeilles, där det rådde fullständigt kaos. Klockan 21.00 fick han höra att Mac-Mahon höll på att rycka tillbaka mot Sedan. Klockan 01.00 den 31 augusti ankom han till Sedan och fann staden avspärrad. Klockan 09.00 inställde han sig hos Mac-Mahon, som gav honom ett kyligt mottagande. Det följde ett stormigt uppträde med de Failly, som inte hade hört något om att han blivit fråntagen sin kommendering. Befälet över hans kår övertogs av de Wimpffen, som dock inte nämnde det ytterst viktiga brevet.

Medan de båda preussiska arméerna trängde vidare i enlighet med de anvisningar som redan citerats släntrade Châlonsarmén in i Sedan. Napoleon III hade ankommit dit kvällen innan och hade, utan att rådgöra med Mac-Mahon, lyckligtvis dragit tillbaka ordern om att den nyformerade XIII. Kåren skulle rycka fram från Mézières till Sedan. När Mac-Mahons kår tågade in i fästningen beordrades XII. kåren (Lebrun) att hålla Bazeilles och höjderna mitt emot La Moncelle och Daigny, medan I. kåren (Ducrot) skulle gå i ställning på dess vänstra flank med front mot Givonne och VII. kåren (Félix Douay) skulle besätta Illy. V. Kåren (de Failly) skulle hållas i reserv.

Sedan hade ont om proviant. Det fanns inte mer än 200 000 ransoner i lager och en trosskolonn som var på väg in med ytterligare 800 000 ransoner utsattes för granateld och beordrades därför tillbaka till Mézières innan de kunde lastas av.[57] Sanningen verkar av allt att döma vara den att det endast var Mac-Mahon som hade tänkt sig att armén skulle bli kvar i Sedan. Staden var nämligen, som Lebrun säger, ett rent ”bombnäste”. Verdy du Vernois ger följande beskrivning:

Själva staden låg inför oss som på en bricka, så att vi till och med kunde se ut över dess gator. Flera mycket stora byggnader och kyrkor fick den att se riktigt betydelsefull ut, medan de tydligt avgränsade fästningslinjerna runt den omgav det hela som en ram. Från slätten bakom staden reste sig gradvis en rad höjder, på vars sluttningar man kunde se ett stort franskt läger, i vilket det rådde stor uppståndelse; på krönet, som till vänster sänkte sig ner mot slätten, låg en skog. Konturerna av de fjärran kullarna bortom den utgjorde en del av grannstaten.[58]

På morgonen den 31 augusti gick bayerska soldater ur tredje armén, uppfyllda av den offensiva andan, över Meuse, såväl via en pontonbro som en järnvägsbro söder om Bazeilles, men drevs tillbaka av Lebruns XII. kår. Den senare av de båda broarna hade inte sprängts, tydligen därför att Mac-Mahon hade avsett att använda den för sin föreslagna framryckning mot Metz. När han klockan 17.00 äntligen beordrade Lebrun att förstöra den, visade sig krutet vara fuktigt och innan man hann få fram mer krut från Sedan hade bron återerövrats av fienden.[59] I stort sett samma sak hände med broarna vid Douzy och Donchery. Order utfärdades om att den förra skulle förstöras, men ingen verkställde dem, och en ingenjörstrupp skickades ut från Sedan för att förstöra den senare, men under tiden som de höll på att undersöka den ångade tåget som fört dem dit iväg till Mézières med alla redskapen och allt krutet![60] Överallt rådde förvirring. När general Douay gav sig i kast med att förskansa sin ställning hindrades han av Mac-Mahon, som sade: ”Vafalls, förskansning! Men jag har inte minsta avsikt att stänga in mig som i Metz, jag tänker utföra en manöver.” På vilket Douay svarade: ”Kommer de att ge er tid att göra det?”[61] Mac-Mahon red därefter iväg och ägnade flera timmar åt inspektioner och rutinärenden.

Inte att undra på att Ducrot var förtvivlad den kvällen. Han vände sig till dr Sarazin och utbrast: ”Vi sitter på pottkanten och nu kommer pottan att tömmas.”[62] Klockan 20.00 frågade general Douay general Doutrelaine: ”Nå, vad anser ni om läget?” På vilket Doutrelaine svarade: ”Jag tror, general, att vi är förlorade.” Douay var tyst en stund, varpå han replikerade: ”Det är även min uppfattning … det enda som återstår, min bäste Doutrelaine, är att göra vårt bästa innan vi blir övermannade.”[63]

Den natten skrev Paul Déroulède, en menig soldat ur 3. zuavregementet, en kortfattad blyertsbiljett till sin mor: ”Sedan den 31 augusti 1870. Ett

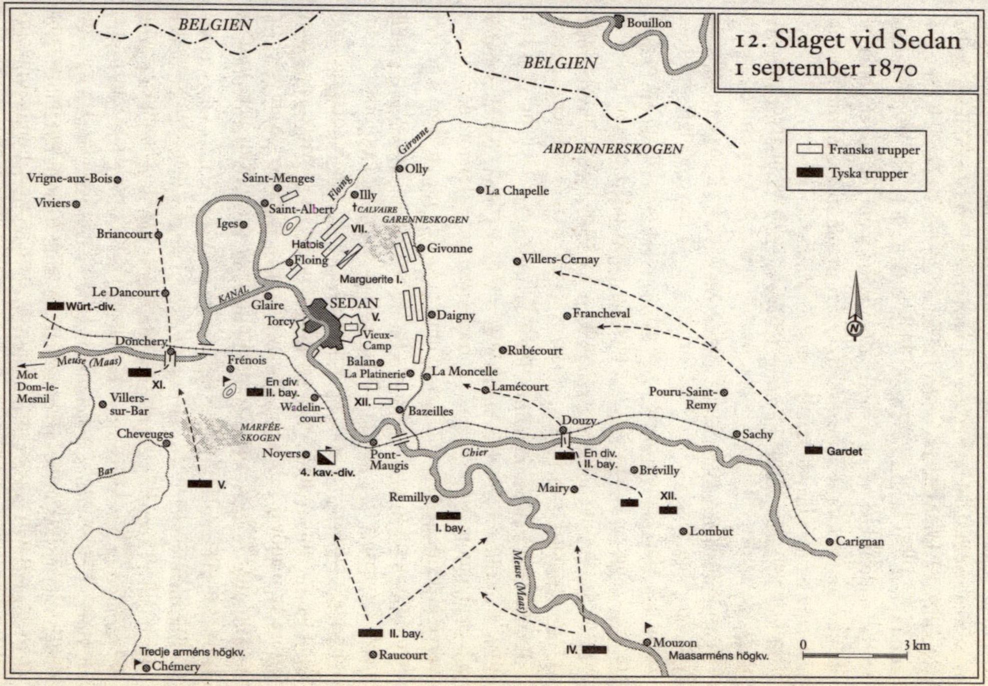
12. Slaget vid Sedan
1 september 1870
Franska trupper
Tyska trupper
BELGIEN
BELGIEN
Bouillon
ARDENNERSKOGEN
Vrigne-aux-Bois
Viviers
Briancourt
Le Dancourt
Würt.-div.
Donchery
Meuse (Maas)
Mot Dom-le-Mesnil
XI.
Villers-sur-Bar
Cheveuges
Bar
V.
Tredje arméns högkv.
Chémery
Saint-Menges
Saint-Albert
Iges
Floing
Illy
CALVAIRE
GARENNESKOGEN
VII.
Hatois
Floing
Marguerite I.
KANAL
Glaire
Torcy
SEDAN
V.
Vieux-Camp
Frénois
En div. II. bay.
Wadelincourt
MARFÉE-SKOGEN
Noyers
4. kav.-div.
Olly
Givonne
La Chapelle
Givonne
Villers-Cernay
Daigny
Balan
La Platinerie
La Moncelle
XII.
Bazeilles
Pont-Maugis
Remilly
I. bay.
II. bay.
Raucourt
Francheval
Rubécourt
Lamécourt
Douzy
Chier
En div. II. bay.
Mairy
Brévilly
XII.
Pouru-Saint-Remy
Sachy
Gardet
Lombut
Carignan
Meuse (Maas)
IV.
Mouzon
Maasarméns högkv.
0
3 km

slag kommer att utkämpas i morgon. Kvällen för Jena, eller kvällen för Waterloo, vilket? Endast Gud vet. Jag kysser och älskar er, Paul."[64]

Moltke kunde aldrig ana att Mac-Mahon hade för avsikt att leverera batalj i en så ofördelaktig belägenhet utan trodde att han antingen skulle rycka tillbaka mot Mézières under natten, rycka fram mot Carignan eller retirera över den belgiska gränsen. Ändå utfärdade han inga order utan överlämnade åt sina två arméchefer att fortsätta framryckningen enligt de riktlinjer som stakats ut i hans direktiv av den 30 augusti. Kronprins Fredrik beslutade sig för följande arrangemang för sin tredje armé:

XI. och V. kåren skulle i gryningen bege sig mot Vrigne-aux-Bois via Donchery.

Württembergdivisionen skulle gå över Meuse vid Dom-le-Mesnil och lägga sig i reserv.

II. bayerska kåren skulle låta ena divisionen rycka fram söder om Douzy och den andra till området mellan Frénois och Wadelincourt.

IV. bayerska kåren skulle stanna kvar i Remilly och samverka med Maasarméns vänstra flygel.

Kronprinsens av Sachsen order för Maasarmén var:

En division ur Gardet skulle tåga mot Villers-Cernay och den andra mot Francheval.

XII. kåren skulle tåga mot le Moncelle via Lamécourt.

IV. kåren skulle sända ena divisionen till Remilly för att samverka med I. bayerska kåren, och den andra skulle ligga i reserv vid Mairy.[65]

Châlonsarmén hade vid det här laget helt och hållet besatt triangeln mellan floderna Meuse, Floing och Givonne. Den XII. kåren (högra flygeln) höll Balan, Bazeilles, le Moncelle och la Platinerie, VII. kåren (vänstra flygeln) sträckte sig från Floing till Illy, medan I. kåren (centern) förenade de båda flyglarna och V. Kåren låg i reserv vid Vieux-Camp. Olyckligtvis för fransmännen hade XII. kårens förposter, i strid mot sina order, under natten den 31 augusti ryckt tillbaka från Meuse och Bazeilles. Det gjorde det möjligt för general von der Tann, befälhavaren för I. bayerska kåren, att klockan 04.00 den 1 september i skydd av den täta dimman gå över floden via järnvägsbron och tränga fram så långt som till Bazeilles.[66] Där gick fransmännen tappert till motangrepp och hans bayrare drevs tillbaka. Under tiden ryckte sachsarna fram mot le Moncelle, men bara för att hejdas av skärmytslingar med de franska förposterna, och klockan 08.00

tystades fransmännens batterier av det sachsiska artilleriet, som vid det laget blivit förstärkt.

Under tiden som den här striden utkämpades besökte marskalk de MacMahon XII. kåren, men blev omkring klockan 07.00[67] så allvarligt sårad av granatsplitter att han tvingades avsäga sig befälet och utsåg general Ducrot i sitt ställe. Ducrot fick kännedom om detta omkring 08.00 och eftersom han inte kände till något om Mac-Mahons plan och inte heller hade fått några order av denne vidtog han genast åtgärder. Han hade från första början varit emot att leverera batalj i en så ofördelaktig position, och när han nåddes av nyheten om sin tillförordnade kommendering höll han som bäst på att iaktta starka fiendekolonner som var på väg mot nordväst för att rulla upp vänstra flanken av hans kår. Han vände sig till sin stab och förklarade: "Mina herrar, jag har erhållit överbefälet. Vi har inte ett ögonblick att förlora. Vi måste genast dra oss tillbaka till Illyplatån. När vi väl befinner oss där kommer vår reträtt att vara tryggad, och vi kan då bestämma oss för vad vi ska göra."[68] Stabschefen föreslog att Napoleon III först borde informeras om denna förändring, vilket fick Ducrot att vända sig mot honom och skrika: "Kejsaren kan göra vad t–n han vill, det är han som har försatt oss i den här soppan."[69]

Han sände genast order till sin egen (I.) och Lebruns kår (XII.) om att dra sig ur striden och rycka tillbaka mot Illy, som en förberedelse inför reträtten mot Mézières. Lebrun kom till en början med invändningar, men inledde sedan klockan 09.00 utrymningen av Bazeilles. Klockan 10.00 lättade de bayerska truppernas framryckning och före klockan 11.00 befann sig byn i deras händer.

Nu ägde en händelse rum som är sällsynt i historien. Châlonsarmén, som inom tre timmar efter slagets början redan hade haft två överbefälhavare, skulle nu få en tredje – general de Wimpffen, som då förde befälet över V. kåren vid Vieux-Camp. Klockan 07.15 hade han hört att marskalk de MacMahon blivit sårad[70] och en dryg timme senare hade han fått veta att Ducrot hade övertagit befälet;[71] ändå gjorde han inget bruk av de Palikaos brev. Klockan 08.30 besökte han general Lebrun, och eftersom han trodde att tillbakakastandet av bayrarna innebar en fransk seger blev han ursinnig över att strax efteråt få vetskap om att Ducrot hade beordrat en reträtt. Han tog fram brevet med befälsfullmakten och förklarade sig vara överbefälhavare, vände sig till Lebrun och utbrast: "Avbryt genast den truppförflyttning som general Ducrot har beordrat er att verkställa … Jag vill inte ha en reträtt mot Mézières. Om armén ska retirera bör det bli mot Carignan och inte mot Mézières."[72] Han skrev sedan ett hastigt meddelande till Ducrot och informerade denne om att han var avlöst.[73]

När Ducrot mottog detta meddelande galopperade han till de Wimpffens kår och upptäckte under samtalet som följde att de Wimpffens okunnighet om slagfältet var så stor att han inte visste var Illy låg.[74] Men de Wimpffen gav en kontraorder om reträtten och träffade klockan 10.30 Napoleon III, som blev mycket upprörd över upplysningen om att den inställts. "Ers majestät behöver inte hysa någon fruktan", sade de Wimpffen. "Inom två timmar kommer vi att ha drivit ut fienden i Meuse."[75]

Kronprinsen av Sachsen befann sig i strid vid Givonne. Klockan 07.30 red kung Vilhelm I och hans stab bort till den lilla höjden sydväst om Frénois för att se framryckningen av tredje armén, som klockan 03.00 hade lämnat sina bivacker. Den XI. kåren hade gått över Meuse vid Donchery och marscherade nu i riktning mot kanonaden. Vägen var i gott skick och eftersom förtrupperna inte mötte något motstånd passerade man genom Saint-Albert-passet och intog Saint-Menges. Klockan 10.00 började sju av dess bataljoner att ställa upp sig i frontställning mot Illy, och de fick snart eldunderstöd av 62 artilleripjäser på Hattoyhöjden. Eldgivningen var så förödande att general Marguerite beordrade general Galliffet att anfalla det fientliga infanteri som just då närmade sig Illy. Detta gjorde han med stor tapperhet, men han drevs tillbaka med stora förluster.

När general de Wimpffen fick en rapport om den framryckningen började han inse vilken farlig belägenhet han befann sig i, och värre skulle det bli. Kronprins Fredriks V. kår, som hade ryckt fram tätt i hälarna på XI. kåren, förde fram 60 artilleripjäser till Hattoyskogen för att understödja XI. kårens 84 pjäser som då var i strid. Tillsammans med Maasarméns pjäser inledde de båda grupperna nu en korseld som förstörde de franska batterierna. En halvtimme senare upprättade tredje arméns vänstra flygel förbindelse med Maasarméns högra flygel nära Illy och omfattade därmed de franska styrkorna.

Vilhelm I, Bismarck, Moltke, Roon, prinsar, hertigar, kanonserviser och adjutanter samlades nu på kullen vid Frénois. De fick sällskap av överste Walker, den brittiske envoyén, och den amerikanske generalen Sheridan, berömd från slaget vid Five Forks.

"Omkring klockan 11.00", skriver Moritz Busch, "stiger det från fästningen, som förresten inte ger eld, upp en svartgrå rökpelare, gulkantad. Bortom den skjuter fransmännen ursinnigt, och över klyftans skog stiger oupphörligt upp ett antal små vita moln efter bomber; om de är tyska eller franska vet vi inte; ibland hörs också brummandet och smattrandet från en mitraljös."[76]

Medan tredje armén höll på att omfatta fransmännens vänstra flygel förflyttade sig det preussiska gardet, som omkring 08.00 hade tågat in i Villers-Cernay, runt den franska I. kårens vänstra flygel och lät 120 pjäser träda i aktion mot de fientliga batterierna väster om Givonne. Även denna gång visade sig den koncentrerade eldgivningen vara överväldigande och drev det franska infanteriet in i Garenneskogen, som redan var full av flyende. Klockan 10.00 erövrade sachsarna Daigny och förde i galopp dit 29 batterier. I det här skedet av slaget var, skriver furst Hohenlohe, "verkningarna av deras kombinerade eldgivning på så kort håll i sanning fruktansvärd ... Anblicken av blodbadet var ohygglig; de skräckslagna skriken från offren för våra granater hördes ända bort till den plats där vi befann oss ... vår överlägsenhet över fienden var så överväldigande att vi inte led några förluster överhuvudtaget. Batterierna gav eld som vid en vapenövning."[77]

"Klockan var nu 13.00", skriver Busch. "Vår skottlinje beströk vid det här laget bättre halvan av fiendens ställningar på höjderna på andra sidan staden ... Mellan 14.00 och 15.00, enligt min klocka, kom konungen nära förbi den plats där jag befann mig och sade, efter att under en stund ha tittat genom en kikare mot förstaden, till de omgivande: 'De låter stora truppmassor tränga fram där till vänster – det måste, tror jag, vara ett försök att bryta igenom'."[78]

Han hade rätt: general Marguerites kavalleridivision förberedde sig att anfalla Floing. Omkring klockan 14.00 red Ducrot, som insåg att läget var förtvivlat, bort till Marguerite och bönföll denne om att åstadkomma en lucka genom fiendelinjen som hans infanteri kunde ta sig ut genom. Marguerite gick genast med på detta, men blev dödligt sårad medan han rekognoscerade. Galliffet övertog befälet och tre chocker gjordes. Trots det hjältemod som trupperna uppvisade misslyckades var och en av dessa, men Galliffet lyckades ändå tillsammans med några officerare och fältjägare tränga igenom ända fram till fiendens reserv. När de vid återvändandet befann sig inom pistolskotts avstånd från en preussisk bataljon var dess befälhavare så fylld av beundran att han beordrade eld upphör. De franska kavalleristerna utropade ”Vive l'Empereur!” varvid de tyska officerarna saluterade dem medan de galopperade förbi.[79]

Trots att Châlonsarméns undergång nu var beseglad verkade general de Wimpffen omedveten om det verkliga läget, för i samma ögonblick som fienden stormade Calvaire d'Illy sände han följande meddelande till general Douay: ”Jag har beslutat mig för att slå mig fram genom fiendelinjerna och nå Carignan för att kunna vinna Montmédy. Ni ska skydda reträtten. Samla kring er alla de trupper som nu befinner sig i skogen [Garenneskogen].”[80] Furst Bibesco ger följande beskrivning av situationen som Douays VII. kår ställdes inför:

> Spillrorna efter nederlaget väller fram i riktning mot Sedans vallgravar, vilka kommer att sluka lämningarna av vår olyckliga armé, som består av brottstycken av alla kårer och vapenslag. Från varje punkt längs horisonten avfyras granater som förgör de vanvettiga massorna vid fronten, i flankerna och i ryggen. Till höger om oss, mitt bland alla dessa med stönanden blandade skräckrop, börjar en ambulansvagn brinna och pulvriseras av granater. Omkring oss exploderar föreställare, och ökar på antalet offer. Överallt kan man se vårt hjältemodiga kavalleris ryttarlösa hästar, ensamma och i grupper – utmattade och blödande.[81]

Mellan klockan 12.00 och 13.00 höll Lebruns XII. kår stånd och bayrarna misslyckades med att tränga fram förbi Bazeilles. För att kunna bana väg mot Carignan bestämde sig de Wimpffen för att sätta in VI. kåren och driva ut fienden i Meuse. För att få skydd för detta desperata försök hade han skickat order till Douay och samtidigt givit Ducrot anvisningar om att samla sin kår och tåga mot Bazeilles via le Moncelle. Klockan 13.30 sände han följande meddelande till kejsaren: ”Sire, jag har beslutat mig för att storma linjen som står framför general Lebrun och general Ducrot hellre än att tas tillfånga i Sedan. Jag ber Ers Majestät slå följe med våra soldater, så att de får äran av att bereda väg för Er reträtt.”[82] Napoleon III, som befann sig i Sedan när meddelandet överlämnades till honom, läste det och avfärdade med rätta förslaget. I stället övervägde han att återta överbefälet och sträcka vapen.

Medan han begrundade denna sin regeringstids sista handling upplöstes Ducrots kår och trängde sig samman inne i och runt omkring Sedan.

När Ducrot befann sig vid citadellets vallgrav ropade en officer: ”Den vita flaggan är hissad!” I samma ögonblick mottog Ducrot de Wimpffens order. Han skriver:

> Inne i Sedan var situationen obeskrivlig: gator, torg och ingångar blockerades av vagnar, kärror, kanoner och av alla de attiraljer och allt det skräp som en tillintetgjord armé efterlämnar. Soldatskaror utan vare sig gevär eller utrustning rusade hit och dit medan de sökte sin tillflykt i husen och kyrkorna, under tiden som man vid stadsportarna trampade ihjäl varandra. Tvärs över dessa larmande folkmassor galopperade kavallerister i sporrsträck, och servismanskapet på sina föreställare piskade sig fram genom den vanvettiga mobben. De som inte helt hade mist förståndet hade börjat plundra, medan andra skrek: ”Vi har blivit förrådda, vi har blivit sålda av förrädare och pultroner!”[83]

Ducrot inställde sig hos Napoleon III, som utbrast: ”Varför fortsätter eldgivningen? Jag har hissat vit flagg.” Han bad Ducrot skriva ett meddelande med order om att all eldgivning skulle upphöra. Detta gjorde Ducrot, men vägrade underteckna ordern eftersom de Wimpffen var överbefälhavare, och även general Faure, stabschefen, vägrade att underteckna den.[84] Kejsaren dikterade ett annat brev, den här gången avsett för de Wimpffen, och gav Lebrun i uppdrag att överlämna det till honom,[85] men överbefälhavaren vägrade läsa brevet. Lebrun påpekade att vit flagg hade hissats. ”Nej! Nej!” skrek de Wimpffen. ”Jag tänker inte kapitulera. Hala flaggan. Jag tänker fortsätta slaget.”[86]

General de Wimpffen skyndade till Sedan, men inte för att träffa kejsaren utan för att samla så många män han kunde för sitt motanfall. I avsikt att liva upp de skräckslagna flyktingarna skrek han: ”Bazaine är på väg! Bazaine är på väg!”[87] men även om han lyckades samla några få män omkring sig, var det många som lomade iväg. När han till sist hade lyckats samla omkring 1 200 man och två kanoner satte han sig i täten för dem och begav sig mot Balan. Det var en galnings handling. Skaran av hjältemodiga eller tokiga män möttes av ett kulregn från båda sidor och rusade ylande tillbaka till fästningen. Varefter de Wimpffen vände sig till Lebrun och utbrast: ”Jag avsäger mig min utnämning som överbefälhavare; ni ska överta min plats!”[88]

Lebrun vägrade naturligtvis att efterkomma denna hedersbetygelse, och klockan 18.00 upplyste Napoleon III general Ducrot om att han ville att denne skulle överta befälet. Ducrot vägrade, liksom även general Douay. Därpå började de Wimpffen vilt gestikulera och skrek: ”Sire, om jag har förlorat slaget, om jag har blivit slagen, så beror det på att mina order inte har blivit verkställda, det beror på att era generaler har vägrat lyda mig.”[89]

Ducrot kom på fötter och sade emot honom, varpå en långrandig dispyt följde. Till sist accepterade de Wimpffen det oundvikliga och gick med på att bege sig till fiendens högkvarter och framföra kapitulationen.

En stund innan den här scenen utspelades galopperade en bayersk officer uppför Frénoiskullen, där det kungliga högkvarteret fortfarande var upprättat, och upplyste Vilhelm I om att fransmännen hade beslutat sig för att sträcka vapen. ”Omkring 18.30 dök en hedersvakt av kyrassiärer upp ett litet stycke bort, och den franske generalen Reille, som bar Napoleons parlamentärflagga, red sakta uppför kullen. Han steg ur sadeln tio steg från kungen och gick fram till denne, avlägsnade sin huvudbonad och överlämnade ett brev som bar ett stort rött sigill.”[90] Kungen öppnade det och läste:

> Monsieur, broder!
>
> Då jag inte har beretts möjlighet att stupa tillsammans med mina trupper, återstår det mig intet annat än att i Ers Majestäts händer överlämna min klinga.
>
> Jag förblir Ers majestäts gode broder,
> Napoleon.
>
> Sedan, den 1 september 1870.

Vilhelm I rådgjorde med sin kansler och skrev sedan ett svar. I skymningen red general Reille därefter åtföljd av en officer och en ulan bärande på en vit fana tillbaka till Sedan. ”Staden stod fortfarande i brand på tre ställen, och de röda lågorna som flammade inuti den rökpelare som steg upp över Bazeilles visade att bränderna fortfarande härjade även där. Men med undantag för dessa tecken var Sedans tragedi nu utspelad, och den nattliga ridån föll över skådeplatsen.”[91]

Morgonen därpå, omkring klockan 06.00, utropade en röst i korridoren till doktor Jeanjots hus i Donchery: ”Ers excellens! Ers excellens! Det står en fransk general [Reille] här nere vid dörren; jag förstår inte vad han vill.” Bismarck hoppade ur sängen, klädde sig hastigt och red till Sedan. Så snart doktor Busch kunde följde han efter honom till ett ensligt beläget hus, omkring 800 steg från bron över Meuse vid Donchery: ”ett envåningshus, gulmålat och med fyra fönster på framsidan, vita fönsterluckor på bottenvåningen och vita persienner på övervåningen.” Busch skriver sedan: ”Strax efteråt kom en liten undersätsig man fram runt husknuten. Han bar en röd fältmössa med guldkant, en svart, rödfodrad uniformskappa med kapuschong och röda byxor. Han talade, först med fransmännen, av vilka några satt på vallen nära potatisarna. Han bar vita glacéhandskar och rökte en cigarett.”[92]

Det var Napoleon III. Han hade överlämnat sig till Preussen, men hade överlåtit arméns vapensträckning åt general de Wimpffen. Efter en långdragen diskussion ledde detta till en nästan ovillkorlig kapitulation.[93]

De båda tyska arméernas förluster uppgick till omkring 460 officerare och 8 500 manskap i stupade och sårade,[94] medan fransmännen förlorade 3 000 i stupade, 14 000 sårade och 21 000 krigsfångar,[95] vilket tillsammans med 83 000 krigsfångar vid kapitulationen och 3 000 avväpnade i Belgien sammanlagt uppgick till 124 000 man. Man överlämnade även ett örnstandar och två fanor, 419 fältpjäser och mitraljöser, 139 fästningspjäser, 1 072 vagnar och 6 000 tjänstedugliga hästar.

”Segern vid Sedan”, skriver den tyske officielle historikern, ”kröner de tyska ledarnas och deras mäns förenade insatser med en framgång som nästan saknar motstycke i historien.” Dessa ord är inga överdrifter. Han fortsätter:

> I och med nederlaget för en hel armé vittrade den napoleonska dynastin i Frankrike för tredje gången till stoft. Genast, snabbt som blixten, sprids den häpnadsväckande underrättelsen över hela Tyska riket och över hela Europa, där den delvis mottas med entusiastisk glädje och delvis med klentrogen häpnad. Men den tyska armén, som till en början svävar i okunnighet om segerns *politiska* följder, kastar med den tillfångatagna motståndaren vid sina fötter en ängslig blick i riktning mot den franska huvudstaden.[96]

Vad pågick då i Paris denna ödesdigra dag?

I Mézières telegraferade klockan 10.35 befälhavaren för XIII. kårens 1. division till de Palikao: ”Jag har i just detta ögonblick blivit upplyst om att kung Vilhelm I och hans son, som tillbringade förra natten i Clermont i Argonnerna, befinner sig i full reträtt.” Senare ankom från Bryssel en depesch med tidsangivelsen 07.25: ”Mac-Mahon har innevarande morgon besegrat tyskarna; innevarande morgon förföljde Bazaine dem i riktning mot Sedan”, en rapport som klockan 12.30 den 2 september bekräftades från London.[97]

Börserna var av allt att döma fullt upptagna med att manipulera aktiekurserna.

Sedan ankom de Wimpffens brev till de Palikao som började: ”General – jag kan säga: jag kom, jag såg och jag besegrades”,[98] vilket kastade in Paris i en revolution. Den 4 september stormades nationalförsamlingen av en mobb som skrek: ”Leve den socialistiska republiken!” Därmed störtades de Palikao och ersattes som regeringschef av Trochu, som han envist hade motverkat: nu inleddes krigets sista och längsta etapp.

I slutet av september inneslöts Paris, och medan Metz, Belfort, Strasbourg, Toul, Verdun och Mézières höll stånd uppbådade nationalförsvaret nya arméer. En efter en föll därefter samtliga fästningar, med undantag av Belfort, och den 17 december inleddes bombardemanget av Paris, som kapitulerade den 29 januari 1871. I över 200 år hade staden varit centrum för den europeiska politiken, men nu intog Berlin dess plats fram till 1918.

Av lika stor betydelse var en händelse som ägde rum elva dagar före kapitulationen. Den 18 januari 1871 i Spegelsalen i Versaillespalatset, i vars mitt man finner målningen *Konungen styr i kraft av sig själv*, utropades Vilhelm I av Preussen till Tysklands kejsare. Därmed gick Wallensteins dröm från 240 år tillbaka i tiden i uppfyllelse. En lika historisk händelse var att påvens legoknektar lade ner sina vapen inför Viktor Emanuel I. Därmed åstadkoms Italiens nationella enande, en uppgift som Machiavelli tre och ett halvt århundrade tidigare hade tillrått de italienska furstarna.

Tumult följde på Paris kapitulation, och den 18 mars kom kommunen, under vilken 30 000 män, kvinnor och barn gick under i inbördesstrider. Till sist undertecknades den 10 maj freden i Frankfurt, som den 18 maj ratificerades av nationalförsamlingen. Dess villkor var måttliga och på intet sätt hämndlystna.[99]

1. En skadeersättning på 5 miljarder franc.

2. Tysklands rätt att av Frankrike behandlas som dess mest gynnade nation.

3. Tysklands annekterande av Alsace och östra Lorraine (Elsass–Lothringen).

Även om Leopold Ranke och de flesta andra tyskar vid den tidpunkten rättfärdigade annekterandet av Alsace – en i huvudsak tysk provins – och av östra Lorraine – huvudsakligen fransk – skulle det ha varit klokare av Preussen att på förhand ha avgjort deras strategiska fördelar och vägt dem mot de politiska implikationerna av annekterandet av dem. Detta inte bara förödmjukade en stolt nation, utan satte också framtiden i pant. För från och med freden i Frankfurt kunde varje utländsk fiende till det tyska kejsardömet räkna med Frankrike som en potentiell om inte rent av påtaglig allierad. Annekterandet av Alsace och Lorraine blev en varböld i Europas fred.

Vad hade då detta krig för inverkningar på historien?

Den första var att det genom att förödmjuka Frankrike – en förödmjukelse från vilken landet aldrig hämtade sig – gjorde Tyskland till ”kontinentens drottning”.[100] Den andra var att Tysklands snabba maktuppsving rubbade maktbalansen i Europa och direkt utmanade *Pax Britannica*, som hade hindrat kriget från att utvecklas till en allmän europeisk konflikt. Den tredje var att Storbritannien, för att kunna återupprätta maktbalansen med hänsyn till Tyskland, tvingades göra slut på sitt flerhundraåriga käbbel med Frankrike. Den fjärde var att en tvist mellan Tyskland och Storbritannien om världsmarknaderna inte gick att undvika när Tyskland efter kriget föresatte sig att bli en ledande industrination. Det skulle i fortsättningen bara finnas två verkligt stora militära och kommersiella makter i det egentliga Europa: Storbritannien som härskade till havs och Tyskland som härskade till lands, och även om det liksom under Napoleontiden fanns gott om rum i Europa för att ett halvdussin stormakter skulle kunna leva i harmoni, fanns det inte tillräckligt med utrymme för två, trots att ingen av makterna önskade krig med den andra. Detta ofrånkomliga faktum, som hade hemsökt den europeiska historien ända sedan Roms fall, skapade en allmän rädsla som i och med industrialiseringen ledde till Europas militarisering, ända till dess att alla kontinentens nationer, i olika grader av effektivitet, före 1800-talets utgång hade blivit väpnade nationer. Och eftersom orden ”militär” och ”politisk” i fortsättningen skulle komma att bli utbytbara, är det viktigt att kortfattat överväga det fransk-tyska krigets inflytande på krigskonsten.

För det första blev artilleriet alltmer överlägset infanteriet, något som man kan se under hela kriget och som uttrycktes väl av en fransk officer, som när han blev tillfångatagen vid Sedan tillskrev den tyska framgången ”fem kilometer artilleri”.[101] Artilleripjäsernas överlägsenhet och alla de tekniska krav som följde i dess spår gav en enorm stimulans åt naturvetenskapen och industrin, som började bli krigets avgörande grundvalar. Liksom kavalleriepoken en gång hade tvingats ge vika för infanteriet, så gav nu infanteriepoken vika för artilleriet. Kriget hade blivit alltmer industrialiserat och den industriella civilisationen krävde sin militära motpart.

För det andra ökade järnvägarnas inflytande på den militära organisationen, vilket ledde till den snabba utvecklingen av massarméer. Även om tanken på den väpnade nationen sträcker sig tillbaka till Guibert och vidareutvecklades av Clausewitz, så gick den inte att realisera förrän järnvägarna hade blivit byggda. Det var lokomotivet som organiserade nationerna, demokratiserade deras arméer och gjorde freden till en förberedelseperiod inför kriget.

För det tredje ökade betydelsen av stabssystemet (företagsadministrationen). I ett så komplext instrument som den moderna armén är dess fördelar uppenbara, men när kriget väl var över insåg man ändå inte dess risker och brister, och även om man nu gjorde det så var den insikten i bästa fall bara ytlig.

Gugielmo Ferrero påpekar i sin essä ”The Problem of Peace” att mellan 1870 och 1914 skildes den krigförande makten från den fredsbringande, efter att båda tidigare hade befunnit sig i samma händer. Den ena hade blivit generalstabens exklusiva domän medan den andra tillhörde civilister och diplomater. ”Men vad kunde civilister och diplomater göra”, skriver han, ”när de nya krigföringsmetoderna gjorde de gamla reglerna för konsten att skapa fred verkningslösa? Soldaterna fulländade krigstekniken; diplomaterna glömde bort konsten att skapa fred ... Eftersom diplomaterna blev oförmögna att skapa fred började de i sin tur bana vägen för krig genom att ingå och bryta allianser. Två makter hade undertecknat vapenvilan av år 1871, men när den 1914 desavouerades var det av två skräckinjagande maktgrupper som konfronterade varandra, beväpnade till tänderna.”[102]

Med andra ord: ju mer fulländad krigets tekniska sida blev, desto mindre möjligt blev det att politiskt begränsa dess omfattning, ända tills hela världen blev så explosiv att det räckte med ett enda pistolskott avlossat i ett obskyrt hörn av Europa för att detonera ett globalt krig. Detta förebådade i sin tur att de nationella krigen skulle komma att ge vika för krig mellan koalitioner, och att en nation, såvida den inte var en koalitionspartner, i framtiden inte skulle ha tillräckliga resurser för att framgångsrikt kunna föra krig på egen hand.

Denna poäng – det preussiska stabssystemets växande makt – leder oss in på frågan om fältherretalang och befälsföring.

Moltkes berömda maxim var: ”Först en bedömning, sedan ett risktagande”, men i det här kriget hade riskerna inte varit alltför stora. Hade han däremot mött en normalbegåvad general understödd av en normalt effektiv stab kunde de ändå lätt ha blivit oroväckande. Som det nu blev uppvisade det preussiska stabssystemet många brister, som endast skymdes av fransmännens rent usla stabsväsen. Till exempel det insubordinationsbrott som begicks av general Steinmetz (”Lejonet från Nachod”), som Bismarck kallade ”en blodslösare”, och det förhastade sätt på vilket sådana slag som de vid Spicheren-Forbach, Wörth och Colombey utkämpades. Om de båda första har Verdy du Vernois följande att säga: ”Båda fältslagen är märkliga, såtillvida att de utkämpades mot överbefälhavarens vilja”[103] – en enastående bekännelse.

Moltke skulle kunna beskrivas som en general på räls, eftersom hans krigssystem var både rätlinjigt och rigoröst. Han var en överlägsen militär organisatör, som snarare förlitade sig på logik än på tillfällen. För att hans krigskonst skulle bli framgångsrik var den beroende av att man höll fast vid en tämligen statisk doktrin, som snarare sattes i rörelse av *direktiv* än av order. För honom var massornas krig ett krig av tillfälligheter i vilket talangen var underordnad den offensiva andan. Medan Napoleon I genomgående ledde och kontrollerade sina arméer, förde Moltke sina till deras utgångspunkter för att sedan avsäga sig sitt befäl och ge dem fria tyglar. Den 31 augusti och 1 september utdelade han inte en enda order, med undantag av några enstaka förslag till general Blumenthal, tredje arméns stabschef. Han förutsåg aldrig omfattningen av fransmännen, som var en direkt följd av deras idioti, de preussiska armébefälhavarnas initiativförmåga och det förträffliga användandet av det preussiska artilleriet. Moltke är inte en general som bör kopieras, utan en som bör studeras. Hans bedömningar var underbara, men hans risktaganden gentemot en kompetent motståndare kunde lätt ha visat sig bli förödande, eftersom han var benägen att låta sig lämnas på efterkälken av sina skenande underordnade.

Slutligen visade detta krig, såsom Thiers säger, ”att i den stora tvekampen mellan folk tillfaller segern, såvida inte tillfälligheter eller materiella medel är ojämlikt fördelade, den nation som är överlägsen vad gäller naturvetenskap och moralisk styrka”.[104] Viljan att vinna och stridsresurserna var de maktens grundpelare som först under första och andra världskriget lämnade det doktrinära soldatyrkets töcken och dimma för att träda ut i klart dagsljus.

Noter

Redaktörens sammanfattning

1 *The Decisive Battles of India*, 1883, s. 68.
2 Ibid., s. 495.
3 Citerad i *The Cambridge Modern History*, vol. VI, s. 564.
4 *Essay on Clive*, 1903 års utg., s. 53.
5 Brooks Adams, *The Law of Civilization and Decay*, 1921 års utg., s. 305.
6 Sir Edward Baines, *History of the Cotton Manufacture*, 1835, s. 115.
7 Brooks Adams, *The Law of Civilization and Decay*, s. 314.
8 Ibid., s. 317.
9 Edmund Burke, *Two Letters on the Proposals for Peace with Regicide Directory of France*, 1796, Brev I, s. 80.
10 Brooks Adams, *The Law of Civilization and Decay*, s. 317.
11 C. E. Carrington, *The British Overseas*, Cambridge, 1950.
12 I sanning profetiska ord. Citatet är hämtat från Corbett, vol. II, s 73. Edward Channing (*History of the United States*, 1920, vol. II, s. 603) citerar två anmärkningsvärda förutsägelser, den ena av Choiseul från 1761 och den andra av monsieur de Vergennes från början av 1763. Den första uttryckte hans förundran över att ”vår store Pitt är så fäst vid avträdandet av Kanada; för befolkningens underlägsenhet skulle, observerade han, aldrig låta det bli farligt i Frankrikes händer; och i Frankrikes händer skulle det alltid tjäna oss, för att behålla våra kolonier i det beroendeförhållande som de inte skulle underlåta att kasta av sig i samma ögonblick som Kanada avträddes.” Den andre sade: ”Frälsta från en fiende som de alltid har fruktat kommer era andra kolonier snart att upptäcka att de inte längre har behov av ert skydd. Ni kommer att uppmana dem att bidra till att stödja den börda som de har bidragit till att belasta er med, de kommer att svara med att kasta av sig allt beroende.” En annan intressant, högst satirisk förutsägelse står att finna i *The Gentleman's Magazine*, 1759, s. 620. Den lyder: ”Kanada borde återbördas så att England

kan inleda ett nytt krig; fransmännen och indianerna kan fortsätta att skalpera kolonisterna och därigenom begränsa deras tillväxt, då barnen annars kommer att bli lika långa som sin mor ...”

13 *Oeuvres de Saint-Simon* (1865–1878), vol. I, s. 12.

14 *Souvenirs du Lieutenant-Général Comte Mathieu Dumas*, 1839, vol. I, s. 108. Chevalier de Pontgibaud, La Fayettes adjutant, skriver i sina *Memoirs*: ”När vi betänker de felaktiga föreställningar om regering och filantropi som dessa ungdomar erhöll i Amerika och med så stor entusiasm spred i Frankrike, och med sådan bedrövlig framgång – ty denna imitationsmani var ett mäktigt bistånd till franska revolutionen, även om den inte var dess orsak – måste vi tillstå att det skulle ha varit bättre för såväl dem själva som för oss om dessa unga filosofer i rödklackade skor hade stannat hemma.” (Citerad i Trevelyan: *George the Third and Charles Fox*, 1912, vol. II, s. 401–402.)

Krönika: Den franska revolutionens uppkomst

1 Parlamentet (*le Parlement*, stadsfullmäktige) hade avskaffats av Ludvig XV och återinfördes av Ludvig XVI vid hans trontillträde.

2 När den lagstiftande församlingen flyttade till Paris hyrde några av representanterna för tredje ståndet ett stort rum i ett jakobinkloster, vilket kom att ge namn åt den mest berömda av alla revolutionsklubbar.

Kanonaden vid Valmy 1792

1 *A Treatise of the Art of War*, etc., 1677, s. 15.

2 Henry Morley, ”An enquiry upon Projects” i *The Earlier Life and Chief Earlier Works of Daniel Defoe*, 1887, s. 135.

3 *De la Défense des Places Fortes*, 1812, s. xiii.

4 *Memoirs of Goldoni*, eng. utg. 1814, vol. I, s. 207.

5 *The Principles of War*, eng. utg. 1918, s. 27–28. Frågan kan gott ställas: Om krig nu ska förekomma, är då inte begränsade syften att föredra framför obegränsade? Är inte beteendet vid Pizzighetone klokare och rationellare än beteendet vid slaget vid Somme 1916 eller vid bombningen av Hiroshima 1945?

6 I ”Discours Préliminaire” i Guiberts *Essai Géneral de Tactique*, 1770. (Se *Oeuvres Militaires de Guibert*, 1803, vol. I, s. 15–16.) En detalj som är värd att lägga märke till här är införandet av tanken på amoralitet i kriget; styrkan blir den dominerande faktorn.

7 Citerad i Lazare Hippolyte Carnot, *Mémoires sur Lazare Carnot*, 1907, vol. I, s. 379.

8 Arthur Chuquet, *Valmy*, utan tryckår, s. 12.

9 Se lord Edmond Fitzmaurice, *Charles William Ferdinand, Duke of Brunswick*, 1901, s. 45–49.

10 Två anmärkningsvärda uppfinningar från den här tidsperioden – båda engelska – var Merciers "operativa explosiva projektil", en 5 ½ tums mörsarprojektil som avfyrades från en 24-pundare och som först kom till användning vid belägringen av Gibraltar (1779–1783), samt Henry Shrapnels "sfäriska kartesch" (granatkartesch eller shrapnel) som uppfanns 1784 men först 1803 anammades av den brittiska armén. Den ena skulle komma att göra örlogsfartygen av trä föråldrade och den andra skulle komma att revolutionera artilleritaktiken.

11 Citerad i Heinrich von Sybel, *History of the French Revolution*, 1867, vol. II, s. 112. Markis de Bouillé var den franske fältherre som Ludvig XVI hoppades kunna förena sig med vid flykten till Varennes.

12 Citerad i Fitzmaurice, *Duke of Brunswick*, s. 67.

13 Citerad i Chuquet, *Valmy*, s. 25.

14 Charles-François Dumouriez, *La Vie et les Mémoires du Général Dumouriez*, 1822, vol. II, s. 385.

15 Ibid., vol. II, s. 383 samt Chuquet, *Valmy*, s. 36–37.

16 Citerad i Abert Sorel, *L'Europe et la Révolution Française*, 1891, vol. III, s. 29.

17 Se Dumouriez, *La Vie et les Mémoires du Général Dumouriez*, vol. II, s. 387–391.

18 Citerad i Chuquet, *Valmy*, s. 36.

19 Den 31 augusti nämner Goethe användningen av raketer i bombardemanget av Verdun. Han skriver: "Vi behövde bara iaktta dessa svansförsedda eldmeteorer, som helt stilla gled genom luften, och strax efteråt sågs en del av staden stå i lågor." (Johann Wolfgang von Goethe, *Campaign in France in the year 1792*, eng. utg. 1859, s. 31.)

20 Sorel, *L'Europé et la Révolution Française*, vol. III, s. 30. Av allt att döma verkar tanken på att retirera till Argonnerna först ha föreslagits av general Money vid krigsrådet som hölls den 30 augusti. Money var en engelsk soldat som hade stridit i sjuårskriget och som hade tjänat under general Burgoyne i Amerika. (Se J. Money, *The History of the Campaign of 1792*, etc., 1794.)

21 Dumouriez, *La Vie et les Mémoires du Général Dumouriez*, vol. II, s. 394. Chuquet anger 3 050 (Chuquet, *Valmy*, s. 98).

22 Dumouriez, *La Vie et les Mémoires du Général Dumouriez*, vol. III, s. 2.

23 Goethe, *Campaign in France in the year 1792*, s. 17, 49 och 53.

24 Ett ögonvittne uppger att hela lägrets framsida var täckt med exkrementer (Chuquet, *Valmy*, s. 76).

25 Goethe, *Campaign in France in the year 1792*, s. 47.

26 Dumouriez, *La Vie et les Mémoires du Général Dumouriez*, vol. III, s. 19–20.

27 Antoine Henri Jomini, *Histoire Critique et Militaire des Guerres de la Révolution*,

1820, vol. II, s. 119–120. Se även Dumouriez, *La Vie et les Mémoires du Général Dumouriez*, vol. III, s. 25.

28 Dumouriez, *La Vie et les Mémoires du Général Dumouriez*, vol. III, s. 27.

29 Ibid., vol. III, s. 24–25.

30 Ibid., vol. III, s. 31–32.

31 Chuquet, *Valmy*, s. 139.

32 Spansk-amerikansk äventyrare i fransk tjänst. (Se fotnot i Dumouriez, *La Vie et les Mémoires du Général Dumouriez*, vol. III, s. 10–11.)

33 Ibid., vol. III, s. 30.

34 Ibid., vol. III, s. 35–36.

35 Kellermann var en självständig befälhavare och inte underställd Dumouriez.

36 Citerad i Chuquet, *Valmy*, s. 169–170.

37 Ibid., s. 137. Se även Sybel, *History of the French Revolution*, vol. II, s. 134.

38 Chuquet, *Valmy*, s. 180.

39 Goethe, *Campaign in France in the year 1792*, s. 72

40 Se Chuquet, *Valmy*, s. 177.

41 Chuquet, *Valmy*, s. 207.

42 Goethe, *Campaign in France in the year 1792*, s. 72–73.

43 Ibid., s. 77.

44 Money, *The History of the Campaign of 1792*, etc., s. 88.

45 Dumouriez, *La Vie et les Mémoires du Général Dumouriez*, vol. III, s. 44.

46 Chuquet, *Valmy*, s. 215.

47 J. Holland Rose och A. M. Broadly föreslår i *Dumouriez and the Defence of England against Invasion*, 1909, s. 129, att Duvals överfall av den preussiska trossen kan ha bidragit till Braunschweigs beslut att avblåsa striden.

48 Chuquet, *Valmy*, s. 217.

49 Citerad i Chuquet, *Valmy*, s. 242–243.

50 Se Dumouriez, *La Vie et les Mémoires du Général Dumouriez*, vol. III, appendix A.

51 Ibid., vol. III, s. 66.

52 Citerad i Sybel, *History of the French Revolution*, vol. II, s. 173.

53 Chuquet, *Valmy*, s. 232.

54 Citerad i Sorel, *L'Europe et la Révolution Française*, vol. III, s. 50.

55 Goethe, *Campaign in France in the year 1792*, s. 81.

Krönika: Frankrikes och Englands kamp om haven

1 I januari 1805 sade Napoleon, enligt Miot de Mélito (*Memoirs*, vol. II, s. 244), till rådet att hans förberedelser för invasionen av England endast var en före-

vändning för att dölja sammandragningen av en stor här som skulle invadera Österrike. Det verkar mer sannolikt att den här informationen åberopades rådet för att vilseleda hans fiender.

Sjöslaget vid Trafalgar 1805

1 I augusti 1805 hade 2 343 landstigningsfarkoster byggts (H. F. B. Wheeler och A. M. Broadley, *Napoleon and the Invasion of England*, 1908, vol. II, s. 233).
2 Claude François Méneval, *Mémoire pour servir à l'histoire de Napoléon I*[er], 1894, vol. I, s. 366. År 1814 hade brittiska flottan 240 linjeskepp, 317 fregatter och 611 mindre farkoster (*Cambridge Modern History*, vol. IX, s. 243).
3 Se Edouard Desbrière, *La Campagne Maritime de 1805, Trafalgar*, 1907, s. 3, 79.
4 *Correspondance de Napoléon I*[er], nr 8379 och 8381, vol. X, s. 182 respektive 185.
5 Ibid., nr 8206 och 8231, vol. X, s. 63 respektive 78.
6 Se kommendörkapten Russell Grenfell, *Nelson the Sailor*, 1949, s. 172.
7 Se ibid., s. 66.
8 Sir Nicholas Harris Nicholas, *The Dispatches and Letters of Vice-Admiral Lord Viscount Nelson*, 1856, vol. VII, s. 87.
9 Ibid., vol. VI, s. 397.
10 På grund av en gammal tvist som började 1798 och som betonades när Orde 1804 kommenderades till blockaden av Cádiz, en tack vare prispengarna lönsam kommendering, som Nelson åtrådde.
11 Citerad i Julian S. Corbett, *The Campaign of Trafalgar*, 1910, s. 64.
12 Nicholas, *The Dispatches and Letters of Vice-Admiral Lord Viscount Nelson*, vol. VI, s. 407.
13 Ibid., vol. VI, s. 411.
14 Grenfell, *Nelson the Sailor*, s. 180.
15 Vid Gibraltar hade Nelson detacherat sir Richard Bickerton från *Royal Sovereign* för att bistå general Craigs överfart till Malta. Bickerton erhöll därefter en order från amiralitetet om att förstärka Calder vid Ferrol. Den 17 maj seglade Bickerton nordvart, och när han tio dagar senare närmade sig Finisterre mötte han Collingwood, som var på väg ner, och informerade denne om att Nelson redan hade upptagit förföljelsen med tio linjeskepp.
16 *Correspondance de Napoléon I*[er], nr 8583, vol. X, s. 321.
17 Corbett, *The Campaign of Trafalgar*, s. 167. Desbrière uppger 11 juni (Desbrière, *La Campagne Maritime de 1805, Trafalgar*, s. 42) och kommendörkapten Grenfell uppger 8 juni (Grenfell, *Nelson the Sailor*, s. 183).
18 Nicholas, *The Dispatches and Letters of Vice-Admiral Lord Viscount Nelson*, vol. VI, s. 454. Napoleon verkar ha varit medveten om Nelsons besatthet. Den 20 april (nr 8603) skrev han till Decrès: ”Nelson kommer förmodligen att göra en ny

resa till Egypten", och på nytt den 23 april (nr 8617): "Publicera i de holländska tidningarna att en fransk eskader har debarkerat 10 000 man i Egypten, och att den franske amiralen har utfört en skicklig manöver för att vilseleda Nelson."

19 Nicholas, *The Dispatches and Letters of Vice-Admiral Lord Viscount Nelson*, vol. VI, s. 472 samt G. L. Collingwood, *Public and Private Correspondence of Vice-Admiral Lord Collingwood*, 1829, s. 107–108. I den förra är brevet daterat den 18 juli och i den senare den 21 juli. De båda versionerna skiljer sig åt på vissa ställen.

20 Nicholas, *The Dispatches and Letters of Vice-Admiral Lord Viscount Nelson*, vol. VI, s. 475.

21 Corbett, *The Campaign of Trafalgar*, s. 230.

22 Ibid., vol. VI, s. 476.

23 Se J. Holland Rose och A. M. Broadley, *Dumouriez and the Defence of England against Napoleon*, 1909, s. 240–261.

24 Citerad i Corbett, *The Campaign of Trafalgar*, s. 184.

25 E. Desbrière, *Projets et Tentatives de Débarquement aux Îles Britanniques*, 1900–1902, vol. V, s. 776.

26 *Correspondance de Napoléon Ier*, nr 8985, vol. XI, s. 18.

27 Desbrière, *Projets et Tentatives de Débarquement aux Îles Britanniques*, vol. V, s. 727–728.

28 *Correspondance de Napoléon Ier*, nr 9160, vol. XI, s. 161.

29 Medan Mahan (*The Influences of Sea Power upon the French Revolution and Empire*, vol. II, s. 576) stigmatiserar det som en blunder anser Corbett (*The Campaign of Trafalgar*, s. 246–254) att det var ett mästerverk.

30 *Correspondance de Napoléon Ier*, nr 9073, vol. XI, 87.

31 Ibid., nr 9113 och 9114, vol. XI, s. 115.

32 Ibid., nr 9071, vol. XI, s. 85.

33 Ibid., nr 9115, vol. XI, s. 115.

34 Ibid., nr 9117, vol. XI, s. 117.

35 Ibid., nr 9137, vol. XI, s. 141.

36 Ibid., nr 9155, vol. XI, s. 157.

37 Nicholas, *The Dispatches and Letters of Vice-Admiral Lord Viscount Nelson*, vol. VII, s. 66–67.

38 Ibid., vol. VII, s. 241.

39 Ibid., vol. VI, s. 443–445.

40 Ibid., vol. VII, s. 241.

41 Beträffande promemorian, så som den ursprungligen var skriven och senare ändrades, se *Admiralty Committee Report* (Cd. 7120 av 1913), s. 64–65.

42 Nicholas, *The Dispatches and Letters of Vice-Admiral Lord Viscount Nelson*, vol. VII, s. 60.

43 *Correspondance de Napoléon Ier*, nr 9174, vol. XI, s. 176–177.

44 Ibid., nr 9210, vol. XI, s. 195.

45 Ibid., nr 9220, vol. XI, s. 204.

46 Den 16 oktober bestämde man sig för den slutliga slagordningen. *Corps de bataille* skulle bestå av tre eskadrar om sju skepp vardera: 2:a eskadern (täten) under befäl av viceamiral Alava med flaggskeppet *Santa Ana*, 1:a eskadern (centern) under Villeneuve med flaggskeppet *Bucentaure* samt 3:e eskadern (kön) under befäl av Dumanoir med flaggskeppet *Duguay-Trouin*. *Corps de réserve*: amiral Gravina med flaggskeppet *Principe de Asturias*.

47 Citerad i Edward Fraser, *The Enemy at Trafalgar*, 1906, s. 54.

48 Nicholas, *The Dispatches and Letters of Vice-Admiral Lord Viscount Nelson*, vol. VII, s. 251.

49 Ibid., vol. VII, s. 241.

50 Ibid., vol. VII, s. 242.

51 Ibid., vol. VII, s. 241. Löjtnant B. Clement från *Tonnant* sade: ”Vi seglade ner utan minsta ordning och varje skepp fick ta sitt villebråd.” (Citerad i Newbolt, *The Year of Trafalgar*, s. 101.)

52 Ibid., vol. VII, s. 126.

53 Ibid., vol. VII, s. 133.

54 Ibid., vol. VII, s. 136.

55 Beträffande signaler se *Admiralty Committee Report* (Cd. 7120) appendix V.

56 Ibid., se ”Signals”, s. 102.

57 *Admiralty Committee Report* (Cd. 7120) appendix V, s. 102.

58 Fraser, *The Enemy of Trafalgar*, s. 114.

59 Ibid., s. 114. Planen över sjöslaget är baserad på Desbrières. Inga planer, vare sig samtida eller senare, överensstämmer, och ganska många är mycket fantasifulla.

60 ”Han [Collingwood] ändrade sin divisions formering från en oregelbunden kölvattenskolonn till en oregelbunden pejlingslinje. I sin *Journal* skriver han: ’gav signalen till lädivisionen att formera babords pejlingslinje och sätta till mera segel’.” (*Admiralty Committee Report*, Cd. 7120, s. XII.)

61 Collingwood, *Public and Private Correspondence of Vice-Admiral Lord Collingwood*, s. 120. I själva verket var skeppet det femtonde, eftersom tre skepp i den förenade flottan låg på läsidan om fiendelinjen och inte kunde ses av Collingwood eller misstas för fregatter. (*Admiralty Committee Report*, Cd. 7120, s. xiii.)

62 Även om ingen tidpunkt anges i den här noteringen hänvisar den, enligt *Admiralty Committee Report*, Cd. 7120, s. xiii och 63, till tidpunkten omedelbart före Collingwoods anfall.

63 Ibid., s. 63.

64 Desbrière, *La Campagne Maritime de 1805, Trafalgar*, s. 150. Kommendörkapten Berrenger från *Scipion* uppger i sin ”Journal” att *Formidable* öppnade eld klockan 12.35; han nämner också att täten i Nelsons kolonn styrde mot tätens center (Ibid., s. 155–156).

65 Ibid., s. 168.

66 *Naval History of Great Britain, 1793-1820*, 1886, vol. III, s. 32.
67 Nelson trodde i själva verket att Decrès förde befälet.
68 *Admiralty Committee Report* (Cd. 7120), "Log of Spartiate", s. 53.
69 Nicholas, *The Dispatches and Letters of Vice-Admiral Lord Viscount Nelson*, vol. VII, s. 244.
70 Citerad i Newbolt, *The Year of the Trafalgar*, s. 140.
71 Citerad i Fraser, *The Enemy at Trafalgar*, s. 272.
72 Ibid., s. 142.
73 *Admiralty Committee Report* (Cd. 7120), s. 6.
74 Det verkar sannolikare att de första fem skeppen som gick över stag fortsatte att segla före de andra fem, eller att hälften av skeppen underlät att lyda order.
75 Fraser, *The Enemy at Trafalgar*, s. 374.
76 Citerad i Fraser, *The Enemy at Trafalgar*, s. 381–382.
77 Napoleon mottog underrättelsen om Villeneuves nederlag medan han befann sig i Znaim (Znojmo) under marschen till Austerlitz (*Correspondance de Napoléon Ier*, nr 9507, vol. XI, s. 424). Några månader senare hedrade han Nelson på ett anmärkningsvärt sätt genom att beordra att "Frankrike räknar med att envar frambär sin hyllning" skulle målas framträdande ombord på varje linjeskepp.
78 Collingwood, *Public and Private Correspondence of Vice-Admiral Lord Collingwood*, s. 124–125.
79 *Cambridge Modern History*, vol. IX, s. 243.

Redaktörens sammanfattning

1 I Ajaccio den 15 augusti 1769.
2 *Oeuvres de Guibert*, 1803, vol. IV, s. 74.
3 Claude François Méneval, *Mémoires pour servir à l'histoire de Napoléon Ier*, 1894, vol. II, s. 50.
4 *Memoirs of General de Caulaincourt duke of Vicenza*, eng. utg. 1935, vol. II, s. 10.
5 Ibid., vol. I, s. 521.
6 Ibid., vol. I, s. 10.
7 *Memoirs of General de Caulaincourt duke of Vicenza*, vol. I, s. 424.
8 Ibid., vol. I, s. 529.
9 Ibid., vol. I, s. 429.
10 B. E. O'Meara, *Napoleon in Exile*, 1822, vol. II, s. 377.
11 *Memoirs of General de Caulaincourt duke of Vicenza*, vol. I, s. 599.
12 *Correspondance de Napoléon Ier*, nr 9997, vol. XII, s. 203.
13 "Hos den franska flintlåsmusköten kan en klick förväntas vid vart nionde skott och en fängkrutsavbränning vid vart artonde. Flintstenen måste bytas ut efter

vart trettionde skott." ("Mémoire sur le fusil de guerre" i *Oeuvres du Marquis de Chambray*, 1840, vol. V, s. 292.)

14 Se Norwood Young, *The Growth of Napoleon*, 1910, s. 166.

15 H. Randolph, *Life of Sir Robert Wilson*, 1862, vol. I, s. 86

16 *Journals and Correspondence of Sir Henry Calvert*, 1853, s. 220.

17 Citerad i A. Chaquet, *Les Guerres de la Révolution*, vol. II, s. 96.

18 *Memoirs of General de Caulaincourt duke of Vicenza*, vol. I, s. 592–593.

19 Duc de Fézensac, *Souvenirs militaires de 1804 à 1814*, 1863, s. 163.

20 Pierre Cantal, *Étude sur l'armée révolutionaire*, s. 118.

21 Norman Edwards (red.), *The St. Helena Journal of General Baron Gourgaud*, 1932, s. 51.

22 *Correspondance de Napoléon Ier*, nr 9392, vol. XI, s. 336. Under fälttåget som ledde fram till Jena översteg en dagsmarsch för den preussiska armén sällan 20–22½ kilometer. I den franska var vissa marscher fenomenala. Vid ett tillfälle tillryggalade Lannes kår drygt tio mil på 50 timmar, och vid ett annat marscherade Bernadottes kår tolv mil på 69 timmar. Napoleons framgångar var till stor del ett resultat av snabba marscher.

23 Ibid., nr 14707, vol. XVIII, s. 218.

24 Ibid., nr 11939, vol. XIV, s. 380.

25 General G. Gourgaud, *Journal de Sainte Hélène*, 1899, vol. II, s. 336.

26 Las Casa, *Journal*, vol. I, del ii, s. 6.

27 *Correspondance de Napoléon Ier*, "Précis des guerres de J. César", vol. XXXII, s. 104.

28 *Memoirs of General de Caulaincourt duke of Vicenza*, vol. I, s. 600.

29 *Correspondance de Napoléon Ier*, nr 11390, vol. XIV, s. 35.

30 V. B. Derrécagix, *Le Maréchal Berthier*, 1904, vol. I, s. 399.

31 *Correspondance de Napoléon Ier*, nr 18219, vol. XXII, s. 540.

32 Ibid., "Diplomatie-Guerre", vol. XXX, s. 447.

33 Marquis de Chambray, *Des Changemens survenus dans l'art de la guerre 1700–1815*, 1830, s. 23.

34 Anonym, *The Influence of Firearms upon Tactics*, eng. utg., 1876, s. 83.

Slaget vid Leipzig 1813

1 Baron Fain, *Manuscrit de Mil Huit Cent Treize*, 1824, vol. I, s. 39. Fain var Napoleons kabinettssekreterare.

2 Omkring 100 000 man. Av de 600 000 som hade gått in i Ryssland var runt 200 000 fransmän, så de franska förlusterna var därför inte så stora som man ofta antar.

3 Fain, *Manuscrit de Mil Huit Cent Treize*, vol. I, s. 108.
4 *Memoirs of General Caulaincourt*, 1938, vol. II, s. 611–612. Se även baron D'Odeleben, *Relation Circonstanciée de La Campagne de 1813 en Saxe*, 1817, vol. I, s. 33.
5 Fain, *Manuscrit de Mil Huit Cent Treize*, vol. I, s. 33.
6 Ibid., vol. I, s. 35.
7 *Memoirs of General Caulaincourt*, vol. II., s. 620.
8 Vol. I, s. 210–211. Baron D'Odeleben var en sachsisk officer som var placerad vid Napoleons högkvarter som tolk. Han är ett utomordentligt opartiskt ögonvittne.
9 *Correspondance de Napoléon Ier*, nr 19698, vol. XXV, s. 63, med viss modifiering.
10 Se Lanrezac, *La Manoeuvre de Lützen*, s. 116. Den sammanlagda styrkan är hos Lanrezac 202 000.
11 D'Odeleben, *Relation Circonstanciée de La Campagne de 1813 en Saxe*, vol. I, s. 167.
12 *Souvenirs Militaires de 1804 à 1814*, 1863, s. 118–119.
13 Innan Napoleon inledde fälttåget som ledde fram till slaget vid Leipzig lär han enligt D'Odeleben ha sagt: "Jag ska genomföra detta fälttåg som general Bonaparte, inte som kejsare", vilket han till största delen också gjorde.
14 *Memoirs of General Caulaincourt*, vol. I, s. 135, 141 och 245. År 1809 red Napoleon trots att han var en medelmåttig ryttare från Valladolid till Burgos, en sträcka på drygt tolv mil, på fem timmar.
15 Se i synnerhet D'Odeleben, *Relation Circonstanciée de La Campagne de 1813 en Saxe*, vol. I, s. 224.
16 *Memoirs of General Caulaincourt*, vol. I, s. 155.
17 *Correspondance de Napoléon Ier*, nr 18884, vol. XXIV, s. 7.
18 D'Odeleben, *Relation Circonstanciée de La Campagne de 1813 en Saxe*, vol. II, s. 363–364.
19 *Memoirs of General Caulaincourt*, vol. II, s. 363–364.
20 Fain, *Manuscrit de Mil Huit Cent Treize*, vol. II, s. 361.
21 *Correspondance de Napoléon Ier*, nr 19697, vol. XXV, s. 61–63.
22 *Napoleon as a General*, 1902, vol. II, s. 242.
23 Se *Correspondance de Napoléon Ier*, nr 19902, vol. XXV, s. 225–226.
24 D'Odeleben, *Relation Circonstanciée de La Campagne de 1813 en Saxe*, vol. I, s. 34.
25 Se *Correspondance de Napoléon Ier*, nr 19873, vol. XXV, s. 204–205.
26 D'Odeleben, *Relation Circonstanciée de La Campagne de 1813 en Saxe*, vol. I, s. 35.
27 *Correspondance de Napoléon Ier*, nr 19942, vol. XXV, s. 254.
28 D'Odeleben, *Relation Circonstanciée de La Campagne de 1813 en Saxe*, vol. I, s. 49 samt även *Mémoires du Maréchal Marmont Duc de Raguse*, 1865, vol. V, s. 15.
29 Fain, *Manuscrit de Mil Huit Cent Treize*, vol. I, s. 348.

30 D'Odeleben, *Relation Circonstanciée de La Campagne de 1813 en Saxe*, vol. I, s. 51.
31 *Mémoires du Maréchal Marmont Duc de Raguse*, vol. V, s. 26.
32 Klockan 13.00 befann sig Bertrands främsta division mindre än 6½ kilometer från Kaja, men i stället för att marschera mot kanonerna gjorde han halt fram till klockan 15.00 för att invänta vidare order. Detta är ett typiskt exempel på den brist på initiativförmåga som återfanns hos Napoleons generaler.
33 Vid Lützen avfyrade det franska artilleriet 39 000 skott (Fain, *Manuscrit de Mil Huit Cent Treize*, vol. I, s. 367).
34 Fain, *Manuscrit de Mil Huit Cent Treize*, vol., I, s. 388–390.
35 Se *Correspondance de Napoléon Ier*, nr 20017 och 20031, vol. XXV, s. 299 respektive 390.
36 Fain, *Manuscrit de Mil Huit Cent Treize*, vol. I, s. 421–422.
37 Ibid., vol. I, s. 402.
38 *Memoir of the Operations of the Allied Armies, 1813–1814*, 1822, s. 2.
39 Jomini hade varit Neys stabschef vid Lützen, men hade kort därefter deserterat till de allierade.
40 *Correspondance de Napoléon Ier*, nr 20070, vol. I, s. 346.
41 *Napoleon as a General*, vol II, s. 268
42 *The Cambridge Modern History*, vol. IX, s. 521, anger 30 000.
43 Colonel F. N. Maude, *The Leipzig Campaign 1813*, 1908, s. 142–143.
44 Se *Correspondance de Napoléon Ier*, nr 20142, vol. XXV, s. 393–397.
45 Ibid., nr 20398, vol. XXVI, s. 78.
46 Se *Correspondance de Napoléon Ier*, nr 20300, vol. XXVI, s. 34.
47 D'Odeleben, *Relation Circonstanciée de La Campagne de 1813 en Saxe*, vol. I, s. 231.
48 Se *Correspondance de Napoléon Ier*, nr 20357, 20360 och 20365, vol. XXVI, s. 32, 34 respektive 37.
49 *Mémoires pour servir à l'Histoire, etc.*, 1831, vol. IV, s. 59.
50 *Mémoires du Maréchal Marmont Duc de Raguse*, 1851, vol. V, s. 140, 207.
51 Ibid., vol. V, s. 139.
52 *Correspondance de Napoléon Ier*, nr 20398, vol. XXVI, s. 77–78.
53 Ibid., nr 20398, nr 20398, vol. XXVI, s. 77–78.
54 Ibid., nr 20437, vol. XXVI, s. 112–113.
55 Ibid., nr 20446, vol. XXVI, s. s. 119. Se även Fain, *Manuscrit de Mil Huit Cent Treize*, vol. II, s. 234.
56 Ibid., nr 20449, vol. XXVI, s. 121–122.
57 Se Fain, *Manuscrit de Mil Huit Cent Treize*, vol. II, s. 258–259.
58 *Correspondance de Napoléon Ier*, nr 20472, vol. XXVI, s. 139 samt även Fain, *Manuscrit de Mil Huit Cent Treize*, vol. II, s. 258.
59 D'Odeleben, *Relation Circonstanciée de La Campagne de 1813 en Saxe*, vol. I, s. 250.

60 I en kommentar till den här striden skriver Yorck von Wartenberg: ”Jag känner inte till något annat exempel i krigföringen som ger oss tydligare bevis för att truppernas antal och stridsmoral, hur viktiga faktorer dessa än är, kan uppvägas av tyngden från en enda genial person” (*Napoleon as a General*, vol. II, s. 246).
61 Fain, *Manuscrit de Mil Huit Cent Treize*, vol. II, s. 277.
62 D'Odeleben, *Relation Circonstanciée de La Campagne de 1813 en Saxe*, vol. I, s. 261.
63 *Correspondance de Napoléon Ier*, nr 20480, vol. XXVI, s. 144.
64 Ibid., nr 20482, vol. XXVI, s. 147.
65 Fain, *Manuscrit de Mil Huit Cent Treize*, vol. II, s. 297.
66 Ibid., vol. II, s. 320
67 Ibid., vol. II, s. 321.
68 *Correspondance de Napoléon Ier*, nr 20502, vol., XXVI, s. 162.
69 D'Odeleben, *Relation Circonstanciée de La Campagne de 1813 en Saxe*, vol. I, s. 270.
70 *Mémoires du Maréchal Marmont Duc de Raguse*, vol. IV, s. 148.
71 Fain, vol. II, s. 353–356.
72 *Correspondance de Napoléon Ier*, nr 20619, vol. XXVI, s. 236–238.
73 *Mémoires du Maréchal Marmont Duc de Raguse*, vol. IV, s. 185.
74 *Correspondance de Napoléon Ier*, nr 20711, vol. XXVI, s. 299–300.
75 Ibid., nr 20719, vol. XXVI, s. 304.
76 D'Odeleben, *Relation Circonstanciée de La Campagne de 1813 en Saxe*, vol. II, s. 9.
77 Fain, *Manuscrit de Mil Huit Cent Treize*, vol. II, s. 272–273.
78 *Correspondance de Napoléon Ier*, nr 20775, vol. XXVI, s. 339.
79 Ibid., nr 20776. Se även 20771 och 20772, vol. XXVI, s. 336–338.
80 Ibid., nr 20799, vol. XXVI, s. 356–357.
81 Ibid., nr 20801, vol. XXVI, s. 358.
82 Ibid., nr 20812, vol. XXVI, s. 362.
83 Ibid., nr 20814, vol. XXVI, s. 364–365.
84 Fain, *Manuscrit de Mil Huit Cent Treize*, vol. II, s. 404.
85 D'Odeleben, *Relation Circonstanciée de La Campagne de 1813 en Saxe*, vol. II, s. 19–20.
86 Ibid., vol. II, s. 23.
87 Se Fain, *Manuscrit de Mil Huit Cent Treize*, vol II, s. 409–411 samt angående Merveldts rapport även Burghersh, appendix III, s. 349–353.
88 Fain, *Manuscrit de Mil Huit Cent Treize*, vol. II, s. 415. Se även D'Odeleben, *Relation Circonstanciée de La Campagne de 1813 en Saxe*, vol. II, s. 40.
89 Se *Correspondance de Napoléon Ier*, nr 20830, vol. XXVI, s. 274–279.
90 D'Odeleben, *Relation Circonstanciée de La Campagne de 1813 en Saxe*, vol. II, s. 34.
91 Ibid., vol. II, s. 37.
92 Citerad i Petre, *Napoleon's Last Campaign in Germany 1813*, 1912, s. 369, ur

Danilewski, *Denkwürdigkeiten aus dem Kriege 1813*, 1837, s. 259–260.

93 D'Odeleben, *Relation Circonstanciée de La Campagne de 1813 en Saxe*, vol. II, s. 39.

94 Jomini, *Précis politique et militaire des campagnes de 1812 à 1814*, 1886, vol. II, s. 207.

95 Fain, *Manuscrit de Mil Huit Cent Treize*, vol II, s. 428–429.

96 D'Odeleben, *Relation Circonstanciée de La Campagne de 1813 en Saxe*, vol. II, s. 36–37.

97 A. M. Broadley, *Napoleon in Caricature 1795–1821*, 1909, vol. II, s. 246–248.

Slaget vid Waterloo 1815

1 "När en tanke väl hade slagit rot i kejsarens huvud lät han sig ryckas med av sin egen drömbild. Han omhuldade den, smekte den, blev besatt av den." (*The Memoirs of Caulaincourt*, 1935, vol. I, s. 93.)

2 Ibid., vol. I, s. 602.

3 Ibid., vol. II, s. 423.

4 Se chevalier d'Artez rapport av den 6 maj 1815 om förhållandena i Frankrike (*Wellington's Supplementary Despatches*, 1863, vol. X, s. 247–256). Den är emellertid så överdriven att den förmodligen vilseförde Wellington mer än den hjälpte honom.

5 Léon Lecestre, *Lettres Inédites de Napoleon Ier*, 1897, vol I, s. 142.

6 *Mémorial de Sainte Hélène*, 1923, vol. II, s. 276.

7 *Sainte-Hélène, Journal inédit*, 1899, vol. I, s. 505.

8 Ibid., vol. II, s. 276.

9 Ibid., vol. I, s. 502 samt vol. II, s. 424.

10 L. J. Gabriel de Chénier, *Histoire de la Vie Militaire, etc., du Maréchal Davout*, 1866, s. 540.

11 Henry Houssay, *1815 Waterloo*, eng. utg. 1900, s. 48. (Se även *Wellington's Supplementary Despatches*, vol. X, s. 364–366.)

12 Se Houssay, *1815 Waterloo*, s. 21 och 310–311.

13 Siffrorna är hämtade ur Charras, *Histoire de la Campagne de 1815*, 5:e utg., vol. I, s. 65–68.

14 Se *Wellington's Supplementary Despatches*, vol. X, s. 196–197.

15 Beträffande styrkor se Charras, vol. I s. 81–82.

16 Beträffande styrkor se Siborne, *History of the War in France and Belgium in 1815*, 1844, vol. I s. 28–29.

17 *Commentaires de Napoléon Ier*, vol. V, s. 116–117.

18 *Correspondance de Napoléon Ier*, nr 22052, vol. XXVII, s. 281.

19 Vissa rykten hade redan hörts, se *Wellington's Supplementary Despatches*, vol. X, s. 470–471.
20 *Correspondance de Napoléon Ier*, nr 22055, vol. XXVIII, s. 286.
21 Heymès "Relation", duc d'Elchingen, *Documents Inédits sur la Campagne de 1815*, 1840, s. 4. Heymès var Neys förste adjutant.
22 Gourgaud, *Campagne de Dix-Huit Cent Quinze*, 1818, s. 46–47.
23 *Commentaires de Napoléon Ier*, vol. V, s. 136.
24 Ibid, vol. V, s. 136.
25 *Correspondance de Napoléon Ier*, nr 22055, vol. XXVIII, s. 286.
26 Heymès "Relation", s. 6.
27 Se hans brev av den 13 juni till lord Lynedoch (Gurwood, *The Dispatches of the Duke of Wellington*, 1838, vol. XII, s. 462).
28 Citerad i ett brev skrivet i Bryssel den 13 juni av kyrkoherde Spencer Madan, informatorn för familjen Lennox barn (sir Herbert Maxwell, *The Life of Wellington*, 1900, vol. II, s. 10).
29 En enastående missuppfattning av den napoleonska strategin, eftersom en sådan manöver skulle ha drivit samman Wellington och Blücher, inte särat på dem.
30 *Wellington's Supplementary Despatches*, vol. X, s. 509.
31 Gurwood, *The Dispatches of the Duke of Wellington*, vol. XII, s. 472–473.
32 Se baron von Müffling, *Passages from my Life, etc.*, 1853, s. 229. Müffling var Blüchers sambandsofficer och kommenderad till Wellingtons högkvarter.
33 Gurwood, *The Dispatches of the Duke of Wellington*, vol. XII, s. 474.
34 Ibid., vol. XII, s. 479. Se även Müffling, *Passages from my Life, etc.*, s. 230 samt *Wellington's Supplementary Despatches*, vol. X, s. 510. Någon gång efter 02.00 den 16 juni.
35 Se *Letters of the First Earl of Malmesbury*, 1870, vol. II, s. 445. Bowels säger att hertigen av Richmond upprepade det här samtalet för honom två minuter efter det att det hade ägt rum. Med hänvisning till detta, och i kombination med Wellingtons sociala böjelser, är det belysande att läsa att hertigen klockan 03.00 den 18 juni – bara några timmar innan slaget vid Waterloo inleddes – skrev till lady Frances Webster – "en mycket vacker kvinna" – att hon skulle göra sig redo "att lämna Bryssel och bege sig till Antwerpen i händelse av att en sådan åtgärd skulle bli nödvändig" (*Wellington's Supplementary Despatches*, vol. X, s. 501), och att han klockan 08.30 den 19 juni åter skrev till henne och sade att hon kunde "förbli kvar i Bryssel i full trygghet". (Ibid., vol. X, s. 531.) Man kan gott ställa sig frågan: var det Napoleon som hade bluffat?
36 Cavalie Mercer, *Journal of the Waterloo Campaign*, 1870, vol. I, kapitel xi samt s. 250.
37 Se *Correspondance de Napoléon Ier*, nr 22058 och 22059, vol. XXVIII, s. 289–292.
38 Gourgaud, *Campagne de Dix-Huit Cent Quinze*, s. 55–56.
39 Duc d'Elchingen, *Documents Inédits*, nr XIII, s. 40.

40 *Commentaires de Napoléon Ier*, vol. V, s. 140–141.
41 På natten till den 16 juni bivackerade Girards division av Reilles kår på Fleurusvägen. Den 16 juni kommenderades den till Vandammes kår.
42 Duc d'Elchingen, *Documents Inédits*, nr XIV, s. 42.
43 Den här biljetten har gått förlorad.
44 Vandamme hade sänt ut en officer för att rekognoscera kolonnen, men han bara närmade sig den och galopperade sedan tillbaka och ropade: "De är fiender." Det är underligt att d'Erlon inte skickade fram en ordonnans för att tillkännage sin ankomst.
45 Gourgaud, *Campagne de Dix-Huit Cent Quinze*, s. 59.
46 Se Houssaye, *1815 Waterloo*, s. 99–100, som citerar Lefol, *Souvenirs*.
47 Solen gick ner klockan 20.20 och slaget slutade i mörker klockan 21.30.
48 *Napoleon at Waterloo*, 1914, vol. I, s. 270.
49 Ropes (*The Campaign of Waterloo*, 1910, s. 159), som citerar Gneisenau, säger: "Dessa män tillhörde provinser som tidigare hade varit en del av det franska kejsardömet, och deras sympatier låg hos Napoleon."
50 Se Ropes, *The Campaign of Waterloo*, s. 106.
51 *Wellington's Supplementary Despatches*, vol. X, s. 496.
52 Müffling, *Passages from my Life, etc.*, s. 237.
53 Philip Henry, Earl of Stanhope, *Notes of Conversations with the Duke of Wellington, 1831–1851*, 1886, s. 109.
54 *Le Maréchal Drouet, Comte d'Erlon*, 1844, s. 95–96. Se även duc d'Elchingen, *Documents Inédits*, s. 95–96.
55 Se H. T. Siborne, *Waterloo Letters*, 1891, s. 318–337.
56 Mercer skriver: "Omedelbart framför bondgården Quatre Bras utspelades en fruktansvärd slakt – högländare och kyrassiärer låg kringströdda i stora högar." (Mercer, *Journal of the Waterloo Campaign*, vol. I, s. 263.)
57 I *Letters of Colonel Sir Augustus Simon Frazer, K.C.B.*, 1859, s. 540, skriver Frazer: "Fiendens lansiärer och kyrassiärer är de finaste karlar jag någonsin har sett; – de gjorde flera djärva chocker och trängde upprepade gånger ända fram till tänderna av vårt infanteri."
58 Se Houssay, *1815 Waterloo*, s. 122.
59 I Soults brev av klockan 14.00 fick Ney anvisningar om att upplysa kejsaren om sina ställningar och om vad som hända på hans frontavsnitt. Detta gjorde han inte förrän klockan 22.00, då han sände in en rapport om Quatre-Bras som var så mager att den var värdelös. (Se A. F. Becke, *Napoleon and Waterloo*, vol. II, s. 287.)
60 Den 15 juni steg Napoleon upp klockan 03.00, vilade i Charleroi mellan klockan 21.00 och midnatt, sammanträffade med Ney från midnatt fram till 02.00 och vilade förmodligen mellan klockan 02.00 och 04.00 (Houssaye, s. 346, fotnot 7). Klockan 10.00 lämnade han Charleroi och begav sig till Fleurus, återvände

till Fleurus klockan 11.00 och vilade där fram till klockan 06.00 den 17 juni. Mellan klockan 03.00 den 15 juni och 06.30 den 17 juni vilade han under dessa 51½ timmar följaktligen under 12½. Det var inte överdrivet mycket för en man som "behövde mycket sömn", som Caulaincourt säger (*The Memoirs of Caulaincourt*, vol. I, s. 599). Fain, (*Mémoires*, 1908, s. 290) säger: "Han hade för vana att sova omkring sju timmar av dygnets tjugofyra; men det skedde alltid i flera tupplurar."

61 Duc d'Elchingen, *Documents Inédits*, nr XVII, s. 45–47.

62 Gourgaud, *Campagne de Dix-Huit Cent Quinze*, s. 74.

63 Se Ropes, *The Campaign of Waterloo*, s. 209–210 och 358.

64 Duc d'Elchingen, *Documents Inédits*, nr XVI, s. 44–45.

65 Se Stanhope, *Notes of Conversations with the Duke of Wellington*, s. 108–110.

66 Müffling, *Passages from my Life, etc.*, s. 241.

67 Siborne, *Waterloo Letters*, nr 75, s. 166.

68 Gourgaud, *Campagne de Dix-Huit Cent Quinze*, s. 77.

69 *Le Maréchal Drouet, Comte d'Erlon*, s. 96.

70 Mercer, *Journal of the Waterloo Campaign*, vol. I, s. 268–270. Regnet släckte genast alla luntor i hela brigaden.

71 Kapten W. B. Ingliby vid kungliga brittiska ridande artilleriet, skriver: "Vägen och terrängen blev så snabbt översvämmad av det kraftiga regnet ... att det blev omöjligt för det franska kavalleriet att ansätta våra kolonner med någon större kraft. Bortom vägen, i spåret av vårt eget kavalleri, hade terrängen i själva verket blivit uppblött till rena leran. " (Siborne, *Waterloo Letters*, nr 81, s. 196.)

72 Mercer, *Journal of the Waterloo Campaign*, vol. I, s. 270–274.

73 Gourgaud, *Campagne de Dix-Huit Cent Quinze*, s. 79. Det främsta franska infanteriet befann sig fortfarande flera kilometer bakom.

74 *Commentaires de Napoléon Ier*, vol. V, s. 200.

75 Se Becke, *Napoleon and Waterloo*, vol. II, appendix II, nr 28, s. 292.

76 Gourgaud uppger att en officer klockan 10.00 sändes för att upplysa Grouchy om att ett stort slag följande dag skulle utkämpas söder om Soignesskogen och att Grouchy, om preussarna stannade kvar vid Wavre, skulle tåga mot Saint-Lambert och ansluta sig till den franska arméns högra flygel. Gourgaud uppger dessutom att Grouchys depesch, som mottogs klockan 02.00, besvarades klockan 03.00 och att en kopia av depeschen av klockan 10.00 avsändes. (Gourgaud, *Campagne de Dix-Huit Cent Quinze*, s. 82–83.) Inga av dessa depescher går att spåra.

77 Se Becke, *Napoleon and Waterloo*, vol. II, appendix II, nr 29, s. 293.

78 Se Houssaye, *1815 Waterloo*, s. 164.

79 Det är omdiskuterat huruvida det var vid Sart-à-Walhain eller Walhain. (Se Houssaye, *1815 Waterloo*, s. 396–398.)

80 Se Becke, *Napoleon and Waterloo*, vol. II, appendix II, nr 32, s. 295.

81 Beträffande detta samtal, se Houssaye, *1815 Waterloo*, s. 167–170.
82 *The Campaign of Waterloo*, s. 261.
83 Se Becke, *Napoleon and Waterloo*, vol. II, appendix II, nr 33, s. 296–297.
84 Houssaye, *1815 Waterloo*, s. 180.
85 Man bör dessutom ha i minnet att rundkulorna begravdes i den mjuka terrängen i stället för att rikoschettera. (Se W. Tomkinson, *The Diary of a Cavalry Officer in the Peninsular and Waterloo Campaigns*, 1895, s. 297–298.)
86 Houssaye, *1815 Waterloo*, s. 288.
87 Le baron de Marbot, *Mémoires* (1799–1854), 1891, vol. III, s. 403.
88 *Correspondance de Napoléon Ier*, nr 22060, vol. XXVIII, s. 392.
89 Gourgaud, *Campagne de Dix-Huit Cent Quinze*, s. 92. Kennedy uppger 74 pjäser omkring "550 meter från den brittisk-allierade ställningen" (Kennedy, *Notes on the Battle of Waterloo*, s. 107).
90 Siborne, *History of the War in France and Belgium in 1815*, vol. I, s. 460–461.
91 Kennedy, *Notes on the Battle of Waterloo*, s. 69
92 W. Tomkinson, *The Diary of a Cavalry Officer in the Peninsular and Waterloo Campaigns*, 1895, s. 318.
93 Gourgaud, *Campagne de Dix-Huit Cent Quinze* s. 89.
94 Se Houssaye, *1815 Waterloo*, s. 192.
95 Gourgaud, *Campagne de Dix-Huit Cent Quinze* s. 90.
96 Fransmännen bibehöll det gamla systemet med linje på tre led, medan engelsmännen under Wellington alltid formerades i två led och därigenom ökade sin eldkraft med en tredjedel.
97 Vissa redogörelser placerar Allix till vänster och Donzelot bredvid denne (se Houssaye, s. 194–195).
98 Se Kennedy, *Notes on the Battle of Waterloo*, s. 110–111.
99 Sannolikt förhindrade arméns dåliga stridsmoral en lyckad reträtt. Reträtter var dessutom inte Napoleons starka sida. (Se *The Memoirs of Caulaincourt*, vol. I, s. 601.)
100 Gourgaud, *Campagne de Dix-Huit Cent Quinze*, s. 96–97.
101 Ibid., s. 116.
102 Se Kennedy, *Notes on the Battle of Waterloo*, s. 114.
103 Frazer, *Letters*, p. 547.
104 Gourgaud, *Campagne de Dix-Huit Cent Quinze*, s. 97.
105 I själva verket 9 000 till 10 000.
106 Kennedy, *Notes on the Battle of Waterloo*, s. 118.
107 Mercer, *Journal of the Waterloo Campaign*, vol. I, s. 325–326.
108 Duc d'Elchingen, *Documents Inédits*, s. 18.
109 Kennedy, *Notes on the Battle of Waterloo*, s. 127–129.
110 Det har varit mycket omdiskuterat hur många bataljoner som verkligen användes. Ropes (s. 316–317) förespråkar åtta eller sex, medan Houssaye

(s. 223 och 428) förespråkar fem. Napoleon (*Correspondance de Napoléon Ier*, vol. XXXI, s. 198) uppger att Friant endast hade fyra bataljoner, och Gourgaud (s. 101–102) uppger fyra bataljoner ur "mellersta" gardet. Ney, som knappast lär ha överdrivit antalet, uppger i sitt brev av den 26 juli till hertigen av Otranto (Fouché) "fyra regementen ur mellersta gardet", dvs. åtta bataljoner (se Becke, *Napoleon and Waterloo*, vol. II, s. 301–306).

111 Frazer, *Letters*, s. 552.

112 Möjligen tre, se Siborne, *Waterloo Letters*, nr 128, s. 302.

113 Solen höll på att gå ner.

114 Man bör hålla i minnet att röken under svartkrutets tidevarv ofta låg så tät att soldaterna inte kunde se varandra tydligt mer än på högst några meters håll. Under sådana omständigheter kunde kön lätt avvika från den framförvarande delen av kolonnen.

115 Siborne, *Waterloo Letters*, nr 105, s. 244.

116 Trots att anfallet genomfördes med åtta bataljoner av gardet och inte med de brukliga 24 var Wellingtons belägenhet inte desto mindre kritisk. Frazer uppger: "Denna sista strid tog nästan livet av oss" (*Letters*, s. 552).

117 Siborne, *Waterloo Letters*, nr 109, s. 254–255.

118 Ibid., nr 105, s. 244–245.

119 Ibid., nr 123, s. 284–286.

120 Ibid., nr 124, s. 293.

121 Frazer, *Letters*, s. 553.

122 Kennedy, *Notes on the Battle of Waterloo*, s. 145.

123 *Correspondance de Napoléon Ier*, nr 22061, vol. XXVIII, s. 293–299.

124 W. Tomkinson, *The Diary of a Cavalry Officer in the Peninsular and Waterloo Campaigns*, 1895, s. 317.

125 *Adventures in the Rifle Brigade*, (1909 års utg.), s. 170.

126 Becke, *Napoleon and Waterloo*, vol. II, s. 134–135.

127 Frazer, *Letters*, s. 560.

128 Citerad i Becke, *Napoleon and Waterloo*, vol. II, s. 136.

129 *The Cambridge Modern History*, vol. IX, s. 770.

130 *Parliamentary Debates (Hansard)*, vol. 160, 3rd series, col. 566, för 2 augusti 1860.

Krönika: Den industriella revolutionen

1 År 1776 uppfann David Bushnell en sköldpaddsformad ubåt i vilken han under amerikanska frihetskriget dök under det brittiska örlogsskeppet *Eagle* och försökte skruva fast en "torped" i hennes skrov. Han misslyckades till följd av en felbedömning.

2 Den första praktiskt användbara ångbåten var *Charlotte Dundas*, som 1802 prövades i Firth of Forth. Den första som överkorsade Atlanten blev den amerikanskbyggda *Savannah* 1819.

3 Den schweiziske militärskribenten baron Antoine Henri Jomin i tjänade som överste under Napoleon och var marskalk Neys adjutant. Efter 1813 var han generallöjtnant i rysk tjänst och tsar Alexander I:s adjutant.

Redaktörens sammanfattning

1 Clement Eaton, *A History Of The Southern Confederacy*, 1954.
2 Ibid.
3 Fuller, *The Generalship Of Ulysses S. Grant*, John Murray, 1929.
4 R. E. Dupuy & T. N. Dupuy, *The Compact History Of The Civil War*, 1960.
5 Fuller, *The Generalship Of Ulysses S. Grant*, John Murray, 1929.
6 *Decisive Battles.*
7 Morison och Commager, *The Growth of the American Republic*, 1942, vol. II, s. 9.
8 ”Sammanlagt gav den federala regeringen 6 406 149 hektar till järnvägarna – ett område nästan lika stort som Texas” (ibid., vol. II, s. 112).
9 Karl Marx, *Capital*, Everyman's Library, vol. II, s. 857–858.
10 Stephen Vincent Benét, *John Brown's Body*, s. 376.
11 *History of the United States*, vol. III, s. 413.
12 Theodore Lyman, *Meade's Headquarters 1863–1865*, 1922, s. 224.
13 *The Soldier in Battle, or Life in the Ranks of the Army of the Potomac*, 1896, s. 99.
14 William Watson, *Life in the Confederate Army*, s. 217.
15 *Reminiscences of The Civil War*, 1904, s. 5 och 6. Se även Heros von Borcke, *Memoirs of the Confederate War of Independence*, 1886, vol. I, s. 63 samt vol. II, s. 50.
16 *M.H.S.M*, vol. XIII, s. 265.
17 *Battles and Leaders*, vol. IV, s. 212.
18 *The Times* Special Correspondent, 1 januari 1863.
19 George Wise, *Campaigns and Battles of the Army of Northern Virginia*, 1916, s. 160.
20 Theodore Lyman, *Meade's Headquarters 1863–1865*, 1922, s. 284.
21 W. R., vol. LXIX, s. 888–889.
22 *Battles and Leaders*, vol. II, s. 636.
23 *M.H.S.M*, vol. XIV, s. 450 och 453.

Slaget vid Sedan 1870

1 Ovanstående redogörelse för "Emsincidenten" är hämtad från Ernest Lavisse, red., *Histoire de France Contemporaine*, 1921, vol. VII, s. 209–219.
2 Le comte de Palikao Cousin-Montauban, *Un Ministère de la guerre de vingt-quatre jours*, *1871*, s. 78.
3 Le comte Alfred de la Guéronnière, *Les Deux Abîmes*, 1871, s. 19 och 25.
4 Louis Jules Trochu, *Une page d'histoire contemporaine devant l'Assemblée National*, 1871, s. 18.
5 Le baron Stoffel, *Military Reports*, eng. utg. 1872, s. 93 och 142. (Baron Stoffel var fransk militärattaché i Preussen 1866–1870.)
6 A. von Boguslawski, *Tactical Deductions from the War of 1870–71*, eng. utg. 1872, s. 8.
7 Carl von Clausewitz, *Vom Kriege*, 1832–1834 [Fuller citerar en övers. till engelska (*On War*, 1908); de här återgivna citaten är hämtade från Hjalmar Mårtenssons övers. till svenska (*Om kriget*, Bonniers 2002).]
8 Ibid., s. 42.
9 Ibid., s. 42.
10 Ibid., s. 616.
11 Ibid., s. 616.
12 Ibid., s. 617.
13 Ibid., s. 29.
14 Ibid., s. 236.
15 Ibid., s. 31.
16 Ibid., s. 51.
17 Ibid., s. 99.
18 Ibid., s. 87.
19 Ibid., s. 174.
20 Ibid., s. 166–167.
21 Ibid., s. 478.
22 Ibid., s. 40.
23 Ibid., s. 153.
24 Ibid., s. 154.
25 Ibid., s. 175.
26 Ibid., s. 342.
27 Ibid., s. 342.
28 Ibid., s. 234.
29 Ibid., s. 92.
30 Ibid., s. 79.
31 Ibid., s. 112.
32 Citerad i von Cämmerer, *The Development of Strategical Science during the 19th Century*, eng. utg. 1905, s. 214.

33 Stoffel, *Military Reports*, s. 48 och 56.
34 Se J. Von Verdy de Vernois, *With the Royal Headquarters in 1870–1871*, eng. utg. 1897, vol. I, s. 30–31. En fullständig redogörelse för den preussiska generalstaben återfinns i Walter Görlitz, *The German General Staff*, eng. utg. 1953.
35 Graf Helmuth von Moltke, *The Franco-German War of 1870–71*, eng. utg. 1891, s. 10–11.
36 Marskalk Leboeuf hade följt med Napoleon III.
37 de Palikao, *Un Ministère de la guerre de vingt-quatre jours*, s. 57–59.
38 Formellt sett fanns det sju armékårer samt Kejsargardet, men VI. och VII. kåren samlades aldrig. De var: I. (Mac-Mahon) vid Strasbourg, II. (Frossard) vid Forbach, III. (Bazaine) vid Saint-Avold, IV. (de Palikao) vid Lyon, V. (de Failly) vid Bitche, VI. (Canrobert) vid Châlons-sur-Marne, VII. (Félix Douay) vid Belfort och Colmar samt Kejsargardet (Bourbaki) vid Metz.
39 de Palikao, *Un Ministère de la guerre de vingt-quatre jours*.
40 Ibid., s. 68, 138, 141, 142 och 144.
41 Lebrun, *Bazeilles-Sedan*, 1884, s. 9.
42 Trochu, *Une page d'histoire contemporaine*, s. 28–29.
43 Ibid., s. 31–33. Se även Lebrun, *Bazeilles-Sedan*, s. 34–35.
44 Trochu, *Une page d'histoire contemporaine*, s. 34–35.
45 Ibid., s. 36–37 och 42–45.
46 Lebrun, *Bazeilles-Sedan* s. 39.
47 Lavisse, red., *Histoire de France Contemporaine*, vol. VII, s. 238.
48 Se Moltke, *The Franco-German War*, vol. I, s. 95.
49 Se Vernois, *With the Royal Headquarters*, vol. I, s. 116.
50 Moltke, *The Franco-German War*, vol. I, s. 102.
51 Se Lebrun, *Bazeilles-Sedan*, s. 62.
52 Ibid., s. 74.
53 Moltke, *Military Correspondence* (i urval av Spencer Wilkinson), eng. utg. 1923, s. 122.
54 Emmanuel Félix de Wimpffen, *Sedan*, 1871, s. 121.
55 Ibid., s. 122.
56 Ibid., s. 124.
57 Le palatin Pierre Lehautcourt, *Histoire de la Guerre de 1870–1871*, 1907, vol. VI, s. 492.
58 Vernois, *With the Royal Headquarters*, vol. I, s. 127.
59 Lebrun, *Bazeilles-Sedan*, s. 88–89. Se även le prince Bibesco, *Belfort, Reims, Sedan*, s. 128.
60 Lehautcourt, *Histoire de la Guerre de 1870–1871*, vol. VI., s. 484.
61 Ibid., s. 496.
62 Le docteur Sarazin, *Récits sur la dernière guerre franco-allemande*, 1887, s. 115.

63 Le prince Bibesco, *Belfort, Reims, Sedan*, s. 132.
64 Paul Déroulède, *1870 – Feuilles de Route*, s. 175–176.
65 Se *The Franco-German War*, 1870 (den officiella tyska redogörelsen i övers. till eng.), 1881–1884, vol. II, del 1, s. 307–309.
66 Ibid., s. 312.
67 Lebrun, *Bazeilles-Sedan*, s. 100.
68 Ernest Picard, *Sedan*, 1912, s. 33 (Ducrots vittnesmål). En något annorlunda version återfinns i Ducrot, *La Journée de Sedan*, 1871.
69 *La Guerre de 1870–71* (den officiella franska historieskrivningen), 1901, vol. III, s. 55.
70 de Wimpffen, *Sedan*, s. 158.
71 *La Guerre de 1870–71* (den officiella franska historieskrivningen), vol. III, s. 66 samt Lebrun, *Bazeille-Sedan*, s. 110.
72 Lebrun, *Bazeilles-Sedan*, s. 111–112.
73 Se Ducrot, *La Journée de Sedan*, s. 28–29 samt de Wimpffen, *Sedan*, s. 162. Den senare är opålitlig, eftersom flera ord i det ursprungliga dokumentet har ändrats.
74 Ducrot, *La Journée de Sedan*, s. 30–31.
75 Ibid., s. 32. Se även Lehautcourt, *Histoire de la Guerre de 1870–1871*, vol. VI, s. 546, som ger en något annorlunda version.
76 J. H. M. Busch, *Bismarck in the Franco-German War*, 1879, vol. I, s. 97.
77 Fürst Kraft zu Hohenlohe-Ingelfingen, *Letters on Artillery*, eng. utg. 1890, s. 93– 94.
78 Busch, *Bismarck in the Franco-German War*, vol. I, s. 98–99.
79 Se Picard, *Sedan*, s. 108–109.
80 Bibesco, *Belfort, Reims, Sedan*, s. 154.
81 Ibid., s. 155.
82 de Wimpffen, *Sedan*, s. 170.
83 Ducrot, *Le Journée de Sedan*, s. 46
84 Ibid., s. 48–51.
85 Lebrun, *Bazeilles-Sedan*, s. 133.
86 Ibid., s. 135.
87 Se Picard, *Sedan*, s. 147.
88 Lebrun, *Bazeilles-Sedan*, s. 141.
89 Ducrot, *Le Journée de Sedan*, s. 52.
90 Busch, *Bismarck in the Franco-German War*, vol. I, s. 101.
91 Ibid., vol I, s. 102.
92 Ibid., vol I, s. 103–104.
93 Angående kapitulationen se *The Franco-German War, 1870* (den officiella tyska redogörelsen i övers. till eng.), vol. II, del 1, s. 402–409 samt *La Guerre de 1870–71* (den officiella franska historieskrivningen), vol. III, s. 242–273.
94 För närmare detaljer se *The Franco-German War, 1870* (den officiella tyska

redogörelsen i övers. till eng.), appendix I.

95 Ibid., vol. III, del 1, s. 408. De officiella franska siffrorna är 799 officerare stupade och sårade samt 23 689 manskap stupade, sårade och saknade.

96 Ibid., vol. II, del 1, s. 416.

97 de Palikao, *Un Ministère de la guerre de vingt-quatre jours*, s. 74–75.

98 Ibid., s. 121.

99 När *Die National-Zeitung* i september 1870 klagade över den hänsyn som visades den tillfångatagne franske kejsaren delade Bismarck på intet sätt den inställningen. ”Den allmänna uppfattningen, folkopinionen”, sade han, ”intar alltid den hållningen. Folk insisterar på att segraren, i konflikter mellan stater, bör sitta till doms över den besegrade med moralkodex i hand och åt denne utmäta straff för vad han gjort, inte bara mot segraren själv utan även mot tredje part. Detta är ett helt och hållet orimligt krav. Straff och hämnd har ingenting med politik att göra. Politik får inte befatta sig med att åkalla Nemesis eller åstunda att utöva domarämbetet ... I ett fall sådant som det här åberopade skulle frågan bli: ’Vilken av dessa båda skulle gagna oss mest – en väl använd Napoleon eller en illa använd Napoleon?’ Det är på intet sätt omöjligt att han en dag åter kan komma att stiga till ytan.” (Citerad i Moritz Busch, *Our Chancellor*, eng. utg. 1884, vol. I., s. 98–99.)

100 Thomas Carlyle i ett brev till *The Times* den 11 november 1870.

101 Citerad i Thomas W. Knocks, *Decisive Battles Since Waterloo*, 1889, s. 358.

102 Gugielmo Ferrero, *Peace and War*, 1933, s. 132. Ferrero betraktade tidsperioden 1870–1914 som en vapenvila, inte en fred.

103 Vernois, *With the Royal Headquarters in 1870–1871*, vol. I, s. 56–57.

104 Citerad i Guéronnière, *Les Deux Abîmes*, s. 16.